THE MYTH OF
THE RATIONAL VOTER
WHY DEMOCRACIES CHOOSE BAD POLICIES

★ ★ ★ ★ ★

理性選民的神話

—— 我們為什麼選出笨蛋？民主的悖論與瘋狂 ——

布萊恩・卡普蘭———著　潘勛、等———譯　　BRYAN CAPLAN

Contents

為非理性選民開立藥方

本書的成功遠超出我的預期。不過真正令我感到意外的是，批評者也多半言之有理。我承認廣大讀者是我的目標，從一開始我就著眼於超越學科訓練與意識形態的界線，為具備常識的讀者找到共通的基礎，建基於之上。但我不太看好自己能成功推廣，畢竟，本書定位不是要爆學術爭論的冷門，而且它還質疑民主這世俗宗教的教條，敦促讀者離開教堂。

顯然已有為數眾多的傑出腦袋默默質疑這些教條。我多少料到《經濟學人》會坦言不相信選民理性，但尼可拉斯·紀思道在《紐約時報》指稱本書是「今年最棒的政治類圖書」，讓我很驚訝。[1]多數書評沒有如此盛讚。只有少數媒體宣稱選民是理性的，或為我批判的「普遍的經濟學偏見」出聲相挺。有幾位喬治梅森大學的同僚批評我有「菁英主義」，雖說如此，我真正的失算是低估優秀批評的持平程度。

然而幾乎每個書評都提出異議，有些合乎我的論點，甚至蘊涵在其中。《經濟學人》的玩笑開得很對：「作者端出牛肉，可是不會當選。」我也能體會文中對「作者的診斷優於處

方」的評論。[2]可是措詞要改一下，病人不吃藥，不能怪到處方頭上。本書包含許多可行的改革，可惜礙於選民的非理性，不太可能付諸實行。

這並非表示無計可施，本書沒有要訴諸宿命論，不過如果要有進展的話，也可能姍姍來遲。民主制度留有餘裕，最後一章有解釋，如果要更合情理地推動政策，就用得到這份餘裕。我相信維吉尼亞州的選民，不會想要我針對民眾的錯誤觀念寫書或講課，雖然原因還是個謎，但他們對我的作為還算通融。

另一個普遍的批評，是說我忽視民主的象徵與／或正當權力。路易斯‧曼南德在《紐約客》說：

> 敗選的陣營必須吞下結果，必須把多數的意願視為有正當性，唯一可望做到這件事的法子，是自覺有在過程當中發聲，即使實際上來說，不過是象徵性地出聲也沒關係。安定是民主政治的大利多，容忍愚蠢的意見相較之下是微小的代價（像是經濟學家的口吻）。[3]

類似的不滿沒考慮到我在全書一再指出的觀點：民主有分程度。我們沒必要在放棄民主以及無止盡容忍多數人青睞的愚蠢政策之間二選一。美國有超級多數、最高法院，及聯邦準備等獨立機構的規定，政體仍相當穩定。民主即便增加更多限制，也不見得有內亂之虞。

有些批評說我的方案自相矛盾，說我假定經濟學的共識可靠，又為何我的結論卻違背了經濟學共識。克里斯多福・海耶斯指出：

> 這本書自打嘴巴。作者想要假定經濟學家的共識確有根據，可是經濟學家的共識是理性的選民，這無疑正是作者想要使人相信有錯的立場。[4]

若我假定的是，經濟學家的共識不會出錯，這說法就萬無一失了。但實際上我的假定僅是比照其他專業人士，在證據不足時，推定經濟學家沒有犯錯，舉證的責任要由質疑專家共識的一方承擔。既然共識的一部分是假設理性的選民，唱反調的我，責任就是反駁這點，於是我寫下本書。

最嚴肅的批評也最奇怪。有些批評者，如《華爾街日報》的丹尼爾・卡斯，否認大眾的錯誤觀念能對政策產生實質性的影響。

> 作者在本書絲毫未指證愚笨選民的偏見引發了差勁的公共政策。以自由貿易來說，作者指出支持自由貿易的聲音，在1977年降到谷底，只有18％的美國人支持取消關稅。三年後，雷根競選用自由貿易當作政見，進一步與加拿大簽署了歷史性的自由貿易協議，並為墨西哥的自由貿易奠定基礎。

卡斯在結論時說：「選民偏見在這幾年激起了若干愚蠢的全國爭議，不過很少成就愚蠢的國家政策。」[5]其實他是以民眾的聲音不會有人理會來為民主辯解。

本書明白表示，考慮到民意，民主政府的決策好到超乎你的預期，但這沒有民意無關緊要的意思。若選民的偏見對政策沒影響，保護主義措施一開始是怎麼出現的？經歷三十年的自由化後，保護主義怎麼還沒消失？最有力也最簡單的解釋是，為之背書的政客有拿到選票，後繼者怕拿不到選票，也不敢更弦易轍。[6]

卡斯可能說對的地方是，這幾年選民偏見幾乎沒促成新的愚蠢政策（可惜有伊拉克戰爭這個大反例），可是有二個地方讓人誤導。首先，由於僵局讓現狀動彈不得，近年來幾乎什麼類型的新國家經濟政策都沒推出；其次，卡斯的焦點放在政策如何改變，而非存在什麼政策。評判民主成不成功，不該只看惡政是否受到節制，或長年積弊是否獲得矯正。

儘管媒體平心報導，我依舊很懷疑本書是否真的改變學界。象牙塔內，存在極大的心智慣性和從眾壓力。即使是同意選民非理性的教授們，有可能「自尋死路」嗎？畢竟重新來過的難度更高。

然後我還是很樂觀。行為經濟學氣勢正焰，做應用經濟學研究，難免多少會學到實證心理學。行為政治經濟學不至於遠遠落後。運氣好的話，經濟學家在研究與教學兩方面的信念衝

突，會以嚴重的認知失調告終。一旦經濟學家承認選民跟自己的學生沒兩樣，下限只有更低，就會準備好動手解開政治與政策的謎團。

等到經濟學家覺悟這點，其他社會科學的學者，特別是政治學，可能會傳來讚聲。對「經濟學家的傲慢」所發的牢騷，往往沒點出問題，但想到多數經濟學家對實證政治科學的漠不關心，我得承認這項指控多少不無道理。經濟學家不關心民意，是非常糟糕的現象，舉例來說，如果不多少看一下人們怎麼想，以及要什麼的文獻，要如何建立公共及特殊利益衝突的模型？好在，政治科學的學者沒這麼小心眼，以我的經驗，經濟學家上門提問，他們會欣然釋疑。

多寫書是我對經濟學家同儕的另一項建議。一篇論文的篇幅僅僅足夠挑起一或二個普通觀點，除非你將一般常識視為理所當然，否則你的論文將會讓你顯得難以理解，好一點是令人混淆，差一點是不知所云。書的話，就有時間娓娓道來，而且一本內容普通的書，也很可能比任何一篇論文的讀者多。就我個人來說，可惜沒有更早就開始寫書，我計畫未來的職業生涯以出書為主。

我得說，普林斯頓大學出版社的殷勤對待，也許讓我產生誤解。社長彼得·杜赫提（Peter Dougherty）在數年寫作期間一直鼓勵我；編輯提姆·蘇利文（Tim Sullivan）從交稿到發售一路專業引導、指點的電子郵件，總是即問即回；文編理

查‧伊索邁基（Richard Isomaki）不辭辛勞，一行一行校改本書；英語版書封設計師法蘭克‧馬胡德（Frank Mahood）的巧手，把一本談選民非理性的書，變成令人心動的架上商品。最後，充滿活力的公關潔西卡‧佩利恩（Jessica Pellien），設法將不起眼的經濟學教授，推銷到全國各大媒體版面，我不曉得她怎麼辦到的，但衷心感謝。

民主的悖論

一位支持者大喊：「州長，有思想的人全
都支持你！」史蒂文森州長回答：「這不
夠，我需要的是多數人。」
　　——史考特‧西門，〈提示音：阿德萊‧
史蒂文森〉[1]

在獨裁政權下，政府的政策往往駭人聽聞，可是不難看穿。蓋柏林圍牆，舉世為之嘩然，可是沒什麼人會去質疑：「東德領導人腦袋是在想什麼？」道理很簡單，無非就是想加強對國民的控管，以免國民未經三思就紛紛逃離。柏林圍牆對統治集團有利有弊，就像戕及旅遊業的外匯收入，使得商人更難自歐美國家進口奢侈品。通盤考慮後，這道牆終究是維繫菁英黨員的利益。

難怪民主成為了眾望所歸的萬靈丹。因為統治者與被統治者的利益分歧[2]，專政的歷史在人們心中，烙下了統治者推行苛政的印象。對此，顯而易見的辦法是「還權於民」，消弭兩者之間的分別。人民交待專任的政治人物代為決定，有什麼關係？就像在點唱機投幣的人點歌，不是嗎？

想得美，民主政權經常會推行有損大眾利益的政策，保護主義就是好例子。幾個世紀來，政治光譜互異的經濟學家，都指出此舉的不智，可是民主政府幾乎無一不限制進口。國家間表面上大談自由貿易協定，不是要傳為「貿易互惠」的佳話，而是打著「你讓我進口，我就讓你進口」的如意算盤。此舉固然少了駭人聽聞，卻增添了心懷叵測。民主在理論上是對抗苛政的保障，實際上卻淪為惡質政客的護身符。[3]

民主的矛盾如何說得通？其中一種說法是，人民的「代表」已反客為主。選舉對於遏阻不當行為，或許不如表面上看來有力，與其取悅一般大眾，重點當然放在討好特殊利益集

團。與上方說法互補，也有人說，選民對政治非常無知，不認識自己的代表，更別說是代表的所作所為，於是政客鋌而鑽營私利，賣身給金主。[4]

與上述反其道而行，有人則是否認，民主並非經常有負眾望。你可以堅稱大眾是對的，「專家」是錯的，公然捍衛保護主義、散播價格管控等政策的優點。此說固然直截了當，卻是一步險棋。這麼一來，不啻是讓幕後老闆的立場開誠布公，迎接相反詰問。不直接但較保險的說法——讓幕後老闆免於出面作證——是從民主失靈的「機制」切入，在雞蛋裡挑骨頭。控方對於犯行，拿不出連貫的說詞，辯方就沒有證明當事人清白的必要。同理，既然說不明白政策怎麼不好，就無需主動證明政策的良善。

推崇民主的聰明人，通常會挑這條保險的路走。[5]尤其近年來，這樣的策略無往不利。雖說有政客當選護身以及選民無知的說法，也具有說服力，可是這些說法禁不起嚴謹分析，原因後面會提到。既然沒辦法對民主如何背離初衷，講出一套可信的說詞，硬說民主確有缺陷，很難長時間站得住腳。

本書另外提出一套民主如何失靈的說法，中心要旨是：無知不足以形容選民；一言以蔽之，選民非理性（irrational），投起票來也是如此。經濟學家與認知心理學家，通常假定人在「處理資訊」時，會施展渾身解數。[6]可是從常識就知道，人類判斷受情緒和意識形態強烈左右，無法憑事實或「處理」一言

道盡。正因為有人覺得保護主義好，所以保護主義的思維才會很難根除。當誤信的民眾出於自我感覺良好而投下選票，民主就會一直做出不好的政策，這道理就如同電腦程式語言的名言：垃圾進，垃圾出。

人盡有之的非理性，不只讓民主受害，人類制度通通會遭殃。本書有個關鍵前提是說，諸如無知等非理性具有選擇性。對於不在乎的議題、己所不欲的資訊，人們習慣充耳不聞。與此同理，人們對於毫不在乎的議題的真相，會關掉理性的機能。[7]長久以來經濟學家認為，選民的無知是對自己一票無關痛癢的理性回應：若無力影響結果，為何要在議題上花力氣？我把這看法一般化：若無力影響結果，為何不聽由膝反射式的情緒和意識形態反應？

本書有三個相連的主題。第一，對選民理性的懷疑，獲得實證上的支持；第二，理論上從人類動機的合理內省假設，恰恰蘊涵了選民非理性；第三，選民非理性是民主現實面的答案。

從單純的公共利益來看，民主奏效是因為不負選民所託，多數的懷疑論者認為，民主因辜負選民所託而失靈，我的看法則是，民主因為不負選民所託而失靈，用經濟學的話來講就是，民主本身具有外部性。非理性的選民除了害己，也害到了活在錯誤政策下的大家。因為選民非理性的成本大多是外部性質，既然由別人買單，何必顧慮這麼多呢？保持這種想法的選民一多，民之所欲就會讓惡質政客勝出。

針砭民主失靈時，務必要恰如其分。觀乎歷史，民主體制下的億萬人口，生活水準可說出奇地好。即便是最糟糕的民主國家，與極權體制相比，其缺陷也是微不足道；至少民主國家不會屠殺數以百萬自己的同胞。[8] 不過民主既然已是典型的政體，沒道理抱著「比共產主義好」或「日子比中世紀好過」的成績不放，這未免把標準訂得太低，更重要的工作是思索民主為何以及如何辜負人民。[9]

很多人會乾脆搬出邱吉爾的名言：「不跟所有其他問世過的體制相比的話，民主是最糟的政體。」[10] 不過，這句話忽略了政府的範圍和體制所有不同。民主制度下，多數決的替代法則並非獨裁，而是市場。

民主人士屢屢察覺到這點。[11] 在感慨「民主的式微」時，他們主要著墨在市場不受政府監督，甚至取代傳統的政府功能；他們大聲疾呼，要選民別漠不關心，壓根沒想到，民主向市場敗退，或許是好事。你再怎麼質疑市場制度的好，一旦民主走下坡，相對來看，市場往往能改善情況。

深信市場萬能的這頂帽子，經濟學家戴得有點冤枉。在針砭市場失靈這件事下的功夫，有誰比得過經濟學家呢？經濟學家的研究一般指出普通人、還有無經濟背景的知識分子，都低估了市場的運作成效。[12] 民主的情況則是另一回事，不僅一般民眾，連經濟學家也高估了民主。所以一般大眾低估了市場的作用，經濟學家則低估了市場相對民主制度的優越性。

第一章

超越集體的奇蹟

我懷疑所有群眾信以為真的事情。

——H·L·孟肯，《孟肯讀本第二輯》[1]

關於選民不知道的事情，幾乎可以塞滿一座大學圖書館。近幾十年來，研究政治的經濟學家，重新炒熱「群眾治理」這個長久以來備受擔憂的議題，他們指出，從利己的角度來看，選民不會犯錯。靠一張選票影響選情的可能性微乎其微，以致現實的利己主義者並不關心政治，套用經濟學的術語：選民選擇理性無知（rationally ignorant）。[2]

對於推崇民主的人來說，這種經濟學式的說法可說是重度傷害。糟糕的是，選民碰巧所知不多，但只要選民不會永遠無知，其實情況尚可忍受。有點學問的人，常會怪罪選民對乏善可陳的候選人漠不關心；更有思想的人，則會注意到這份冷漠長久以來一直存在，並怪罪選民對民主本身無感。依照羅伯特‧庫特納的看法：

　　當投票與面對面的政治屈伏於金援競選的財閥政治，作為民主本質的「選舉權」，就已遭受侵害……大行其道的特殊利益金援、廣告攻訐、受民調和焦點團體擺布的競選策略，以上種種與民眾的無感直接相關……民眾從中得出政治把自己排除在外的結論。[3]

體會理性無知的概念後，便會感到「更民主是解決民主問題的辦法」只是空洞的口號。理性無知是人類自私本性的產物，不是一時的文化錯亂。想倚靠行動倡議、競選獻金改革，

或任何常被提出來的「修補民主」（fix democracy）方式強化選民「選賢舉能」的誘因，難度非常高。

理性無知的見解廣為傳播，在社會科學造成智識的斷層。經濟學家與具有經濟學思維的政治學家，以及法學教授，通常站在斷層的同一側。[4]他們把理性無知視為嚴正的問題，進而懷疑政府的干預，並不會讓世道更好。理論上政府可能為善，可是怎能指望無知的選民，會選出會貫徹德政的政治人物？於是得到了一個結論：「既然選民都不知道自己在幹什麼，那還是交給市場吧。」位在斷層另一側的人士，則淡化對政府干預的疑心；一旦選民無知的問題被打了七折八扣，「理論上的良善政策」到「民主政府政策實績」之間的裂口，就能輕鬆跨過。

好在，理性無知催生了一個博大的研究項目，稱之為公共選擇（public choice）、政治經濟學（political economy），或理性選擇理論（rational choice theory）。[5]在1960年代，想抓民主的毛病近乎離經叛道，所幸這學科的方法夠強韌，才能挺過嚴厲的批判；1970年代對愚蠢政府政策的批評倍增，為解除管制與民營化鋪平了道路。[6]

當這樣的理念開始改變世界，立基的知識基礎卻橫遭嚴重挑戰。早期的批評往往出自欠缺或不太贊同經濟學思路的人士，但這次對手的經濟學邏輯脈絡，一清二楚。

集體奇蹟

> 試想，找一百個人來跑一百公尺，然後把成績平均，平均時間不會比最快的跑者好，只會更差……但找一百個人回答或求解一個問題，平均答案往往不會比才智最高那人遜色。平均在多數情況平庸，但在決策往往是優點。也許可想成，眾人之智天生就是高明。——詹姆斯·索羅維基，《群眾的智慧》[7]

一個人若對目的地沒有頭緒，又怎麼能指望他抵達；也許他的運氣很好，但憑常識可知，清楚自己的所作所為與成功達成目標密切相關，因此，普遍存在的選民無知，似乎隱含民主的缺陷。身為最大老闆的選民，連基礎解剖學都修不過，就要上場為人開刀。

這個比喻碰到許多試圖拆台的人，其中最有深度的，是辯稱民主幾乎在任何程度的選民無知下，都能夠良好運作。怎麼說？假設選民沒有系統誤差（systematic errors），意思是，選民一直犯錯，可是錯誤是隨機的。當毫無頭緒的選民面臨二選一的情況時，任何一種選項都可能獲選。[8]

結果會如何呢？當選民完全無知時，我們無法看好前景。兩名候選人若混進一個志在讓文明停擺的炸彈客，因選民隨機投票，這人當選的機會有一半。確實，假設選民不存智識太過

悲觀，有識的選民固然罕見，但不是沒有。這樣聽起來似乎聊勝於無？選民100％無知是災難，那麼選民99％無知是否有差別？

　　答案出乎意料，有差別。選民無知並非線性的負面效應。比起全然無知的情況，99％無知的民主，看起來與有見識的民主相仿。[9]原因為何？首先，設想全體選民個個見多識廣，知而後行，則會是哪種候選人勝選？答案很普通，凡是獲得多數有識選民支持的候選人就會當選；再來設想只有1％的選民見多識廣，其餘99％的選民，個個笨頭笨腦，隨機投票，這種情況，若任意詢問排隊進投票亭蓋章的選民，神聖一票要怎麼投，對方八成支支吾吾，說不出個所以然，兩位候選人雖能輕鬆收下49.5％的選票，卻不足以勝選，於是這兩個人勢必要爭取1％有識選民的支持，結果仍是那個答案，凡是獲得多數有識選民支持的候選人就會當選。這就如同佩吉與夏皮羅所強調的那樣，執著於平庸的選民是一種誤解：

　　　即使個人對民調的作答，多少會任意勾選、充斥衡量誤差，而且不可靠，當加總成為集體答案，譬如滿意特定政策的民眾的百分比，則會得出相當有意義且可靠的集體答案。[10]

　　假設有個政客收下大把菸商的政治獻金，對普遍的管制聲浪充耳不聞。支持菸草的舉動，不會損及候選人在無知選民當

中的支持度，但在有識之士的得票就不妙了。議題數目愈多，情況會更複雜，不過贏得選戰的關鍵都一樣：說服多數有識選民支持你。

這巧妙的結果得到「集體奇蹟」（miracle of aggregation）的稱呼。[11]唸起來像是鍊金術士的處方：把99％的鄉民，與1％的智者混在一起，得出的產物與不含雜質的智者相仿。全體選民十之八九全然一無所知，做出的決定與全體皆為有識之士的情況一樣。三個臭皮匠，確實等於一個諸葛亮。

很難不把這現象形容為「政治巫術」，或如H・L・孟肯那般嘲諷：「民主是可悲地對無知個人的集體智慧深信不移。」[12]但其實這既不可悲，也不是什麼神奇的事情。索羅維基提出許多集體奇蹟（或類似現象）確有其事的例子。[13]像一篇猜測牛的重量的文章，七百八十七筆猜測的平均值，與真正的體重只差一鎊；節目《超級大富翁》最多現場觀眾給的答案，正確率有91％；投資人匯聚的金融市場經常做出打敗一流專家的預測；從大小運動賽事到競選，賭注賠率幾乎都是上好的預判。[14]根據佩吉與夏皮羅的解釋，同理適用於：

這不過就應用大數法則。在對的條件下，個別的衡量誤差是獨立隨機，而且會互相抵銷的現象。傾向某一方面的誤差，與傾向相反方面的誤差，互相抵銷了。[15]

民主的辯護者在第一次聽到理性無知時，通常會承認嚴重的選民無知會讓民治政府舉步維艱，他們當下直覺的反應是：（1）否定選民無知會導致民不安枕；或者（2）形容選民的無知是脆弱、暫時的情況。批判民主辯護者的直覺反應在「實證上站不住腳」，都還算客氣，數十年來研究顯示，這些反應根本就是錯誤的。[16]美國人約有半數不曉得一個州有二席參議員；四分之三不知道參議員任期多久；約70％的美國人說得出眾議院的多數黨，60％說得出參議院多數黨。[17]逾半數說不出選區眾議員的名字，40％不曉得任一位本州參議員的名字；知道議員黨派的百分比又稍微低一點。[18]此外，從有民意調查以來，民眾的知識水準就是如此低落。從國際比較顯示，美國人的整體政治認識，約略落後於平均值之下。[19]

或許有人會堅持說，這些資訊根本無關痛癢，也許選民不約而同地藐視所謂的民意調查，但對民主的辯護者來說，這只是個死馬當活馬醫的說法，無法為他們的立論提供更有力的佐證。「集體奇蹟」為民主立下的基礎更牢靠，它讓民眾在相信事實證據的同時，也相信民主。

理性無知的原創論點，後來日漸散播，最後成了約定俗成。「集體奇蹟」目前正處於相似擴散過程的緊要關頭。有些人還沒有聽過這個奇蹟。保守人士希望靠無視「集體奇蹟」，讓聲浪漸漸消退，但這道理太令人折服，除非有人找到奇蹟的破綻，否則社會科學的斷層就要閉合。經濟學家、經濟學

思維的政治學者，以及法學教授，必須重新思考他們對民主的懷疑，回到理性無知之前的假定：即若民主政治選擇了某個選項，那這個選項就是個好主意。

系統誤差的現實

> 如今將自由貿易拒於美國門外的公民普選，以前肯定也會禁止多軸紡織機和動力織布機。——威廉·萊基，《自由與民主》[20]

「集體奇蹟」顯示，即使全體選民無知消極，民主仍能良好地運作。民主賦予聰明與不怎麼聰明的人相等的發言權，但政策端視有識之士。研究一再指出選民欠缺知識不是重點。

不過有一種事實證據，能把「集體奇蹟」拉下馬。奇蹟的條件是選民沒有犯下系統誤差，這意謂著，我們不必糾結於選民的錯誤，不如把火力集中在關鍵且尚未探討的問題[21]：選民的錯誤具有系統性的嗎？

我們有充分的理由提出質疑，就像索羅維基提出猜測牛的重量的案例，平均答案通常與正確答案相去不遠。不過認知心理學列出了一長串系統性錯誤的清單。[22] 這門研究應當能使人放開心胸，接受選民系統性犯錯的可能性。

可惜，心理學文獻本身範圍有所不及，一般認知與特定的政治決定兩者之間，連結太過鬆散。一個人也許整體判斷能力普通，但對特定事務的判斷過人。[23] 選民也許不懂統計，但察覺得出政策孰好孰壞。所以說，問題要更精準一點：對於切身的政治問題，選民的錯誤是系統性的嗎？

我得說答案確實如此。本書提出扎實的實證，起碼證實經濟學的觀感，充斥嚴重的系統誤差。[24] 我強烈懷疑許多學科的情況雷同，至少在經濟學的範圍，爭端已經底定。一般人不懂市場這隻「看不見的手」，能調和私人貪念與公共利益，我稱之為「反市場偏見」（antimarket bias）；一般人低估與外國人互通有無的好處，我稱之為「排外偏見」（antiforeign bias）；捨生產而把就業與繁榮等而視之，我稱之為「創造就業偏見」（make-work bias）；最後，一般人太易於認為經濟狀況不好而且正在變壞，我稱之為「悲觀偏見」（pessimistic bias）。

經濟政策是現代國家的主要活動，這使得經濟觀感，成為密切與選民攸關的政治範疇。若選民把政策偏好，立基在對經濟模式的一場誤會之上，政府在民生的表現，很可能會乏善可陳。比方說，設想兩名候選人的攻防重點，圍繞在貿易保護主義的立場軟硬程度。由於選民對貿易保護政策的認知錯誤是隨機的，導致偏向自由貿易的選民，有時反而會把票投給保護主義，反之偏向保護主義的選民有時也會選錯邊。[25] 不過多虧「集體奇蹟」，儘管選民無知，勝選的政見仍會是社會最適。

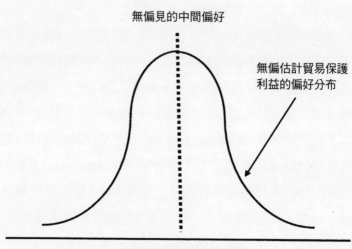

無偏見的中間偏好

無偏估計貿易保護
利益的偏好分布

社會最適政見＝勝選政見

圖1.1　中間選民模型：隨機誤差

這結論令講授國際經濟學的師資為之失望。上這麼多課告訴學生比較利益的好處，結果考完試，選錯的人還是很多。換到更現實的假設，選民系統性地高估保護主義的好處，情況又如何？很多期待自由貿易效益的人，會投給保護主義陣營，但只有一些期待貿易保護效益的人會投錯。政治的天平失去平衡，勝選的政見太偏袒貿易保護。若實施的貿易保護比承諾的少，中位數選民的福祉會提高。可是競選會讓政客淪於對選民言聽計從，而不是好好篩選。

一個又一個政策的背後可能擺脫不了類似的偏見。[26]比方說，供需分析指出，價位高於市場價格，結果是賣不完以及過剩，但這阻止不了歐洲多數地方對勞動市場勤加管制，並釀成衰退程度的失業。[27]最可信的解釋是，平庸的選民看不出人為的高工資與失業之間的關聯。我在讀經濟學之前也沒看出來。

現代研究與思想傳統

> 經濟學家講的話分兩種：檯面上的跟私底下的。
> ——麥克洛斯基，《經濟學的修辭》[28]

大概在三十年前，「系統性」與「隨機」誤差的用語，成為經濟學家的詞彙。[29]但系統性誤差的概念，其實歷史淵遠。

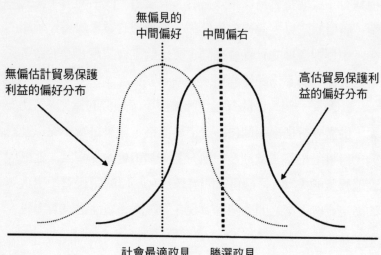

圖1.2　中間選民模型：系統誤差

1893年西蒙‧紐康在一篇《經濟學季刊》論文的開頭：

諸多學者提出的經濟科學具體結論，與時下討論及立法反映的大眾想法之間，有著嚴重分歧的事實，眾人可說知之甚詳。[30]

這是紐康對當代英美學術氛圍的觀感，早在一個世紀前，亞當‧斯密《國富論》對英國經濟學界做過類似觀察：

最悖謬者，莫過於這類重商主義的限制，以及幾乎任何其他商業管制根據的這一套貿易平衡學說。這學說假定，若有兩地貿易互通有無，餘額打平，兩地無一會得失；但若有絲毫偏倚，對那一方就是損失，另一方受益，所獲大小則與偏離確實均衡的降幅成正比。[31]

斯密看來，政策的後果是深遠的：

有這樣的準則，所有國家卻聽信告誡，其利益維繫在使鄰國貧窮一事上。各國無不以招致反感的眼光，覷覦貿易往來國家的繁榮，將利人視為損己。商業在國家與個人間，本該是結盟與友誼的結合，卻成了最能滋生爭端與敵意的來源。[32]

當做出「科學是一廂情願與迷信的最佳解藥」[33] 的斷言時，斯密不認為誤差扯平了就無妨。

十九世紀中，古典經濟學在法國的推手弗雷德里克‧巴斯夏，為其名著題名為《經濟詭辯》。「詭辯」在此處與系統誤差同義。巴斯夏為詭辯的後果概括定調，稱之為「危害尤深，因為輿論地位崇高的領域會被誤導，形同法律。」[34] 巴斯夏抨擊了數十個廣為流傳的貿易保護詭辯，但並未大肆批評自由貿易詭辯；自由貿易並非沒有差勁的論點，而是這些論點乏人問津，不像保護主義的情況。

來到二十世紀後，巴斯夏的觀點同樣可敬。知名經濟學家法蘭克‧奈特對此不做任何辯解：

> 我們在民主之下推行的行動，及行動仰賴的大多數觀念，兩者往往是悖謬的；連經濟學式的自利都解釋不了，因為必須去裁量利益直接對立，以及受惠選民的選票。[35]

但這幾十年，這種看法被迫銷聲匿跡。現代經濟學理論在處理政治時，幾乎一律自始假設普通公民懂經濟學，並據以投票——至少平均來說如此。[36] 批評政府管制不遺餘力的喬治‧斯蒂格勒就譏嘲：

> 假設公共政策往往無效率，是因為根據的看法有錯，

可說一無可取。認為大多數國家長年累月，一次又一次地採取保護關稅，或高利貸法案，往往是誤解而非故意之舉的觀點，也特別令人難以理解。[37]

與之鮮明對比，入門的經濟學課程，依舊隱然假設學生自始懷有偏見，並嘗試撥亂反正，得出較佳的政策。保羅·薩繆森有句名言：「我不在意誰來訂定國法——或制定先進條約，只要經濟學教科書是我寫的就好。」[38] 不啻假設經濟學教師通常認定學生自始懷有系統性的偏誤。

情況令人訝然：當一個研究者，經濟學家不提系統性偏見的經濟信念，當一個教師，卻視之為理所當然。有人也許把矛頭指向教科書食古不化，追不上研究，或教師不把最新的研究開誠布公。但民眾抱持系統性偏頗的經濟學信念，這假說尚未證明為假，因此沒什麼人會去檢定。

我認為經濟學教師的言教，提供經濟學研究者豐富的科學假說題材。同時，放話的傳統，很少受到分析檢視，所以不難細微改進。薩繆森的例子讓人懷抱希望；他從不停筆地編寫教科書，大家大可繼續高枕無憂。可是，另外兩件事會讓人夜不安枕。事實一：普通新進學生吸收的經濟學知識少得可憐；第一堂課時懷有的嚴重偏頗，到了最後一堂課大多還在。事實二：程度落後平均的學生反而是程度凌駕平均的公民。多數選民從未上過經濟學。若想像教室的後段班學生為經濟政策投

票，會令你感到不安，那麼明白一般大眾早就如此，是不是就嚇壞你了。政客趨之若鶩的一般選民，他們的經濟學入門課很可能會被當掉。難怪貿易保護主義、價格管制，和其他愚笨政策總是大行其道。

偏好凌駕信念

> 多數先進國家對國際競爭力的執著，應該視為牽強的顧慮，這可謂是站在排山倒海的反證面前續抱的看法。可是民眾顯然很相信這麼一套，以致於那些宣揚競爭力教義的人，明顯傾向支持自己的觀點，而無視錯誤百出的算術。——克魯曼，《全球經濟預言》[39]

我的論點最常碰到的反對理由，是宣稱這樣牴觸到整個「理性選擇」的社會科學研究途逕。我的同事漢森（Robin Hanson）巧妙地把理性選擇模型，形容為「故事不會出現笨蛋」。我則是安排不明所以之人⋯⋯或者用學術一點的說法，「非理性」的人站到舞台中央。

有人可能想反駁：事實與理性選擇理論不合，這理論未免太糟！如此反應言之過早，因為理論與常識能得到滿意的調和。第一步是把市場與政治、購物與投票之間似是而非的類比

丟掉。明理的民意是件公共財。[40]當有位消費者對於買什麼沒有精打細算，是他一人付帳；當有位選民對政府政策，懷有錯誤的信念，則是全民買單。

丟掉購物與投票的錯誤類比後，就能重新掌握知識上的變通性，使理論與常識的衝突，不那麼令人望而生畏。但衝突要如何化解？用不著切割經濟學，但是要擴大經濟學對人類動機與認知的了解。

經濟學家通常假定，信念是前往終點的途徑，並非終點本身。不過事實上，我們往往有鍾愛的信念，而且看得很重。薛默的說法是：「沒了某些信念架構，很多人會感到這個世界沒有意義、失去慰藉。」[41]用經濟學的話來說，民眾讓偏好凌駕在信念之上。放手讓情緒或意識形態腐化思想，是滿足這份喜好的簡單方法。[42]與其持平裁量各種主張，大可一面倒向最中意的信念。艾茵・蘭德稱之為「抹去」：「肆意中斷意念，拒絕思考──不是盲目，而是拒絕看懂；不是無知，而是拒絕懂事。」[43]

民眾喜愛某些信念甚於其他，這個見解由來已久，不是經濟學才有。約翰・洛克在《人類理解論》抨擊理智蕩然無存的「狂熱」。狂熱分子出於情緒，接納含糊其詞的意見。

任何寄於一人之證詞，而主張論點為真的證明（除了自明的證據），無論這人如何打包票地保證，在足以證明的程度之外，充其量來說，他那過剩的把握，通常來自某樣情

感，無關對真理的愛好。[44]

留意洛克的分析有兩個要素。一是「過剩的把握」。洛克觀察到，民眾對看法抱持的機率，證據上是站不住腳的。二是「某樣感情」。洛克解釋，信心過剩的成因是動機牴觸，人都會有種懷質抱真的自以為是，問題是會有各種雜念，諸如「自負」、「懶惰」、「虛榮」、「單調乏味且可能徒勞無功的推理」，以及「擔心無偏的追查無助於最適合本身偏見、生活，和意圖的意見。」[45]

有識之士談到凌駕信念的偏好，幾乎一定會提起宗教，洛克亦然：

　　人無論到哪個年紀，當混淆了憂愁及虔誠，或出於自負以致冒出更親近或更受到上帝青睞的見解，往往會自以為是，篤信自己直達上帝，不時能上達聖靈的天聽。[46]

事情大多有分程度，狂熱也是。許多無意要人改信的信徒，聽到他人客氣指教的說理，會認為遭到冒犯；很少人持平地接受信仰的教義是「當前的主流假說」（current leading hypothesis）。想想常見於宗教研究的形容詞：虔誠、專斷、狂信。人類想要信仰的宗教給出真實的解答，求道心切下，就迴避了反證，拒絕思考不請自來的證據。尼采苛刻地指出：

「『信』意謂不想知道何者為真。」[47]

　　一旦承認偏好凌駕在信念之上，攸關於宗教信仰，就很難區分不同的信念偏好。古斯塔夫・勒龐在《烏合之眾》指出，信教與虔信任何教條兩者非常相似：「偏執與狂信必定與宗教情感相隨……專政的雅各賓黨徒實際上與宗教法庭的天主教徒一樣虔信，他們身上的殘酷狂熱，系出同源。」[48]艾力克・賀佛爾在《狂熱分子》對此做出著名的延伸，宣稱群眾運動的道理皆互通：「宗教運動可以演變成社會革命或民族主義運動；社會革命演變成軍國主義或宗教運動；民族主義運動演變成社會革命或宗教運動。」[49]

　　賀佛爾提出的兩個個宗教替代品——民族主義和社會革命——牽涉到政治不令人意外。政治／經濟意識形態是現代宗教。如同傳統宗教的信徒，許多人在政治世界觀找到慰藉，虔敬地敵視思辨的問題。[50]二十世紀的大惡換成極權主義，而非十字軍東征或宗教法庭。[51]賀佛爾描述：「布爾什維克或納粹革命運動的宗教特徵，獲得普遍認可。」「鐵鎚和鐮刀還有卍字，跟十字架沒兩樣；閱兵典禮的儀式，如同宗教列隊的典儀；他們有信條、聖徒、殉道者，和聖墳。」[52]路易・費雪自承：「正如宗教信仰對邏輯論點無動於衷，且不源於合乎邏輯的過程；正如民族主義者的忠貞或私心，有再多的證據也講不通；我的親蘇聯態度，完全獨立於日常的活動。」[53]喬治・歐威爾《一九八四》為詞彙另賦新解，如思想矛盾與犯罪思想，

以嘲笑極權主義的準宗教性質。[54] 當代的例子可上納粹與共產主義的網站瀏覽。

如同宗教的情況，極端思想落在非此即彼的極端立場。一個人的政治觀，也許能類比毛澤東思想流派的獨門看法，卻仍不是理性的。[55] 例如，把國內的不順怪到外國人頭上，讓很多人會感到安慰或得意；這些人也許不會天天把保護主義掛在嘴上，而且知道對外貿易在特殊情況下是有利的，但依舊會抗拒且嫌惡試圖以比較利益說服他們的人士。

自然科學家老早就知道，自己有些發現因為牴觸宗教，故不被多數人相信。[56] 社會科學家得明白，有些發現因為牴觸擬似宗教（quasi religion），故不被多數人採信。

理性的不明是非

> 我們一再地指出，每個人實際上都是優秀的經濟學家，會依對自己更有利者來生產或交換。——巴斯夏，《經濟詭辯》[57]

偏好凌駕信念的概念，是調和理性選擇理論，以及選民非理性事實的關鍵。怎麼說？假定人類同樣重視物質繁榮與世界觀兩者，用經濟學的話講，就是效用函數有二個變數：個人財

富與忠於政治意識形態。當民眾理性的取捨於這兩個價值，會發生什麼事？

在任何理性選擇的分析下，價格都是指引明燈。若肉跟馬鈴薯都想買，你就會去算買下馬鈴薯，會排擠多少買肉的預算。不過，光看貨架上的價格標籤會出問題，像是營養不良的代價，是讓人短命的原因之一，價格標籤就看不出來。經濟學家把活動的加總成本稱為「完整價格」，其中包括外顯與內隱。也許從標籤不易得知，這個代價卻最為重要。

信念愈不正確，制定的行動與實際條件情況落差愈大。什麼是忠於意識形態的完整價格？答案是：為了信念而放棄的物質財富。[58] 假定荒島上的魯賓遜，出於意識形態，認定星期五這名土著不會耕種，自以為只有歐洲人才會農業。若魯賓遜的信念誤打誤撞是對的，明智地將農事一肩挑，讓星期五做其他活兒。但若魯賓遜其實只是偏見、瞧不起土著，將星期五排除在農事之外，下場是減少總產量，兩人日子更難過。魯賓遜潛在及實際生活水準的差距，就是他為了信念付出的完整價格。

在一座只住兩人的荒島，思想謬誤的實質成本很可觀。不過在民主國家，一張選票無論投得多離譜，其改變政策的可能性，隨選民人數增加而快速遞減。扭轉乾坤的選票是打破平手僵局，選票愈多，平手的局面愈少。想像荒島上有一千位魯賓遜，投票表決一千位星期五的行業類別。魯賓遜們雖寧可採信星期五不懂農耕的信念，實情卻不太像是如此，那麼一個魯賓

遜不管三七二十一，昧著良心投票，實質財富的預期損失是多少？這時他喪失的不是人均財富減損，而是以一票翻盤機率打折後的人均財富減損。若拒星期五於農業之外的成本是1千美元，那麼他打破僵局的機會是千分之一，則某位魯賓遜忠於謬誤信念的代價是1美元。

這例子說明本書一直要強調的重點：在現實的政治環境，忠於意識形態的代價接近零。[59] 所以當然要預期民眾會一飽政治妄想的需求，採信任何自我感覺最佳的說法，反正不用錢。投票支持鎖國的保護主義信徒，一點風險也沒有，會贏的政策就是會贏。當國界依舊開放，信徒就說，「早就跟你說了」，當國界封鎖，則改成：「若不是鎖國，現在的慘況恐怕難以設想。」

忠於信念的私人與社會成本差距，很容易就會膨脹。回到前例，一個魯賓遜偏信的預期實質成本只有1美元，當個別魯賓遜過半數覺得這代價很划算，其實每個魯賓遜都會損失1千美元。表決將星期五拒於農業之外，是葬送100萬美元的社會財富，讓只值501美元的嫌忌信念一吐為快。

上述觀察常遇到的反駁說法是說，正因為亂七八糟的政治理念的後果堪憂，選民有更強的動機保持理智。這說法聽起來就跟大眾因為很想少呼吸汽車廢氣，於是很少開車上路一樣。問題是沒有人面對到「少開車或得肺癌」，或是「多想想經濟信念或墮入貧窮」的選擇題。不管在開車或民主，跟個體行為關係不大的負面外部性，會加總成為龐大的集體災難。

政治無理的概貌

> 民主是一個這樣的理論：普通人清楚自己的需要，也身受其害。——H・L・孟肯[60]

普通人——與多數經濟學家——在挖苦時，把選民比喻為替「荷包」補血的消費者，實際上這不是常態，實證顯示，投票與物質利益沒有什麼關係。與富人投共和黨，窮人投民主黨的刻板印象相反，所得與政黨認同的關聯性很不緊密。老實說，年長者並不比其他人口組成更支持社會保障與老人醫療保險制度。男性比女性更支持有權選擇墮胎。[61]

若政治信念無法立基於自利動機，要以什麼來解釋呢？選民一般偏愛自我感覺是對全國普遍有利的政策，不過要因此對民主樂觀，還早得很。關鍵字是「感覺」。幾乎沒有選民會更深一層思辨，問自己：「我中意的政策是促進大眾利益的有效手段嗎？」政治有如宗教，忠誠是通往理念的捷徑。

這在民主制度有何意涵？標準的理性選擇理論，公允地強調政客藉由投其所好來爭取選票，不過視選民是對荷包精打細算的消費者，或我所說的，虔誠狂熱的宗教信徒，涵義則幾乎截然不同。以後者的情況來說，政客有很強的誘因討大眾歡心，卻沒什麼誘因不負所託。艾倫・布蘭德挖苦稱之為「唯唯諾諾的國會，對邏輯不敬，卻對民意調查謙卑恭敬。」[62]若一

位政客未能履行選民所托，那麼他的競選對手就會補上他的缺漏。勒龐以籠統的用語做出相同的觀點：

> 群眾從來不渴望真實性。若橫遭瞞騙，他們會偏離不合口味的證據，寧可將錯誤捧上天。誰有能力供應假象，就能輕易當上導師；試圖拆穿假象的人，總是會遭殃。[63]

所以，選民跟信徒差不了多少，原因出在心態，而不是實際影響。政教分離以後，現代宗教對非信徒的影響減弱，科學持續進步，無需宗教審批。相反的，政治／經濟的錯誤想法，對生活在政策驅策下的每個人，都有莫大的影響。若多數選民認為保護主義是好主意，貿易保護主義分子就得勢；若多數選民認為解除勞動市場管制成效很差，勞動市場的管制就會趨緊。

傳統對政客的批評，主要針對「怠惰」，即沒做到選民的期望。[64] 我則是主張，「怠惰」應該讓位給「煽動」。《韋氏大學詞典》對煽動的定義是「帶頭者利用普遍的偏見以及虛假的要求與承諾來取得權力。」[65] 老實說，煽動的統治者並非異常，而是民主的常態。只要選民一天懷有偏見又輕信，煽動就是打贏選戰的必勝策略。正常來說，煽動一詞意味著虛情假意，其實大可不必。「肯信道」的選民鼓勵政客裝模作樣，假裝對流行偏見堅信不移，但也激發偏見牢不可拔的人士踏入政界。[66]

怠惰應該讓位，但不能無視。選舉是有缺陷的紀律手段。[67]

多少偏離選民所托，是必然會發生的情況，問題是偏離多少？選舉使政客多麼綁手綁腳？我的看法是，這端視選民本身。若某個議題選民念茲在茲，像是公然種族汙衊，那麼政客幾乎不可能打馬虎眼，講錯一個字，可能就輸掉選舉。與之相反，像銀行管制之類的沉悶題目，若選民於情於理，都沒什麼意見好說，此時民意代表就有轉圜的「彈性空間」（Wiggle room）。

政客的彈性空間，讓特殊利益團體——官員或說客公開或私下——有機會得逞。雖說如此，利益團體不太可能直接顛覆民主的過程。不得人心的政策，即使是利益團體請託，甚至捐贈獻金，政客很少會硬幹，畢竟不值得冒打破政治飯碗的風險，相反地，利益團體會沿公眾漠不關心的邊緣步步為營。[68]若民眾對降低進口石油的依賴，顯得不置可否，乙醇生產業者也許會把租稅抵減弄到手，但再怎麼遊說，禁止汽油的行動必遭失敗。

最後，歸屬的權力使然，媒體也受到消費者驅使。競爭使媒體報導電視觀眾想看的新聞，用標準的理性選擇說法來說，這會讓政治資訊成本降低，有助民主運作。但我懷疑有多少有用的資訊從媒體流向觀眾，媒體一如政客，演觀眾愛看、講觀眾愛聽的東西。[69]

媒體一如政客，誠然有彈性空間，而且同樣是沿漠不關心的邊緣上下其手。當聳動的災害事故報導，偏向溫和自由派的立場時，主流觀眾反應良好，接下來清一色傾民主黨的新聞播

報員，就會加一點左翼的評論。但若媒體偏離典型觀眾意見太遠，或扯太多學問，觀眾就會轉台。所以一方面，傳統觀點把太多帳算在媒體頭上——娛樂私有財有害資訊公共財，但把媒體當作大眾謬誤來源的看法錯得離譜。後面會講到，謬誤其來有自，早於現代媒體，後來發揚光大是因為閱聽人有接收的傾向。

總結一下我的選民導向說法。選民對世界的運作方式已有定見，而且傾向支持贊同心目中有益社會政策的政客。反之，政客有賴選民支持當選及連任。儘管有少數人不在乎假裝支持流行觀點，但這行徑不太有必要，成功的候選人通常會真心誠意分享選民的信念。特殊利益在爭取政客支持時，會相應地修改自己的需求，沿著民意不置可否的政策邊緣索討讓步。最後，媒體最大的功勞是娛樂大眾。因為政客與利益團體的醜聞有娛樂性，媒體會充當看門狗。所有看門狗皆然，媒體也有次要的角色，但不管怎麼包藏，若報導牴觸觀眾的核心信念，觀眾就會轉台。

結論

本書將重點擺在選民系統性誤解經濟學信念的實證證據，好將「集體奇蹟」拉下神壇，但結果不意味著選民對其他題目的觀念比較健全，事實上，我樂見其他領域的專家，能利用本

書的架構，解釋見於各自領域的偏見，是如何扭曲了政策。

我之所以著重在經濟學，是因為它是多數現代政策爭論的核心。管制、租稅、補貼……無一不決定於左右經濟成果的政策信念。美國全國選舉研究在多數選舉年的典型受訪者，都把經濟問題列為「最重要的問題」。事實上，若把福利、環境，和健保等「社會福利」問題歸到經濟類，那麼從1972到2000年，每到選舉年經濟都是最重要的問題。[70] 偏差的經濟學信念，使民主被著墨最多的活動拖累。了解這些偏見，不只對經濟學家，對每個研究政治的人都很重要。若這還不夠當成閱讀動機，那麼經濟學家與「集體奇蹟」又愛又恨的關係——表面融洽，但檯面下不時砲打經濟學素養，其情節很有意思。

經濟信念的實證是民主新觀點的跳板。經濟理論如何調和系統性偏見的實證證據？概念上，還不至於要到根本的改變：只要在理性選擇的鍋裡，多加一樣「偏好凌駕在信念之上」的材料即可。實質上，本書的說法幾乎保留理性選擇共識。在我看來，民主既非運作良好，也沒被特殊利益挾持；而民主之所以未達預期，是因為選民要求的愚蠢政策有求必應所致，理性選擇推廣前後的意義相當不同。

第二章

經濟學的系統性偏見

對於習慣於講究邏輯，以縝密推論折服聽
眾的有識之士來說，不免在面對群眾時會
使用這種話術，但與此同時，他們又往往
對於無法說服對方，而感到驚訝不已。
　　——古斯塔夫・勒龐，《烏合之眾》[1]

從現代經濟學的理論工作可看出，經濟學家們幾乎對民眾落入系統性偏見的情況側目而視。每個正規的模型，幾乎理所當然地認定個人儘管受到種種限制，平均來看會做出正確的事情。蓋瑞‧貝克擁戴的方法，現已成為標準：

> 多數選民對於配額和關稅等由來已久的政策的效果，落入系統性偏見的說法，很難取信於我。我寧可假設選民懷有無偏的預期，至少對存續的政策是如此。他們也許高估或低估某些政策的無謂損失，但平均來說，觀念是無誤的。[2]

期刊經常把公然採取相反研究方法的理論打回票：「不能這樣假設。」偷渡系統性偏見概念的論文，冒著被驅逐出場的風險。[3] 頂尖期刊《政治經濟學雜誌》(*Journal of Political Economy*) 有篇知名論文，作者史蒂芬‧科與史蒂芬‧莫里斯擔憂有些經濟學家正在偷渡「不合理的假設」，假定選民「對政策效果懷有偏見」，而且「可能會執迷不悟」。[4] 丹尼‧羅德里克有類似的感嘆：「壞消息是──不管公然或較常見的暗示──把短視或非理性推給政治行動者的習慣持續存在。」[5] 我來解讀一下，這些知名的社會科學家正要求同行，在言行中實踐對非理性的禁令。

心理學與民意調查揭露的偏見證據

幸好經濟學家理論上規避系統性偏見的舉動，未阻止實證工作推進。脫離學科的疆域後，經濟學家的批判並沒有受到太多關注。心理學家康納曼和特佛斯基就列舉一大串人類易發生的偏誤[6]，例如人會高估空難等印象深刻事件的機率。其他研究證實，逾50％的民眾覺得自己的正面特質落在分布的前段班。[7]為數眾多的經濟學家取徑心理學的研究，涉足心理學與經濟學的跨學門研究。[8]

這方面的研究證實系統錯誤確有其事，這不啻是指點人要對理解力的缺陷保持開放的態度。不過，從實驗室搬到現實生活的道路不是什麼坦途。[9]在人為實驗條件下，指出民眾缺乏理論上的完全理性，以及推斷非理性可能妨礙人們在現實世界（生長環境）的決策——是不能混為一談的兩回事。[10]民眾的一般認知能力，也許令邏輯學家與統計學家不敢恭維，但民眾依舊對在行的事情得心應手，心理學家稱之為「生態理性」，意思是有能力在生活圈做出明智抉擇。[11]一個技工也許看不出實驗的相關性，卻能找出車子的毛病。選民也許下不贏早期的電腦象棋遊戲，卻對時下的議題一針見血。

不過若技工堅稱車子不用吃油，吃沙子就能跑，這時怎麼指望這個人搞得定汽車？錯誤的觀念直接牽連到現實決定，讓信以為真者走上險路。以為援外是聯邦預算最大筆支出的選

民，情況半斤八兩。失真的歲出觀念很可能導致選民唾棄實事求是的負責任政客，卻改投放話大刀平衡預算的政客的懷抱。

順理成章擺在眼前的問題就是：選民對攸關自身的政策問題，抱持偏見嗎？經濟學家雖迴避這題目，民調界可不會，而且發現選民持有偏見是稀鬆平常且在統計上顯著的情況。[12] 對此結論若不願對號入座，必須屏棄民意質性的「評量」，充分讓民眾對自己的事務做出判斷。

檢驗選民偏見最簡單的方法，是提出客觀的數字問題，像聯邦預算花在國防或社會安全的比例。因為研究者知道真實數字，便能從統計上比較受訪者的作答與事實。《福利改革暨聯邦預算全國公眾認知調查》(*National Survey of Public Knowledge of Welfare Reform and the Federal Budget*) 是很好的例子[13]，結果顯示民眾系統性地高估政府花在社福與援外的支出比例，同時低估支應國防以及社會保障的比例。

這類研究的主要缺點在於，許多有意思的題目，只能以模稜兩可的答案作答。假定你想知道民眾是不是系統性的低估自由貿易的好處，不能直接拿著民意測驗與《美國統計摘要》(*Statistical Abstract of the United States*) 的事實數字比較。[14] 但好幾位政治科學家另外應用創意的方法，著手估計選民的「有識偏好」，意即在選民「充分知情」下的偏好，說穿了就是所知甚多。[15] 這方法有三個步驟：

1. 執行一項政策偏好調查要合併施行客觀政治知識的測驗。
2. 其從統計上估計個人的政策偏好，表示成客觀政治知識以及人口統計資料（所得、種族、性別……等等）的函數。
3. 模擬全部人口群體的所有成員，在客觀政治知識極大情形下的政策偏好看來大概會是什麼。

所以說，你要先蒐集受訪者偏好政策的資料，諸如：想不想增加或減少政府支出、想不想加稅縮小預算赤字、支不支持婦女有權選擇墮胎，接著測試受訪者的客觀政治知識，不妨把它想成是「政治智商」的測驗，看受訪者知不知道各州參議員的人數、最高法院的首席大法官、俄羅斯是否為北約成員……等等。

得知受訪者的「政治智商」後，把它連同受訪者所得、種族、性別等資訊，用於統計上的政策偏好預測。例如，看高政治智商的普通人，偏好的政府支出規模，比低政治智商的普通人多或少。

握有這項資訊，就能猜估一個人若人口統計資料不變，但政治智商大增時，大概會怎麼想事情。若低政治智商的窮人，在學習更多政治學知識後依舊貧窮，他會不會改變對福利政策的想法？會的話，為什麼？

最後，一旦知道某一個人大概會如何修改意見，就能估算當每一個人都具備最高的政治智商後，意見的整體分布會如何

表 2.1 平均政策偏好

所得水準	知識水準	人口百分比（%）	平均答案
高	高	25	3
高	低	25	5
低	高	25	4
低	低	25	6
平均偏好			4.5
有識偏好			3.5

變動。要做的工作是去想每一個人在最大限度認識政治的情況下大概要什麼，接著比較新舊分布。

　　舉個簡單的例子。設想有貧與富二個人群，以及高與低二種認識水準，共有四種分類。每一類的人口比例都是25％。受訪者以0到10為偏好的福利政策打分數，0表示大幅刪減，10表示大幅加碼。全體平均作答是4.5。

　　要計算所有人的有識偏好，可以用同一收入水準的條件下，把高度認識受訪者的平均作答，替代低度認識受訪者的實際答案。亦即把高度認識的富有受訪者的平均偏好3分，代入全體富有受訪者；把高度認識的貧窮受訪者的平均偏好4分，代入全體貧窮受訪者。新的平均3.5分，是全體民眾的有識偏好。

有識偏好這方法的重要特徵在於，知識對於政策偏好不具系統效果的情況下，就沒什麼好多說的，此時有識偏好的分布將會無異於實際的「無知」偏好的分布。

　　實務上，有識偏好這方法有個大利多：知識對政策偏好的系統效果很大而且無所不在。史考特·歐陶斯解釋：「與集體理性模型的預測相反，一知半解的受訪者的加總意見，通常比充分知情的作答更為偏頗。」[16]他接著總結最重要的三個資料模式：

1. 「首先，與民調相比，充分知情者在對外政策議題的意見上，更傾向干涉主義，可是在涉及軍事力量的使用與維持議題上，立場則轉向鴿派。」[17]若大眾的政治認知功力大增，孤立主義變得較不得人心。知道較多的人，贊同美國在國際上積極參與，同時立場較不鷹派：一方面想參加全球事務，卻比較忌憚走向戰爭。

2. 「政策問題的第二個模式，是充分知情的民意，對各種社會政策話題，尤其是合法性待定奪的，抱持較為進步主義的態度。」[18]最讓人注目的，是比較有見識的公眾，會比較支持婦女有權選擇墮胎以及同志權利，更反對學校牽扯宗教。

3. 「政策問題的第三個模式，是關於政府權力的範圍與運用，模擬的民意在思想上顯得較為保守。尤其事關擴張性

的國內計畫，充分知情的民意傾向財政保守主義，偏好以自由市場解決政策問題，較不支持以額外政府干預來保護市場；偏好縮編與削權後的聯邦政府。」例如，1996年《美國全國選舉研究》（*American National Election Study*）詢問下列兩種立場何者與受訪者的看法較為相近：「一是我需要更有力的政府來處理當今的複雜經濟問題；二是用不著政府介入，自由市場就能處理這些問題。」[19] 充分知情的民意偏向市場派。對福利與平權行動的信念，呈現相同的模式：政治知識會提升對機會平等的支持度，降低對結果均等的支持度。

當民眾知道愈多，想得跟你愈不一樣，這結果很難讓大家拍手叫好，尤其歐陶斯的第三個模式，簡直豈有此理。姑且說，財富與知識相輔相成，為什麼不說有識民眾偏好自由市場政策，是因為正確辨識自身利益？這個反對理由搞錯重點了。有識偏好的分布比實際的偏好分布更偏袒市場，主要是因為全部所得水準的民眾，對市場的支持度隨政治知識上升。事實上，歐陶斯指出當知識提升，所得分布後半班的支持市場看法，會不成比例地上升。

歐陶斯揭露的效應往往是可觀的。受訪者當中，62％表示偏好大政府甚於自由市場，38％立場相反，但依「有識偏好」的估計，支持市場反而多出15％，比率從62：38，變成47：

53。同樣的情況出現在不少其他政策題目，諸如赤字削減（從69：31變成52：48）、自主墮胎（54：46變成56：44）……等等。[20]

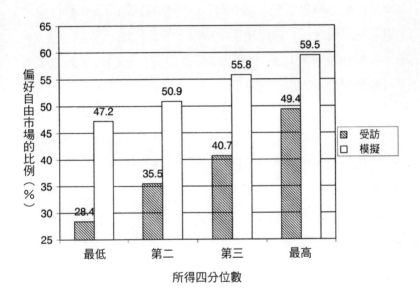

圖2.1　自由市場與政府的「有識偏好」

資料來源：歐陶斯（2003）

讓經濟學回歸正軌

政治學家的發現，著實讓研究政治的經濟學家有點無地自容。經濟學家愈來愈懂得系統性偏見無礙於選民的理論情況下，政府大概會怎麼運作；民意測驗學者則指出，系統性偏見實際上歷歷可考。偏見是標準情況，不是例外。

經濟學家的盲點之所以很難被原諒，是因為長久以來，經濟學對偏見的指指點點班班可考。名留青史的經濟學家如亞當・斯密與巴斯夏，早就在大眾對經濟學的不可理喻上花過心思，像是頑固抗拒機會成本與比較利益的基本原理。如今經濟學家不僅沒在相關學門掌握上相關的實證工作，還對舊識不加理會。

經濟學家在研究這一面是這樣，好玩的是，在教學那一面，多數反而很推崇前人的智慧。當經濟學入門的新鮮人來到課堂，教科書作者與台上講師，照慣例會嘗試讓學生脫離偏見，用克魯曼的話來說：「為大學生的心智接種疫苗來預防教學討論盛行的誤解。」[21]

研究與教學之間的奇怪脫節，內情頗不單純。問題並非經濟學家對偏見無話可說，相反地，可以討論的部分可多了，只是不情願公之於世，押上自己的學術名聲。不過，這份勉強若得到解脫，經濟學就能端上許多牛肉。經濟學前輩研究系統性偏見已數個世紀，但現代的經濟學家，並沒有讓心理學家、民

意測驗專家，或其他人士知道。再者，教學經驗讓許多在世的經濟學家，對公眾的偏見多所領會。經濟學家只要把他們已經了解的情況公諸於世，人類知識就能向前邁好幾步。

經濟學仍有許多潛力，可以達到預期的水準。目前沒幾個經濟學家，對民意測驗調查的大哉問感興趣，可是以前的經濟學家明明深思過這些事情，現在的經濟學家還可以有很多貢獻，即便他們不願意開誠布公。

有關系統性偏見的實情，心理學家與民意測驗調查，對經濟學家已有不少指教。歷來交流大部分是單向的，然而，說經濟學家能投桃報李，會不會反而感到事有蹊蹺？有了這麼多對系統性偏見假設的告誡，說經濟學家在這方面有原創見解，有人信嗎？知情不報並非經濟學家的性格。

這有合理的解釋。現代經濟學家沒什麼人在意思想史，所以最富洞察力的討論，多半遭人忽視或遺忘。[22] 再者，做研究與教學之間，經濟學家面臨迥異的誘因；打著系統性偏見的觀念去投期刊，是甘冒事業上的風險，但在課堂上這麼做，卻一點都不失身分。如此環境最適合鴨子划水挺進見解。

好吧，那麼從古至今的經濟學家到底對系統性偏見有何指教？除去不懂裝懂的，經濟學家堅持四派的看法。[23] 本書稱之為反市場偏見、排外偏見、創造就業偏見，以及悲觀偏見，經濟學家早就發現這些廣傳的誤解。本章接下來要說明經濟學家指責大家正在犯的系統性偏見，並簡述為何經濟學家會說你錯

了，他們才對的原因。而正式的統計證據留到下一章。

反市場偏見

商業，性本惡。——波特萊爾[24]

　　我在雜貨店的農產品區，知道有農產品價格支撐這回事。當時我還在上幼稚園。我的母親解釋，價格支撐表面上會抬高蔬果的價格，不過這麼說簡化了事情。若不護盤，許多農場紛紛倒閉，價格反而會更高。若我更早開竅，就會追問下去：其他雜貨價格也是這樣嗎？為什麼沒有？不過當下我有把她的話聽進去，而且隱隱覺得，價格競爭對買賣雙方都不是好事。

　　這是我對反市場偏見——傾向低估市場機制的經濟好處——最早的印象。[25]一般民眾狐疑將本求利的企業，幹得出多少有益社會的好事，原因是只注意到企業的動機，忽視競爭加諸的紀律。經濟學家承認利潤最大化加上市場缺陷，會產生不好的結果，可是非經濟學家傾向把成事有餘的貪心，逕視為有害社會。

　　晚年的約瑟夫·熊彼得傳神地掌握住反市場偏見的精髓：

　　　資本主義在胸有定見的法官面前受審。死刑即將宣判，

再多的辯護都無濟於事。僅有的成功辯護機會是更改起訴書。[26]

　　堪稱在經濟思想史執牛耳的熊彼得，以平實的口吻，提到：「根深柢固地將一切行為視為貪圖利潤，這偏見本身就是反社會的。」[27]鑒於熊彼得學識之淵博，這話含意深遠。反市場偏見不是一時的特定文化錯亂，而是深植人心的思考模式，令世世代代的經濟學家感到氣餒。[28]

　　各種政治光譜的經濟學家，無不批判反市場偏見。自由民主派的經濟學家，附和熊彼得的思想，並發揚光大。前美國總統卡特的經濟顧問委員會主席舒茲宣稱：「利用物質上自利『原始』動機來促進共同利益，也許正是人類至今最重要的社會發明。」但政客與選民看不見這發明的好處。「幾乎所有環境政策的通則……開頭就先說管制一途是正解；價格方案永不予考慮。」[29]

　　將自我偏好，投射到多數人身上，是民主政治的老套話術。政治名嘴很少會脫口而出說：「美國人要往東，但這會鑄成大錯。」不過對於反市場偏見，公然忤逆民意的經濟學家多的是，想找到一個更贊成自由市場，而不是寧信路德維希・馮・米塞斯的經濟學家，不是件簡單事；即使找到了，問他認不認為是菁英的無感，迫使多數人寧有大政府？他會說不是，並直言政策有違己願，但反映民眾的意願：「欺騙自己沒有

用，美國人的民意抵制市場經濟。」[30] 政客怠惰不是民主的問題，民眾反市場偏見才是：

> 逾一個世紀以來，西方國家的民意走入「社會問題」或「勞工問題」的觀念圈套，以為資本主義的存在，傷害了群眾的切身利益，受薪群眾與小農受害尤深。如此不公的制度延續下去，是不可容忍的事情；基進改革必不可少。
>
> 但事實是資本主義不僅讓人口倍增，同時空前改善了民眾的生活水準。[31]

各種面貌的反市場偏見，族繁不及備載；最常見的一種，可能是將市場報償與移轉性支付等同視之，無視二者的誘因差別（經濟學家在說的「移轉性支付」是把一個人的財富無條件交到另一個人手上）。[32] 接著問題是，你怎麼在手心向上與手心向下的兩方之間拿捏輕重。來看典型的例子：一般人傾向把獲利視為富人獲得的恩賜，所以除非天生反骨，否則抑富濟貧似乎就是大家的共識。

不管何種意識形態的經濟學家，對這種看法，除了取笑還能怎樣。利潤不是施捨，而是回報：「若想當個有錢人，就要有辦法讓人掏錢。」利潤給人誘因著手降低生產成本、將資源從夕陽產業挪移到朝陽產業、構思新的產品，這就是《國富論》的主旨，「看不見的手」默默地指使利己的商人促進社會

利益：

> 人人莫不自利，為一己掌握的資本，找到最有利的用
> 處；這麼做是為自己好，不是為了社會，任誰看來都是如
> 此，但考慮一己之利的結果，自然或必然讓人選出對社會最
> 有利的選項。[33]

　　對現代經濟學家來說，這些話理所當然，於是通常沒多
想。若亞當·斯密的觀察，不過就是自明之理，那何必多此一
舉，把它寫下來？為何經濟學課堂上，會反覆重申這些話？
原因是斯密的論點與世人反其道而行，而且至今依然如此。小
眾的自明之理，對大眾是旁門左道。明知世道就是這樣，斯
密試圖搖醒讀者，讓他們脫離教條。「人在追求一己之利的過
程中，經常比特意做公益，更有效促進了社會利益；反而沒聽
過裝作為了公益的人有何建樹。」[34]營利事業看起來是移轉財
富，但有利社會；慈善事業看起來有利社會，但充其量是轉移
財富。

　　同理適用其他大眾視為眼中釘的「意外賞賜」。近世的反
市場思想，砲火集中在「下流利潤」，早期的首惡則是利息或
「高利貸」。[35]人們認定利息只有一個效果：讓債主更有錢，讓
債戶翻不了身。龐巴維克在其著作《資本與利息》提出，債券
市場的偏見歷史已有數千年：

通常債主是有錢人，債戶是窮人；前者看來面目可憎，以利息為手段，榨取貧戶的薄產，為盈溢的身家錦上添花。這也難怪古代，以及後來的基督教中世紀，對利息極其反對。[36]

庫蘭對伊斯蘭經濟的剖析，指出近來利息的處境尚未翻轉：

要躋身伊斯蘭的經濟學家之列，光靠博學雄辯的穆斯林身分是不夠的；還必須從原則上反對任何利息。[37]

踏入穆斯林的圈子，利息就是經濟事務的頭號敵人；許多政府熱烈擁戴不見利息的「伊斯蘭銀行業」：

目標不光是讓伊斯蘭銀行業更便民，而是要讓所有銀行完全伊斯蘭化。特定抵制傳統銀行業務的運動，成功宣告「載息」的銀行業務非法。1979年巴基斯坦命令全體銀行在五年內，清除業務中的利息；1992年伊斯蘭宗教法院取消多種豁免事項。利息禁令在伊朗與蘇丹也已經生效。[38]

從古雅典城到現代伊斯蘭馬巴德，大家失去的是什麼？利息跟利潤一樣，不是賞賜而是回報：出借人收取利息的代價是

延遲消費。有賒欠之需的人，不會感謝使利息絕跡的政府，這道箝制同樣拖垮了借貸。

快轉到現在，艾倫‧布蘭德把汙染許可買賣招致的反對，算到反市場偏見頭上。[39] 如果我們能讓人停止汙染環境，為什麼要讓民眾「花錢買汙染」？教科書的答案是許可買賣能以相同成本達成更有效的減汙；減少排汙代價小的廠商，減排後就有用不完、能賣給減排代價大汙染業者的配額，算下來，最終結果是：加把勁減汙牟利。因此，汙染的價錢不是單純的移轉，還會產生盡可能省錢來改善環境品質的誘因。但非經濟學家──包含相對上道的政策圈內人──有意見。好玩的是，布蘭德提到，一份對六十三位環保人士、議會幕僚，及業界說客的調查顯示，沒有一個人能對許可買賣做出如同經濟學家般的邏輯推論。[40]

價格的壟斷理論是第二常見的反市場偏見型態。經濟學家坦承壟斷確有其事，但民眾習慣讓「壟斷」當作稀少性代名詞。[41] 物價通常視供需而定的觀念，反而不容易取信於人，即使產業有眾多廠商，非經濟學家仍把價格歸咎於高層的意思以及陰謀論，不過，經濟學家很清楚，勾結是囚徒困境。[42] 若一個產業的廠商家數不是小貓兩三隻，整個業界就不太可能串通得起來。

從歷史角度，中間商特別容易淪為眾矢之的，被冠上「壟斷者」的惡名。看看那些盤商：「一模一樣」的商品，買來

「哄抬價格」，然後轉手賣出。巴斯夏抨擊同時代社會主義人士對中間商的「仇恨言論」：

> 他們存心排除資本家、銀行家、投機者、企業家、生意人，還有商家，指控這些人插手於生產與消費之間，兩邊通吃，卻沒有給雙方任何有價值之物……接著借助冠冕堂皇的字眼：人剝削人、投機饑荒、壟斷，這些人讓商業背負汙名，掩蓋其好處。[43]

可能的好處是什麼？經濟學家有一套標準答案。運輸、儲藏，及配送的價值，在前不著村後不著店，偏偏想喝杯冷飲時，可說再明顯不過；花錢找人效勞天經地義，合理的要求不該是要中間商免費服務，而是平時受到競爭的考驗。鑒於這類市場的廠商一般為數眾多，經濟學家認為「壟斷」是相當離奇的指控。[44]

關於這問題，肯定要提到叫座又可笑的陰謀論：資本家串通好，把工資壓低在勉強餬口的水準。不少人仍以這種眼光看待第三世界的經濟，並以弱化的版本回過頭來描述第一世界；第一世界的僱主何止千百萬，這種情節的邏輯之可笑，可想而知。這陣營學問比較好的人士，會指出亞當‧斯密本人也擔心僱主共謀[45]，實則無視在亞當‧斯密的時代，由於高昂的運輸與通訊成本，工人其實沒什麼本錢選擇僱主。

那第三世界呢？就業機會固然多半少得可憐，但假如真的有一大群僱主串通好壓低工資，當然第三世界會成為投資賺錢的好去處，但試問：將畢生積蓄投資到貧窮國家，聽起來是快速致富的康莊大道嗎？答案為否的話，其實你已默默認同經濟學家對第三世界貧窮的不美信言：當地工人的工資低是因為生產力低。[46]

　　價格的決定除勾結外，在民眾的想像裡，企業是善心時有時無的壟斷者。若大老闆今天比較愛錢，就抬高價格，或陳列比較黑心的商品。好商家的貨品不黑心，價錢公道；壞商家賣黑心商品，哄抬價格又全身而退。市場懷疑論者就只差沒說：「果然好人沒好報。」約翰・繆勒強調在民眾心中，幾乎所有壞事都與貪婪有關：資本主義「常招致的汙蔑，諸如欺詐、不正當、不誠實，以及粗暴，普遍被認為是公然贊揚貪婪的必然下場。」[47]如同《悲慘世界》反派酒館老闆泰納第（Thenardier）的歌詞：

> 有蝨子要收費，
> 有老鼠要加錢，
> 照兩次鏡子多收兩成！
> 這裡收一點，
> 哪裡扣一點，
> 睡覺關窗戶多收三成！

論操弄價格，

他懂很多伎倆。

通通抬價，

大小事情，

天哪！漲成這樣真好！[48]

　　別擔心第一幕結束前泰納第破產，想必他是被更貪心的競爭對手打敗。

　　一般人是哪裡出錯？一來，偷雞不著蝕把米。對老闆下通牒：「薪水加倍否則就不幹了。」下場通常很慘，企業也是如此：價格抬高，但品質又灌水，利潤通常會縮水，而非增長。繆勒進而指出，許多策略用一次會得逞，常用反而有反效果。[49]大家不想再度光臨的店，想賺錢也難。明智的貪婪與「欺詐、不正當、不誠實，以及粗暴」背道而馳，因為它損害的是賣家的聲譽。

　　局外人聽克魯曼或史迪格里茲與其他經濟學家爭辯，可能以為市場的好處尚有疑義。[50]要搞懂這種對話，必須注意經濟學家沒有爭論的地方。他們沒爭論價格有沒有提供誘因，或世界是否被巨大的企業陰謀暗地左右。所有經濟學家幾乎都認可市場機制的核心優勢，他們只對利潤存有分歧。

排外偏見

> 一般美國人有個很有意思的觀點，就是儘管教育
> 與宣傳多年來持之以恆，他們依然故我，堅持對全球經
> 濟抱持懷疑論。出於慣常的優越感，菁英評論員打發大
> 眾表達的疑慮，視之為無知與本土論，亦即民眾不善於
> 掌握宏觀的經濟面向，以致疑神疑鬼。——威廉·格雷
> 德，《誰來告訴人民？》[51]

　　我認識一位精明的生意人，長久來認為兩招就能治美國經
濟百病：

1. 海上封鎖日本
2. 在美墨邊境修築柏林圍牆

　　我稍稍諷刺了這人的立場，實情著實令人費解，畢竟貿
易互利惠他良多；雖然他在網路上的生意也做得不錯，但如同
多數非經濟學家，他存在著排外偏見，傾向低估與外國人往
來的經濟好處。[52]所以當外行人開始討論國際貿易相關的經濟
問題時，常常會恍然想到：「外國人？跟他們貿易真的是互利
嗎？」

　　國際貿易常被比喻成貿易「戰爭」，排外偏見也許已深埋

在我們的日常用語當中。外國人會不會是竊賊？內奸？歹徒？無論出於何種原因，外國人照理說有能力剝削國人。紐康解釋：

> 這已成公理，用不著證明，因為沒人敢去否定：外國不可能老老實實贊同任何對我們有好處的貿易；對方想與我方貿易的事實，不就是我們有所保留地接受他們的提議，並立法破壞其盤算的好理由。[53]

一個世紀後，布蘭德附和紐康的慨嘆。各國的民眾紛紛把問題怪到外國人頭上：

> 當工作不好找，會強烈地想自保，更難抵抗怪罪外國競爭者的心理。死守心態不是只在美國產生影響。多數經濟學家把保護主義的做法，扣上短視近利或枉費心機的帽子，但這種批判也顯得不痛不癢。立法者志在選票，不是知識分子的名聲。[54]

大概再也找不出有什麼大眾輿論，能讓經濟學家長久以來如此厭惡。在《國富論》，斯密勸告讀者：

> 家家戶戶都在做的精打細算，怎會是泱泱大國的笨主

意。若有個國家能以更划算的代價供應商品，那麼我們拿自己具備生產優勢的商品與對方換購，不是更好嗎？[55]

在同行眼中，亞當‧斯密這方面的論點大獲全勝。一個世紀後，紐康在《經濟學季刊》很有把握地說：「自亞當‧斯密以來的經濟學家，與那些主管國家商業政策的長官之間最顯著的觀念衝突，是在對外貿易方面。」[56]大蕭條期間，情況雖有點走回頭路[57]，但經濟學家至今不改親外的觀點。即使是像克魯曼之流，很會在自由貿易的雞蛋裡挑骨頭的理論家，屢屢用不解來輕描淡寫其結果：

這項創見對今日大學生不是什麼大事。在二十世紀最後十年，休謨（David Hume）和李嘉圖（David Ricardo）的見解，仍是上課教學的精髓，也就是說，上課要教學生，貿易赤字會自動修正，貿易的利益不取決於一國對於競爭對手有絕對優勢。[58]

經濟學家對排外想法特別感到不滿，因為這不僅錯誤，而且與基本經濟學相牴觸。教科書上說，若生產者專業化並從事貿易，總產出會增加。個體的層次上，這結果無庸置疑。想想花你用幾個小時的工資，買下一個禮拜要吃的米和蔬菜，而你自己要花多少時間，才能種一個禮拜分量的食物？類比個人和

社會行為，不時會產生誤導，但此處的例子可沒有。照藍思博的說法，國際貿易是一項技術：

> 美國有兩種生產汽車的技術：在底特律製造車，或在愛荷華州種車。前者大家耳熟能詳，我要說明的是後者。首先，為製造汽車播種，等幾個月小麥長出來，就動手收割、裝船，在大平洋上西航，幾個月後，船就會運載豐田汽車回航。[59]

這是很神的技術。比較利益法則這條經濟學的精彩原理，指出即使一國各方面的生產力都輸人，仍有機會進行互利的國際貿易。[60]假設美國人能生產十輛車或五蒲式耳小麥，墨西哥人能生產一輛車或二蒲式耳小麥。儘管美國人的兩種產品都贏過墨西哥人，但專業化與貿易能使產量更高。若一個美國人不種小麥轉生產汽車，三個墨西哥人不製造汽車轉生產小麥，則兩國的產出，將多出二輛車加一蒲式耳小麥。

誰能無視貿易的「好康」？亞當・斯密以及一眾十八與十九世紀的經濟學家，看出根本錯誤出在對金錢與財富的認定有誤：「富有的國家，如同富有的個人，想當然耳很有錢；同時致富的最佳辦法是從他國聚斂黃金與白銀。」[61]於是乎，貿易是零和之舉，畢竟一國的收支要好看，代價是他國的收支惡化。

即使是大行其道的時期，斯密的說詞，可能聽來仍有智

慧。追本溯源，十八世紀重商主義的問題，在於不講理地不信任外國人。不然的話，為什麼民眾關注在搜刮「一國」的金錢，而不是「一區」、「一地」、「一城」、「一村」或「一家」？始終把金錢和財富等而視之的人，會對所有流出貴金屬的情況感到憂慮。實際上，那時和現在的人，是想到其他國家會來參一腳，才會犯了貿易收支的謬誤。有誰會去在意加州和內華達州，或我跟唱片行的貿易收支情況？謬誤並未將所有的置產視為成本，卻將外國人的置產視為成本。[62]

現代的環境讓排外偏見更容易辨識。舉個明顯的例子，移民這問題的爭議性遠大於斯密的時代。經濟學家一如預料，很快就看出移民的好處。勞動力的貿易跟貨物的貿易沒什麼差別；專業化與交換會提升產出，譬如說，能力強的美國人媽媽回到職場，小孩讓墨西哥保母來帶。

國際收支的方面，移民不是個問題。若有個移民從墨西哥城搬到紐約，並把賺到的錢都花在當地，則貿易收支不變。但大眾仍把移民視為包袱：工作流失、工資被拉低、占用公共服務。許多人眼中，貿易赤字惡化，是減少移民的合理代價。北美自由貿易區（NAFTA）有個奇怪的支持理由，有人認為，若美國容許更多的墨西哥貨物，就可以減少更多墨西哥移民。[63]由此可見，一般大眾將移民和貿易收支惡化分開來看，而且前者的可怕程度更甚於後者。當民眾想到這些外國人，不光是輸入產品，連人都住在國內，就冒出更大的不安全感。

不過，把「不同國」這件事，想成非黑即白，是一種誤解。在一般美國人眼中，加拿大人比起英國人，「不同國」的感覺較少，英國人的「不同國」感覺，又比日本人低。根據《綜合社會調查》（*General Social Swvey*，以下簡稱GSS），1983至1987年這段期間，28％的美國人坦承不喜歡日本，僅8％表示不喜歡英格蘭，不喜歡加拿大更少，只剩3％。[64] 由此可見，排外偏見的程度視國家而異。客觀的衡量標準（如貿易量或貿易赤字），往往被排在體質、語言，與文化相似度之後。相較於墨西哥或日本，找加拿大或英國貿易比較讓美國人安心。美國從加拿大進口以及產生的貿易赤字，從1985到2004年，年年都超過墨西哥[65]；1980年代反日情緒正旺時，英國在美國的國外直接投資，一直比日本超出至少50％。[66] 以美國而言，外表看起來相像、口操英文的外國人，似乎比較不會被當成「不同國」。

　　平心靜氣想一想，國際經濟帶來很多好福氣，而且惡報很少，經濟學家從過去到現在都同意這一點。不過背後有一個但書；國際經濟本身沒什麼好怕的，這件事無庸置疑，但現代的研究人員不同於以前的經濟學家及現代的教師，很少會額外去提到國際經濟遭受的敵視態度。克魯曼說得中肯：「眾多為國家政策操刀的有識之士以為，國與國的矛盾不過是個假象，不過假象卻能摧毀貿易互利的現實。」[67]

創造就業偏見

> 毫無疑問，我們應當盼望每塊田地稀疏荒蕪，每
> 粒小麥焦黃缺乏，換言之，土地乃是不毛之地……甚至
> 工作機會要和瘠田成正比，我們更希望智力衰退並消
> 失。只要如此，人就會不停努力地精進，以求增加投入
> 產出的比例。——巴斯夏《經濟詭辯》[68]

冷戰結束時我還是大學生。某次與一位立場保守的同學，
談起削減軍費支出的話題，她對這主題感到不安，因為她不知
道市場經濟，要如何消化這群退伍的阿兵哥。對她來說，削減
支出的短期和長期結果並沒有分別；她認為解僱十萬名政府雇
員，等於讓這十萬人終生求職無門。若你意識到她的保守傾向
同樣也反對政府的支出計畫，那麼她對削減軍費支出的提案如
此抵制，就顯得格外突兀。

既然一個抵制政府浪費公帑的高學歷分子會這樣子想，不
乏同道中人也就不足為奇了。民眾常以為，勞動力多留無益，
要用才好。撙節勞力，用更少工時生產更多貨物，普遍被認為
有害，而不是進步，這種低估撙節勞動力經濟好處的傾向，我
稱之為創造就業偏見。[69] 一般人眼中是工作被消滅，經濟學家
眼中則是經濟成長的本質——投入得少而且生產更多。布蘭德
解釋：

如果直接提出問題，「更高的生產力好過較低的生產力，是嗎？」沒什麼人會否認。但政策變革的口號常是「創造就業」……工作有二種創造方式。社會受益的方式是擴大國民生產總值GNP，這樣就有更多的有用活兒要做。不過創造的工作，也能想成是每位勞工生產力變低，如此同一批貨物，需要投入更多勞力生產。後者的確增加了就業，卻不是致富之道，反而淪為不值一文。[70]

一個人要蒸蒸日上，只需要有一份工作；而社會要蒸蒸日上，僅能指望大家做到一件事：做出有人想要的產品和服務。

經濟學家跟創造就業偏見交手的歷史已有數世紀。巴斯夏以「薛西弗斯就業法」揶揄繁榮的方式，典故正是那位被判推大石上山、永遠有工作的希臘神話人物。公眾看來：

勞動本身就構成以及衡量財富，更上一層樓是提高勞動對成果的比率，可以把薛西弗斯的差事當成楷模：徒勞無功又看不到盡頭。[71]

反之經濟學家看來：

財富的增加……與成果對勞力的比例成正比。兩者之間的數值相差愈大，愈像是進入如有神助般的完美境界。說得

直接一點，無須半點努力，就能生產無限的成果。[72]

1893年紐康在《經濟學季刊》上說：

> 經濟學家與一般大眾的分歧，不僅於對外貿易。幾乎在每一個牽扯到就業的議題上，雙方都公然對立……一個產業的效用與重要性端視其僱用勞動的情況，這思想已深植人心，經濟學家就連初步將它根除的發言都說不出口。[73]

最後一句格外醒目。十九世紀的經濟學家，自認已診斷出長久以來的經濟誤解，他們是正確的，那些研究並非一時的流行思潮。將近一百年後，布蘭德發出相同的感嘆。但布蘭德對創造就業偏見的批評，並沒有像紐康那樣登上《經濟學季刊》那類的頂尖期刊，反而得要跳出學術象牙塔，到大眾出版找讀者。期刊的審查人肯定對布蘭德的看法有所質疑，並非因為現代經濟學家同意這項偏見，而是聲稱大家都作如是觀，不會贏得正面評價。

但事實就是如此。創造就業偏見最粗略的形式，是對機器的盧德式恐懼（Luddite fear）。用常識想就知道，機器會讓日子過得更輕鬆。公眾則是在這份「天真」之上加油添醋，指出大家因為工作被機器取代，生計反而陷入困境。誰知道呢？也許機器造第二種結果的影響蓋過了第一種結果。大蕭條期間，

提倡「技術專家政治」的霍德華‧史考特（Howard Scott），怪罪技術進步造成國家的不幸。

史考特眼中的未來，生產力無可避免地會提高，遠遠凌駕就業或投資的機會，這代表社會將面臨恆久且持續攀升的失業與債務情況，要等到二者將資本主義壓垮才會結束。[74]

經濟學家本來就熱衷於條件說，但大多不相信擁戴技術的立場，還需要加上條件限定。技術往往創造新的工作；沒有電腦，自然不會出現程式設計或軟體開發。對「不用勞工」的技術的辯護，是僱用超過需要的勞工，等於浪費寶貴的勞動力；若你僱用的勞工無聊到在玩手指，既然都要付工錢，不如派他去做點有益社會的事。

經濟學家更指出，市場力量順利實現了這項潛在的社會利益。勞動力遭技術釋出後，有誘因去找到新的用處。考克斯與阿爾姆巧妙地用「攪動」來形容這過程：「經濟渡過義無反顧的騷動，自行再創造，勞力資源注入需要的地方，新的工作取代舊工作。」[75] 兩人用「農業就業衰退」這個人類歷史上最突出的例子說明這個過程：

1800年的美國，一百個人的糧食，要靠將近九十五人來供應，1900年時，減為四十人，如今只需三個人……農

事用不到的工人，輾轉投入供應住屋、傢具、服裝、電腦、藥廠、設備、醫療協助、電影、金融顧問、電動遊戲、餐飲等各式各樣令人眼花撩亂的產品與服務……長時間種田被隨時隨地「攪動」起來的商品、服務，以及財富取而代之。[76]

這種論調有點冷血，也是這個論點不受歡迎的原因。社會大眾寧可多些感同身受，少點邏輯思考。不少經濟學家主張，政府要在變動的經濟環境伸出援手，緩和落難勞工在過渡時期的衝擊。布蘭德建議擴大失業保險，以及再訓練和搬遷的補貼。[77]也有經濟學家不同意布蘭德的提議，但幾乎所有經濟學家都承認，阻擋轉型是自掘墳墓。

盧德分子的心態，的確讓人聽不下去；很少有國家聽信而走上回頭路。換成另外一個創造就業偏見導出的爭議點：對裁員的敵意，情況就不同了。裁員怎麼可能是一件好事？道理在於，勞動力是珍貴的資源，每次想出法子，用更少人工達成目標，就是為社會增添價值。

為求少用多得，坐視「攪動」起作用，把勞動力用於提升生活水準，跟我們有很大的關係。裁員的公司會因為做出冷血決定而被醜化。不過冷靜後好好想想，在絕多數的情況下，總有人得背負罵名。[78]

從一個家的角度，就會理解考克斯與阿爾姆所說的「裁員的好」。[79] 沒人擔心被洗碗機取代的一個鐘頭洗碗家事，省下的時間總是找得到其他事消遣。巴斯夏深知，隻身一人絕不會踩到創造就業偏見的地雷：

> 隻身一人絕不會為了找事做，故意弄壞輔助器具、汙損沃土，或把到手的貨物退回……簡言之，這人知道省事無疑就是前進。[80]

交換經濟的出現，是創造就業誤解形成的必要條件。

但交換經濟有礙人們理解如此簡單的真相。一個社會必須分工，物品的生產和消費，不會由同一個人完成。每個人不再把自己的生計視為手段而是目的。[81]

若有人送你洗碗機，好處是你獨享；你的空閒變多，收入沒有變。若你被裁員，變成別人得到好處；你的空閒變多，但暫時沒收入。兩種情況社會都省下有價值的勞動力。

悲觀偏見

> 再繁衍個兩代，世界上就會人口氾濫，並把礦藏消耗殆盡。等到那時經濟衰敗，或者說，經濟文明的衰敗就會到來。——亨利・亞當斯[82]

小學二年級時，我初次聽到反毒宣講，美其名為「毒品課程」，可是多半在講可怕的案例。我被台上的老師告知，在我周遭就有同年紀的孩子在吸毒，而且馬上就會有人跑來慫恿我。老師還說，有愈來愈多兒童，走上吸毒的不歸路，等到我上中學，吸毒的同學會比比皆是。權威人士不時會替你料想長大後的情況，然後質疑國家怎麼可能仰賴這群墮落的主人翁。他們另外想到的是，這個國家一代不如一代。

國中的反烏托邦沒實現，始終沒有人拿毒品給我。長大後，多數人顯然不是先吸完天使塵（Phencyclidine）才來上班。X世代是會用禁藥，但勞動力同時走入網際網路時代，大家沒有吸到腦袋壞掉，導致生產力和創新一蹶不振。

我小學老師對美國經濟前途的預言，結果變成一個笑話，但這樣的說法，不過是問題的冰山一角。通常來說，公眾認為經濟狀況比實際情況來得差；大環境正在惡化；經濟面臨一長串的嚴峻考驗，燃不起一線希望。公眾傾向高估經濟問題的嚴重性，並低估（不久前）過去、現在及未來經濟表現，這項認

知我稱為悲觀偏見。[83]

　　亞當·斯密用一句話取笑這種態度:「國家百廢待舉」。[84]
他的論點通常會引起經濟學家共鳴:民眾沒辦法適可而止。儘
管問題沒完沒了,大型經濟體能夠——而且通常會向前邁進。
經濟學家把心思放在預期成長的幅度,但大眾則是對停滯或衰
退忐忑不安。

　　設想有個天生悲觀的醫生為病人檢查,他可能會有兩種的
診斷偏誤,一個是誇大病人症狀的嚴重性,像是發現體溫高於
37.8度,就診斷為「高燒」;另一個則是誤診整體情況,像是
宣稱病人剩兩個禮拜可以活。

　　經濟的悲觀呈現相同的結構。民眾可能因症狀而悲觀,不
論看到赤字、反歧視行動⋯⋯一律開槍,也可能全面悲觀,眼
中只有向下沉淪的生活水準、工資、不平等。民意顯現的悲觀
兼具二者。經濟學家總是提醒民眾,對新聞報導的經濟隱憂,
無須過度擔憂。[85]他們同時指出,人類已經把百年來取得的豐
功偉業過分視為理所當然。[86]

　　悲觀言論的談資之一,是把過去的情況理想化,突顯當前
情況的不盡人意。亞瑟·赫曼在《西方歷史中的沒落概念》宣
稱:「從過去到現在,差不多每個文化都認為,下一代比不上
父母輩與祖先。」並質問「為何這種一代不如一代的想法如此
普遍?」[87]洛夫喬伊與波亞士在《原始主義與相關古代思想》
附和,稱這種悲觀錯覺幾乎舉世皆然:

並非難以猜想，人類變得太過文明，生活太複雜、受得教化太深的感覺，早在山頂洞人剛如此表現時就出現了。倘若山頂洞人跟後世子孫有像的話，那麼我們難以想像他們之中沒有人對躲風避雨的軟弱營生，或對不斷往返覓食與睡覺間的麻煩事感到不齒，而不嚮往浪跡天地之間。[88]

不像反市場、排外，或創造就業偏見，經濟學傳統上，悲觀偏見是一個小角色，名留青史的經濟學家常常忽略它，教師相對不花心思將它驅離。角色小，仍有一席之地。亞當・斯密雖跟工業革命緣慳一面，仍斷言進步是正常的事件過程：

人人一致、不變、持續地獨善其身……力量常大到足以使事情自然繼續改進，不會被政府揮霍及管理不當阻擋。像奧祕的動物生命，面對疾病還有醫生胡亂開的藥方，仍能不斷回復自己的健康與活力。[89]

不過，進步會不起眼地慢慢展開，造成幾起衰敗，擋住了大眾與它的目光接觸：

為做出對的判斷，我們必須比較二個間隔有點久的時期的國家狀態。進步往往不起眼，以致在相鄰的時期，不僅看不出改進，反而因特定產業，或特定地區的衰退，而經常懷

疑起整體財富與產業正在衰退，儘管國家大體上繁榮富強。[90]

身兼經濟學家與哲學家，又是斯密好友的休謨，把公眾的悲觀怪到心理特徵，而非進步緩慢且不一致的性質。他說：「責今尚古的心理，是一種根深柢固的人性，即使見解深刻、見識淵博的人士，亦難倖免。」[91] 休謨在別處則拿悲觀偏見來說明迷信：「欠缺現實恐懼之處，心靈在偏見的作用及推波助瀾之下，經常創造出充滿力量且擁有無止盡惡意的虛構對象。」[92]

一開始固然大有可為，可惜十九世紀的經濟學家，沒有對悲觀偏見這題目多著墨。巴斯夏與紐康沒留下什麼見解。十九世紀預言工人階級「貧困化」的社會主義者，遭經濟學有識之士抵制。但社會主義預言的源頭，嚴格來說不是悲觀，是對市場的敵意。經濟學家常挪揄社會主義者，對社會主義烏托邦即將到來一事，竟如此樂觀。[93]

十九世紀反對「唱衰」的論者，較容易現蹤於社會學。托克維爾抨擊悲觀是「這時代的重疾」[94]；史賓賽生氣地指出「愈來愈多事情變好，挑毛病的聲音反而愈大。」[95] 當問題無計奈何時，不管是虐待婦女、文盲或貧窮，人們就視為理所當然，等到問題改善，民眾反而認定形勢跌到谷底。

大眾身心提升的速度，遠遠超過以往的任何時代；死亡

率降低證明一般人的生活大幅改善，但不滿的聲浪卻日益高漲，呼籲惡果積重難返，如不及時革命，則難以轉危為安。明明情況變好了⋯⋯不滿的形勢卻愈演愈烈，人們宣稱情況糟到簡直一文不值，有待重建。[96]

樂天派也會同意，悲觀偏見在近代是更大的問題。赫曼認定高峰緊接在第一世界大戰戰結束後，那時「談論西方文明終結，跟呼吸一樣正常，僅餘的爭議處，並非現代西方是否氣數已盡，而是為何如此衰敗。」居高不下的悲觀氣氛詭異地瀰漫著：「儘管知識分子預言西方文明即將崩潰的歷史，已超過一百五十年，但這種說法在一戰後的影響力，卻比在任何時期都還巨大。」[97]

生活水準一直提升，居高不下的悲觀，怎麼會陰魂不散？[98]一戰後，悲觀主義雖稍減，但客觀情況與主觀認知之間的落差，可以說是擴大了。[99]伊斯特布魯克嘲諷已開發國家的公民，不懂得珍惜自己的好運：

我們的先人辛勤工作，犧牲自我，希望子孫有朝一日自由、寬裕、健康，受教育，如果看到我們對他們夢寐以求的東西如此不屑一顧，肯定會很失望。[100]

經濟學家考克斯與阿爾姆，跟休謨一樣，從基本人類心

理解釋悲觀主義：「與『過去的好時光』一比，現在難免都會相形失色。」輕微的偏見會令人心生不滿：「懷舊之人往往無視貨物和服務的提升，很久以前買便宜貨付的價錢卻記得很清楚。」[101] 嚴重的偏見，則令人「甘心接受」偏執的空想：

　　人性某處直通末世。悲觀論者一次又一次，想像世界正直奔地獄，不在意現實是否真的如此：很多人做好最壞的準備。大禍臨頭的預言，不管出處是聖經、諾斯特拉德馬斯（Nostradamus）、馬爾薩斯（Thomas Malthus），或者羅馬俱樂部（Club of Rome），也不管人們已數度在注定的「末日」早晨醒來，大家對災難的預言都難以置若罔聞。[102]

　　成長放緩的爭論是進行式。當相對悲觀的經濟學家，如克魯曼，說「美國經濟表現不好」時[103]；其他經濟學家反駁，一般數字並未充分反映在品質提升、消費內容多樣化，以及勞動力的組成變動上。1990年代的高速增長引發更多疑慮。[104] 最壞情境的國內生產毛額（GDP）數據，或速度變慢的進步，都不是徹底失敗。眼見大眾對經濟的悲觀情緒，克魯曼也疾呼：「我有看到現在的情況，絕對行得通。」[105]

　　唱衰人士最愛使用來捍衛立場的理由，莫過於提出一般統計數據的缺失，如GDP並沒有涵蓋一些重要的生活水準項目，尤其是環境品質，說得婉轉一點，這招將唱衰人士的消極

思維隱藏得很好。[106] 唱衰人士往往還會說，對付不了環境破壞，很快就會演變成經濟災難。1960年代時，超級悲觀主義者保羅‧埃利希曾預言，對環境的漠視就快要導致大飢荒。[107] 若資源因人口倍增迅速耗竭，不只會自絕於大地，人類會陷入貧窮與飢荒。

一些經濟學家已出手接下挑戰。眼界最廣的朱利安‧賽門，認為「看衰」資源枯竭、人口過剩，與環境品質的流行觀點，誇大其詞且往往跟事實相反。[108] 過去進步不保證未來會進步，但創建了有力的根據：

> 漫長的歷史中，總是不乏資源稀缺的預測，就像現在，末世論者向來宣稱過去不能指引未來，因為現在是歷史的轉捩點。……然而，在每個時期，那些打賭物質生活的基本面──如自然資源的可用性──會改進而非惡化的陣營，通常總是贏家。[109]

賽門素來是爭議的不沾鍋，但他的主要論點如今幾乎都是環境經濟學的主流，諸如：自然資源變得便宜、人口密度不會害到成長，及空氣品質正在改善……等等。[110] 自克利梅發表開創性論文〈人口成長與技術變革：西元前100萬年到1900年〉後，連賽門對人口成長提升生活品質的「極端」觀點，都已廣泛被接受。[111] 結論是：在經濟福利的衡量上動手腳，不會讓

悲觀主義的論點起死回生。事實上，較廣納的衡量法，對樂觀主義反而有利，因為人們的生活在原本被忽略的面向上，也獲得改善。[112] 因而「你擔不擔心下降的環境品質，將會破壞人類物質繁榮？」這問題，讓我聯想到「你還在打你媽媽嗎？」

結論

經濟學家對系統性偏見又愛又恨。做理論研究時，會否認這事存在；做實證研究時，愈來愈頻繁從其他領域借用；但在教書、公開談話，或納悶世界哪裡出錯時，則會掏出自己的「私藏」。某個程度上，經濟學家不只認定系統性偏見確有其事，而且已在自己的主場，發現致病的菌株——經濟學的系統性偏見。[113]

反市場偏見、排外偏見、創造就業偏見，及悲觀偏見，是最突出的樣本。這四個偏見是如此引人注目，以致於經濟學的課堂上難免都相遇得到。經濟學的學生，不是老師的白老鼠，而是一開始就懷有強烈的偏見。學生低估市場的好；低估跟外國人來往的好；低估撙節勞動力的好；低估經濟的表現，高估經濟困境。

但經濟學家與系統性偏見的糾葛引發若干疑問。若經濟學教科書上的大人物，視之為理所當然，若經濟學的教師，會在

課堂上一次又一次與這些偏見爭鬥，那我們用現代研究來放大檢視這些偏見，情況又如何？禁得起實證檢驗嗎？或只是經濟學家長年來自娛的說詞？

## 第三章

來自《美國國民與經濟學家對經濟看法之調查》的證據

看來我必須斷言，有關國際貿易的普遍看法，全把持在無知之輩手中；而他們已成功地讓自己還有任何其他重要人士相信，他們具備真知灼見。但事實上，他們對世界經濟的最基本原則、實情，完全不理解；相形之下，橫遭蔑視的學院經濟學家，至少堪稱為智慧與常理的洗禮盆──沒錯，我正是這麼主張。

──保羅‧克魯曼，《流行國際主義》[1]

從亞當·斯密、巴斯夏、紐康開始，到米塞斯、布蘭德、克魯曼等經濟學家都堅稱，民眾在經濟學方面，實受苦於系統性偏見。他們說對了嗎？我們可以提出論證，例如我們可以由「比較優勢」本身的特質，做出判斷。但是要確定有系統性偏見這回事，這麼做還不夠。一旦你了解 X 派經濟觀點正確無誤，大致上你還得確定兩種狀況：一、經濟學家相信 X；二、非經濟學家相信非 X。舉個例子，經濟學家比起非經濟學家，更肯定國貿競爭的效應，真是如此嗎？

這些都是精要的實證問題。教學經驗是有些影響，使我產生疑問：會不會幾百年來，經濟學家一直誤解他們的學生？只是，經濟學家的個人印象不足以解惑。心理學家及政治學家談到偏見時，會拿扎實數據來佐證自己的說法。經濟學家要參一腳來談論偏見，也必須這麼做。

經濟學家與普羅大眾的經濟信念已有多項調查[2]。結果大致證實了紐康堅稱的「大家都熟悉」的「廣大差異」。以自由貿易對保護主義為例。凱雅爾及其合撰人發動長期調查，頻頻詢問經濟學家，對「關稅及進口配額，通常會削減社會的整體福利」這句話，是否贊成。[3] 2000年，72.5％受訪人大致贊成，20.1％有條件贊成，只有6％大致反對。1990年及1970年代末期，細分調查結果時，受訪人更一面倒地支持自由貿易。

那麼，普羅大眾對此的看法如何？精心設計的《世界觀點調查》（*Worldviews survey*）[4] 經常隨機挑選美國民眾，詢問以

下問題：

> 有此一說，若是所有國家都取消關稅及進口商品限制，
> 那麼商品價格就會下降。但又有其他人說，這類關稅及限制
> 有其必要，以保護某些產業裡的某些製造業工作，免遭實惠
> 的進口貨搶奪市場。一般而言，你更支持取消關稅，還是認
> 為關稅有其必要？[5]

普羅大眾總是斷然傾向支持保護行為。1977年，對自由
貿易的支持度觸底，只有18％支持取消關稅，而66％認為關
稅有其必要。只是以絕對值來講，民眾一直支持保護路線。
2002年，支持取消關稅的比例來到史上最高值38％；相形之
下，持相反看法的則有50％。此外，那一年有85％受訪者認
為，「保護美國勞工的工作」應該是外交政策「很重要」的目
標──此數值也創史上新高！[6]

如果排外偏見真的存在，那麼這些調查結果就是最佳證
明。類似的證據結合起來，可以證明上一章裡探討的其他偏
見。以反市場偏見為例，1970年代末期，凱雅爾等人詢問經
濟學家是否支持「工資－物價管制應該被用來控制通膨」。[7]
大致上不同意的經濟學家幾達75％。相形之下，「綜合社會調
查」（General Social Survey，以下簡稱GSS）報告說，非經濟
學家絕大多數認為，「平衡物價」應為政府職責。[8]同意的人

數遠超過不同意的人數，比例至少在二比一，經常還來到三比一。因果經驗論與形式經驗論在此同步一致。經濟學家信賴競爭，非經濟學家則要政府管一管貪婪的生意行為。

不過，這項證據還未硬如磐石，原因在於無法嚴格地比較調查結果。凱雅爾對自由貿易、物價控制所提問題，與世界觀點調查、GSS的提問只是類似，並不完全相同。此外，這幾項調查很難在同一時間點進行。凱雅爾針對物價管制的數據，得自1970年代末期；而GSS則取自1980及1990年代。

因此，要取得經濟學家及普羅大眾兩群體經濟信念的數據，只是表面上看起來容易。對兩個族群所做的調查為數眾多。但隱而不顯的問題是：幾乎沒一項調查，是在同一時間詢問外行人及專家相同問題的。懷疑的人可以把這些差異，歸因於措詞，也就是說，假如你以A措詞問經濟學家一個問題，但以B措詞問大眾同一個問題時，你可以隨自己的偏好，「發現」任何一種形態。

分析SAEE：普羅大眾、經濟學家及「啟蒙大眾」

很幸運，有項頗具規模且設計良好的研究，大致上可以豁免於前述批評。1996年，《華盛頓郵報》、「凱撒家庭基金會」及「哈佛大學調查專案」，合作編纂《美國國民與經濟學

家對經濟看法之調查》（the Survey of Americans and Economists on the Economy，以下簡稱SAEE）。[9]SAEE訪問一千五百一十位隨機挑選的美國民眾，以及二百五十名經濟學博士，問題設計的結構很理想，可以測出系統造成的外行－專家經濟信念差異。這項調查突顯十分多元的問題，讓我們得以更深入探索兩者的信念。[10]SAEE還有另一個好處，就是受訪者樣本豐富。我們可以用這些資訊，來測驗外行－專家信念差距源起的理論。

本書其他篇章大力援引SAEE成果，所以它值得詳細探索；SAEE的三十七條問題拆分成四大部分。[11]前二部分的問題詢問五花八門的因素，對「經濟目前表現未達理想」，是屬「重大原因」、「次要原因」抑或「不算原因」。這類問題有十八條。第三部分的問題，問的是某事物對經濟是「好」、「沒什麼差別」或「不好」，共有七條。第四部分像個購物袋，收容十二條各式各樣的問題。

本章接下來的內容將帶領讀者瀏覽整個SAEE。但在此之前，得先克服SAEE所面臨最嚴峻的挑戰，即「專家也會有偏見」。經濟學家與大眾之間，有深廣的信念差距。專家與民眾一樣不可能完全正確。但是，光由經濟學家與非經濟學家之間存有的系統性差異，就推論普羅大眾的思維具有系統性偏見，是否不太合理？

儘管聽來很菁英作風，但是在討論偏見的更廣文獻裡，這是標準做法。誠如偉大的認知心理學家克赫曼及特沃斯基描述

其治學方法,「要證明判斷錯誤真的存在,方法是將人們的答案與既成事實(如公認的算術、邏輯或統計數字)進行比較,從中顯示出來」。[12] 由誰來判定「既成」或何為「公認」?當然是專家。

原則上,出錯的可以是專家,而非大眾。假如數學家、邏輯學家或統計學家說大眾出錯了,誰敢做夢去「責難專家」?但相較之下,經濟學家得到的敬意要少得多。即便如此,還是有很多人(比如格雷德)說,經濟學家已經被溢美了:

> 民主制度已淪為神祕「理智」政策的俘虜,關於什麼才能構成正當政治證據的狹隘假定,已經構成一道特權障礙,原因在它很有效地把公民真誠表達的政治看法打折扣,還抬高菁英分子的偏見及看法。[13]

從這種立場出發,動用經濟學家的看法來抨擊民眾,效果會適得其反。天底下沒有經濟學專家,只有帶上引號的經濟學「專家」。

外人對經濟學家最常見的懷疑,源自學者們顯然無法達成共識。最傳神的一句來自蕭伯納的名言:「假如叫全體經濟學家都坐在一起,他們永遠不可能得出一致的結論。」[14] 但詆毀經濟學家的核心人士都承認,這樣的奚落相當膚淺。他們知道,經濟學家經常彼此觀點一致。史蒂芬·凱爾曼有句俏皮

話，直接與蕭伯納打對台：

在公共政策問題上，讓聰明的觀察家自由發揮，會產生
極大爭議，而經濟學家給出的答案則近乎一致，畢竟問題還
有共同特徵，能用個體經濟學理論來分析；這種現象令我們
回想到特徵為一致通過的團體，其中之一便是蘇聯共產黨的
政治局。[15]

令知識淵博批評者惱火的，倒不是經濟學家缺乏共識，而
在他們怎麼會團結支持令人不快的結論——比如質疑法規管制
的好處。凱爾曼悲嘆說，事實上任職卡特政府的經濟學家，都
擺出專業第一、自由派立場第二的神氣：

我工作過的政府機關裡，法學家與個體經濟學家互動頻
繁……法學家們經常氣急敗壞，原因不光是經濟學家頻頻攻
擊他們的提案，還因為經濟學家反對時都很一致。法學家們
往往（不正確地）把這種反對，歸咎為機關內未能聘請「更
具廣泛代表性」的經濟學家，還哀求經濟學家們，若是支持
不了法學家們的提案，至少該給個「經濟學最佳論據」來幫
忙他們……經濟學家們的答覆總像在說「找不到好的經濟論
據來支持貴方提案」。[16]

會認真思索「或許別人不同意我，原因在他們懂得比我多」的人少之又少。對醜詆經濟學的人來說，經濟學家看法與眾不同，最說得通的解釋，便是這些俗稱專家的人都有偏見。

但何以見得？魯莽斷言「他們出錯是因為有偏見」，有說等於沒說。即便是批評經濟學家的人都覺得有必要找出偏見來源。質疑經濟學是否具備科學客觀性，主要是採取兩種形式。

首先是「營私逐利偏見」（self-serving bias）。很多學術文獻宣稱，人類往往倒向讓自己便宜方便的信念。[17]因為經濟學家拿高薪、工作穩固，或許他們就有了偏見，即相信凡是有利於他們的，也造福蒼生。眾所周知，馬克思挪揄經濟學家，說資本主義體制給他們奶水，他們就為其辯護，例如邊沁便被他罵為「無聊、老學究，充當十九世紀尋常資產階級智力的嚼舌不爛先知」。[18]米塞斯生動地回憶兩次大戰間的德國，「總是如此，社會科學的學生，從他們老師那邊學到的經濟學乃是偽科學，而人稱經濟學家者，誠如馬克思所述，根本是諂媚的辯士，替資產階級剝削者不當的階級利益服務，隨時願意把人類出賣給大企業以及金融資本。」[19]半個世紀之後，布洛薩德與波爾斯丁在《華盛頓郵報》上評論：「經濟學家與標準美國人之間的脫節，至少部分反應出此一事實，即經濟學家往往是合群、知識及經濟菁英團體的成員，與過去二十年相較起來，日子過得不錯……還有很多經濟學家保有終身制的教職，一輩子工作無虞。」[20]有人甚至把經濟學家輕鬆寫意的差使，等同於心照不

宣的賂賄。你都在豪華特等艙逍遙了，費勁搖船圖個什麼呢？

第二種對經濟學客觀性的質疑沒那麼齷齪，可傷害力一樣大，那就是「意識形態偏見」（ideological bias）。[21]庫特納不以為然地說：「經濟學這一行在奉行混合型經濟一個時代之後，多半已經退化為新型的基本教義派，愛死了市場的美好。」[22]基本教義派的共識，激發不了什麼信心，聽起來像是知識上的連環信：或許每一批研究生，早被前一輩導師給意識形態洗腦了。

批評人士訴諸這兩種特定偏見，原則上是有風險的。營私逐利與意識形態這兩種偏見假說，實務上是可以檢驗的。經濟學家的觀點是他們富裕的產物？那麼富有的經濟學家與富有的非經濟學家意見應該一致。經濟學家被保守意識形態給弄瞎了？那麼保守派經濟學家與保守派非經濟學家意見應該一致。SAEE含有足夠的資訊，可以檢驗這兩種假說。它測量了一切主要的社會差異點：家庭收入、就業保障、種族、性別、年齡，甚至收入成長；還從兩方面測量了意識形態。

使用這份調查，我們就可以在統計學調整過營私逐利及意識形態兩偏見後，估算出平均信念會是怎樣。我把這個稱為「啟蒙大眾」（Enlightened Public）的信念。啟蒙大眾的信念，可以解答「一般人若是有經濟學博士學位，他會相信什麼？」這個問題，也一樣可回答「若是經濟學博士的財力、政治意識形態與一般人的相吻合，那他們的信念會是什麼？」[23]

接著想像一下，外行人與專家的收入、就業保障、收入成長、種族、性別、年齡、意識形態及政黨認同都一樣。他們仍會意見不合嗎？不管是營私逐利偏見或意識形態偏見，若是能充分解釋信念的落差，那麼按估算的啟蒙大眾信念，就吻合我們看得出來的標準非經濟學家的信念。[24] 只要加添正確的控制變數，你就可以讓外行人與專家意見一致。相反地，若是營私逐利與意識形態兩偏見全然沒抓到重點，那麼啟蒙大眾的信念，就會吻合我們觀察到的經濟學家觀點。不管你用什麼控制變數，外行人與專家的落差都存在，絲毫不變。

請注意，在第二章提過，政治學家分析存在「啟蒙偏好」這回事；「啟蒙大眾」與其有類似之處。在啟蒙偏好這種治學手法裡，大家想估計的，是你若把一個人的政治知識水準，提升到最高等級，那他會想什麼，但其他特徵固定不變。與此類似，我使用SAEE來估計，你如果把一個人轉化為經濟學博士，而他的其他特徵固定不變，那麼他會想什麼。關鍵的不同點，在政治學家通常直接衡量知識，而我的手法則用學歷代替。

接下來要遍覽SAEE，按問題逐一分析其回應。這些問題，每個都有三樣彙總式的統計數字：

● 首先，「原始的」一般大眾平均信念。
● 第二，「原始的」經濟學博士之平均信念。
● 最後，估計的啟蒙大眾之信念。

再說一次，假如營私逐利與意識形態偏見，能充分道盡外行人與專家的信念差距，那麼啟蒙大眾的平均答案，就等於普羅大眾的。假如營私或意識形態偏見一點也無法解釋外行人與專家之信念差距，那麼啟蒙大眾的平均答案，就等同經濟學家的。假如真相落在約略中間地帶，那麼啟蒙大眾的平均答案，也位在普羅大眾的及經濟學家的中間。

　　假如營私與意識形態偏見兩種假說都不成立，那麼仍可以設想經濟學家還有其他完全不同的偏見。同樣的道理，適用於任何實證結果。不管哪種解釋法，目前看來無縫可鑽，可以想見還有另一種理論，而真理隸屬於它，而它原創程度之高令人咋舌，迄今還沒人聰明到足以提出它來。可以想，但沒有可能。假如針對經濟學客觀性的兩大質疑都告失敗，那麼舉證的重擔，就移轉回到批判者的身上。加計所有此類控制項目之後，還存留下來的信念差異，最好的詮釋就是大眾存在偏見。

　　先預覽一下，經證實啟蒙大眾的信念，接近經濟學家的程度，遠勝過接近普羅大眾。營私逐利與意識形態偏見結合起來，能解釋外行人與專家落差的程度，無法超過20％，剩下的80％應該歸因於專家智識更加強大。「專家對了，外行人搞錯」的天真理論吻合數據；「專家被耍，外行人搞對」理論則沒有。

　　這倒不意味經濟學這門專業的平均信念，就是永不出錯的至理名言。我從沒那樣子看待它。還有些案例，我想普羅大眾

更逼近真相。還有些命題，我想專家與外行兩群人都嚴重誤解了。相形之下，我想講的是——矯正過可測量的偏見之後——經濟學家不應只因非經濟學家想法不同，就改變心意。

經濟學原理的資深教師——還有讀得懂經濟學的外行人——會認為按問題一條一條地巡禮過去，是顯然必經的過程，但時而還是有些意外。象牙塔裡只教高段班或研究所課程的經濟學家巡視過SAEE，可能有似曾相識的感受。即便他們自大一之後，便沒再與非經濟學家討論過經濟學，但塵封已久的回憶，自己沒讀經濟學前的看法，還是會沸騰起來。沒有經濟學背景，或者經濟學素養較薄弱的讀者，其反應可能夾雜吃驚、迷惘或是憤怒。對於這種憤怒，我力有未逮。但我努力為讀者們指出正確方向，方法是概述我們經濟學家為何這麼想的主要理由。

檢驗SAEE：第一部分

SAEE前十一條問題，都使用下列提示語：

不論你認為當前經濟表現多好，總之一定有些問題讓它無法發揮全力。以下我將為你讀出一串理由，它們是某些人提出來何以景氣未能優於現況的解釋。對每一條理由，請

告訴我，你認為經濟表現無法優於現下，它算是「主要原因」、「次要原因」，或者「不算原因」。

問題一　請正確解讀圖3.1：經濟學家比起一般大眾，較不關心過度課稅造成的經濟傷害。假使你認為經濟學家都抱持極右的意識形態，那麼這就是你該檢討的第一個跡象了。啟蒙大眾採取相同看法，但稍微溫和一些。理由則是有錢又工作穩定的人比起其他人沒那麼操心稅收——可能與營私逐利偏見預測的，恰好其反。

悲觀偏見最能解釋這種落差。民眾相信自己的處境艱難，而稅收能在不減少政府職能的情況下大幅削減。只是經濟學家察覺，要鎖定確鑿的「浪費」很困難，像是援外這種不受歡迎的施政，其實只占政府預算的零頭。他們也曉得，減稅而維持開支不變，一定會出問題。[25]

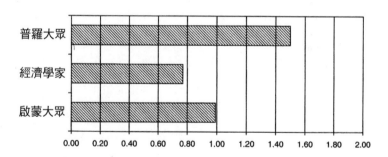

圖3.1　問題一：稅課太重了

0＝不算原因　1＝次要原因　2＝主要原因

問題二 普羅大眾經常挨批，說他們同時反對加稅、減少政府開支以及預算赤字。對預算赤字的回應，實際上強烈證明前述三合一問題，第三項很吸引人（見圖3.2）。SAEE問題裡，再沒別條能引發這麼強的悲觀情緒。經濟學家也認真看待赤字，但只把它看成次要且可以管理的困難。請注意，啟蒙大眾完全與經濟學家站同一邊；經濟學家的個人處境及意識形態，根本無法解釋他們的不同意見。

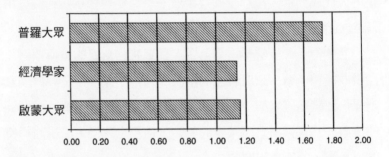

圖3.2　問題二：聯邦赤字太大了

0＝不算原因　1＝次要原因　2＝主要原因

問題三 對援外的信念差距（見圖3.3）之大，要超過任何其他問題，而且矯正過偏見之後，幾乎還是一樣大。普羅大眾把援外開支視為嚴重問題，而且啟蒙大眾幾乎也如此極端。經濟學家則毫無例外地認為，這根本不值一提。鑒於有很多經濟學家曾批評過援外，這一點乍看之下叫人吃驚。[26]但經濟學家一般是批評援外對收受國產生的影響。他們主張，援外會貼

補第三世界的愚蠢政策，還支撐貪腐政府，這是一回事；而堅稱援外會讓本國破產，則是另一回事。普羅大眾衷心支持的則是後者。

很難不把這些誤解與排外偏見掛鉤起來。事實上，最叫聯邦預算為之枯竭的是養老政策，可人們喜歡。[27] 假如必須替財政局促找代罪羔羊，那焦點何不放在不小心惹惱你的人？像是不知感恩的外國人，叫我們失血還很得意，正好符合條件。

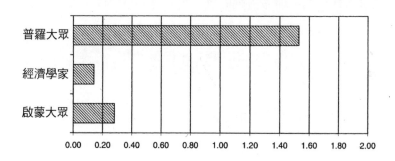

圖3.3　問題三：援外開支太大了
0＝不算原因　1＝次要原因　2＝主要原因

問題四　對罹患排外偏見的人來說，移民真叫人害怕。非技術工外國人「泛濫」地進入美國，「偷走」美國人的工作，壓低工資，鯨吞掉公共服務。經濟學家則持幾乎相反的立場──啟蒙大眾也願附和（見圖3.4）。商品國際貿易可以把餅做大，即便貿易的一方在各項目都有絕對優勢，即便所謂的商品是勞動。這種說法並非完美無缺；移民可能更愛搶奪或享

用福利，而非工作。但經濟學家察覺，新增一個能自給自足的勞工，就是淨利益，不管他出生地是哪兒。但普羅大眾顯然不認為如此。

民眾是在怕什麼？有些是太誇大，其他則徹底出錯。首先，工作的數額並非固定。美國勞動市場在過往經常吸收的勞動力注入要遠大於今日。雖然移民目前在美國人口成長上占了不小的比例，但主要因素則是美國出生率太低。以人口占比來衡量，移民率目前並沒那麼高。實證經濟學家則曉得，說移民會壓低工資的證據薄弱，倒是有明顯的證據指出，移民消費的公共服務，要比他們付出的稅金來得少。[28]

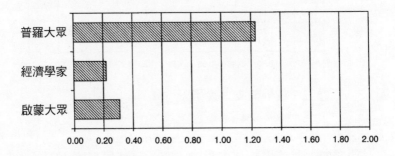

圖3.4　問題四：移民太多了

0＝不算原因　1＝次要原因　2＝主要原因

問題五　圖3.5的問題，主要是利用反市場偏見。普羅大眾普遍認為稅收太高，但是向貪婪企業開徵的稅不在其內。普羅大眾認為企業必定會逃避納稅義務，間接地對經濟體其他部

位造成傷害。經濟學家不這麼認為，啟蒙大眾也偏向這個方向。

　　假如你細看事實，而不因心存貪婪便判定經商有罪，普羅大眾的看法有幾項弱點。主要的一點，可能在給予商業的稅負優惠，相形政府預算只是小部分。[29] 另一個基本因素，經濟學家知道企業已經被雙重課稅了。稅負優惠或漏洞部分上緩合了雙重課稅導致的效率低落。此外，大眾基本上無視稅負歸宿（tax incidence）的複雜性。消費者或工人最後可能是企業稅負最後的承擔者。

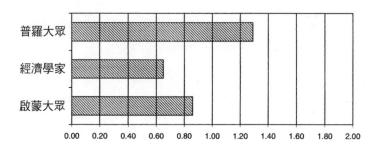

圖3.5　問題五：給企業的稅負減免太多了

0＝不算原因　1＝次要原因　2＝主要原因

　　問題六　普羅大眾認為，教育不足是嚴重問題，而經濟學家表示贊同（見圖3.6）。沒錯，經濟學家把這一點，看待成衝擊美國最嚴重的單一問題。主要的理論基礎在於教育有正面外部性，教育不足會使市場的產出水準低於最大。民眾照理提不出如此深奧的論據，只是湊巧達成相同結論。[30]

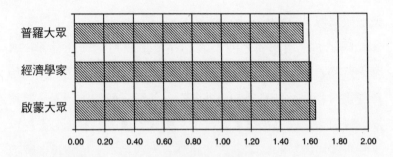

圖3.6 問題六：「教育及職業訓練不足」

0＝不算原因　1＝次要原因　2＝主要原因

問題七　在圖3.7裡，經濟學家再度與他們很保守的名聲分道揚鑣。沒錯，經濟學家習慣於指出，政府的某些支出項目可能不利於激勵生產。只是，民眾已經習慣認為，假如你幫助窮人，他們會更不想自救自助。爭執點只在強度大小。非經濟學家受自己悲觀偏見左右，而把福利政策的遏制效應，想像成負擔，沉重到難以想像。

群眾在哪兒出錯了？最大的錯誤在計算能力。扶貧施政，即便被詮釋得很廣，加總起來最多只達聯邦開支的10％。[31]這當然比援外要高上很多倍，但占比依然太小，無法視為經濟表現未達標準的「主要原因」。

此外，拿社會福利的人，多半來自全國人民勞動技術最低的那一群。這一點限制住他們從勞動市場退出所造成的經濟傷害。

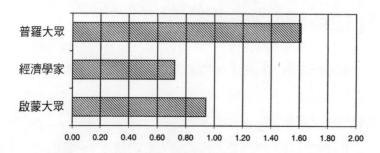

圖3.7　問題七：太多人依賴福利制度

0＝不算原因　1＝次要原因　2＝主要原因

問題八　經濟學家曉得，平權法案有負面效率的後果。讓特殊類別的勞工有權利控告僱主，反而會讓他們不容易找到工作。只是，經濟學家認為這個問題占整體的重要性，依然比大眾所認為的來得少（見圖3.8）。理由可能在數量方面：雖然大眾有悲觀現象，但因歧視而興訟的案件太少，無法超越次要原因的程度。[32]

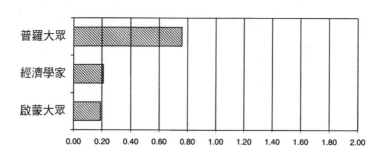

圖3.8　問題八：女性及少數族裔從平權法案取得太多好處

0＝不算原因　1＝次要原因　2＝主要原因

問題九　工作倫理的問題（見圖3.9）直接脫胎於非經濟學家的悲觀偏見。它很符合他們的印象，說人心不古，導致社會分崩離析。而比較起來，經濟學家認為工作態度鬆散，是社會進步的表徵，而非衰敗。隨著人們更有錢，經濟學家料想他們會消費更多奢侈品——更多空暇時間也在其列。

在功能良好的經濟體，假如個人要的是更多休閒時間，少些實質東西，勞動市場會滿足他們的欲望。

然而這可能無法呈現工作倫理的全貌。經濟學家給這道問題的相對評等算高，啟蒙大眾亦然。最簡單的解釋是：經濟學家是依照GDP來思考，而GDP有個廣獲承認的瑕疵就是不認為休閒有價值。按此測量，多多工作總是對經濟有益。[33]

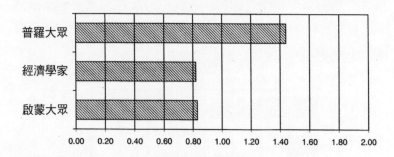

圖3.9　問題九：人們太不看重努力工作

0＝不算原因　　1＝次要原因　　2＝主要原因

問題十　將經濟學家等同於「死硬派解除法規擁護者」，這個帽子顯然被扣得有些大了（見圖3.10）。與長期悲觀的普

羅大眾相比，經濟學家把管制過度這個問題的嚴重性看得較低。[34] 但是注意了，相對來說，成見滿管用的。管制過度是經濟學家的第五大問題，相對則是大眾的倒數第三小問題。經濟學家經常相信，很多公眾感受的問題都只存在他們的頭腦裡，但是管制過度倒不是如此。

　　這難道不與大眾反市場偏見的命題有所衝突？一定程度上的確如此，但SAEE以外的證據協助我們更了解群眾的立場。普遍而言，群眾討厭管制，但在面對最低工資、農業補貼，或藥物檢驗等特定管制時，倒是頗為支持。[35] 即使如整體物價管制這種劇烈措施，也並非不受歡迎。[36] 對大眾而言，法規管制的主要成本，似乎只是累贅的文書作業及繁瑣的公文流程。經濟學家經常抱持較為基本教義派的憂慮，即管制不利於提高生產力。價格管制會造成供應短絀及黑市；食品藥物管理署強制執行藥效檢驗，會拖慢救命藥品的問市。經濟學家另外也對

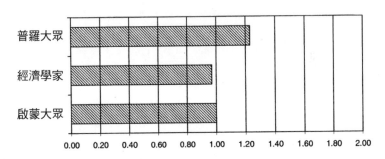

圖3.10　問題十：政府管制商業太多

0＝不算原因　　1＝次要原因　　2＝主要原因

官方管制的目標心存懷疑：他們曉得——少數非經濟學家也一樣——很多管制的目的，是為了保護現有公司行號免於競爭。[37]

　　問題十一　外行人及專家幾乎一樣，對低儲蓄率感到難受（見圖3.11）。擔憂是民眾的一貫立場，而低儲蓄率是經濟學家與大眾意見相同的罕見案例。專家憂慮的主要原因有二：首先，儲蓄要雙重課稅。你賺取收入時已繳了一種稅，而你若靠著稅後收入賺到任何利息，還要進一步課稅。這意味著，原本應該更有效率且無需納稅的儲蓄水準，與實際的儲蓄水準相比，產生超乎想像的巨大落差；第二，很多經濟學家認為，儲蓄有正面外部性，所以即便不課稅，儲蓄的水準依然太底。

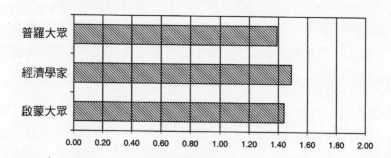

圖3.11　問題十一：人們儲蓄不夠

0＝不算原因　1＝次要原因　2＝主要原因

檢驗SAEE：第二部分

SAEE接下來七條問題的開場白，有些許變化：

> 現在我將為你讀出另一串理由，它們與商業有關，是某些人提出，談論何以經濟表現無法優於現況。對每一條理由，請告訴我，你認為經濟表現無法優於現況，它算是「主要原因」、「次要原因」，或者「不算原因」。

問題十二 關於經濟學家有營私逐利偏見的批評，說對了嗎？經濟學家對於利潤太多有害經濟這句話不屑一顧（見圖3.12）。除開不當斂財的人，誰會如此遲鈍啊？調查啟蒙大眾所得結果，支持這個問題草草回答就好。任何有經濟學博士學位的人，不論貧富，都會對你講一樣的話。經濟學家與普羅大眾背道而馳的立場，並不能證明經濟學者在替資本利得者背書。

真正的問題，不在貪婪使經濟學家盲目，而在反市場偏見讓普羅大眾瞠目不見。民眾出錯，部分與算數有關。一般做生意的獲利率被誇張高估，平均猜想它近50%。[38] 但雙方的歧見其實更深。透過反市場偏見的稜鏡，民眾認為，利潤是一次性地移轉給商業。相形之下，經濟學家察覺利潤其實是進步與彈性的發動機。

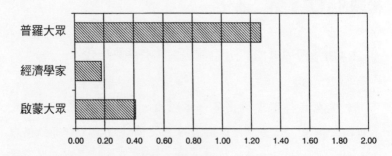

圖3.12 問題十二：生意獲利太高

0＝不算原因　1＝次要原因　2＝主要原因

問題十三　相信企業高層得到過高的薪酬，類似於相信商業獲利太高。啟蒙大眾給的數字，吻合「專家對，外行人錯」的說法（見圖3.13）。我們應該再一次停止憂慮，別去操心經濟學家可能有營私逐利偏見，改去擔憂非經濟學家的反市場偏見才對。對民眾來說，高層薪酬是把利潤轉移給高階經理人：

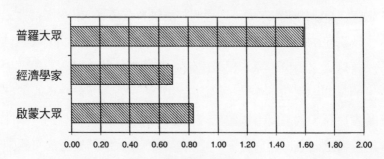

圖3.13 問題十三：高階決策者薪酬太高

0＝不算原因　1＝次要原因　2＝主要原因

當他們拿更多，屬下分得就少。經濟學家拒絕接受這種大餅固定的心態。[39]業界「船長們」的薪水可提供誘因，去減少成本、創造並改善產品，以及精準預期消費者的需求。

　　問題十四　企業生產力（見圖3.14）是明顯讓經濟學家憂心程度超過民眾的唯一問題，但人們大可主張原因來自於這項提問語焉不詳。「企業生產力」就外行人聽來，心嚮往之但模模糊糊，但對經濟學家，它有精準的意義。就生產而言，它無法僅僅用勞動力或資本清楚說明。直覺上，企業生產力成長意味相同的投入，給你更多產出。如果非經濟學家懂得經濟學術語，或許他們的判斷就會兩相吻合。

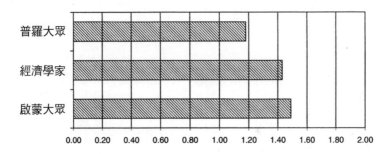

圖3.14　問題十四：企業生產力成長太慢

0＝不算原因　1＝次要原因　2＝主要原因

　　問題十五　機器讓我們更富裕，這一點不難察覺。今日與現在、第一與第三世界之間最明顯差異之一，便是科技。然而數據顯示，很多人以最粗略形式，熱情接納創造就業偏見因

而害怕機器（見圖3.15）。的確，他們可能厭憎那些不害怕的人，尤其是蛋頭經濟學家，居然無法「感受痛楚」，不知平常人沒有終身任期之疾苦。但此一譴責無法達成預期效果；啟蒙大眾欣然採納經濟學家「極端」的立場，只減弱少許。

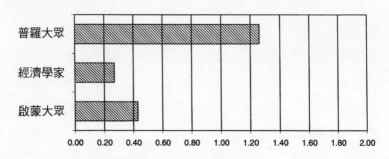

圖3.15　問題十五：科技使勞工流離失所

0＝不算原因　1＝次要原因　2＝主要原因

　　問題十六　假如經濟學家與民眾都同意，將就業機會轉移至海外，會造成經濟危害（見圖3.16），那麼就必須拋棄民眾具有排外偏見的說法。事實上，這是SAEE調查裡，落差第二大的問題，僅次於援外。

　　經濟學家批駁援外問題，源自於他們熟稔預算。假如美國援外經費加五十倍，那麼他們就會承認，援外大大損傷美國人生活水準。而經濟學家不操心工作移到海外，原因較出於理論。根據比較優勢法則，工作「出洋」是因為國內的勞動力應能用在報酬更高的用途上。[40]

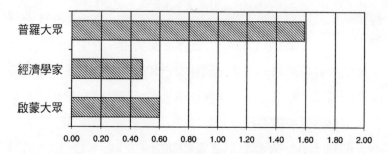

圖3.16　問題十六：各公司把工作移去海外

0＝不算原因　1＝次要原因　2＝主要原因

問題十七　當一家盈利公司裁員時，一般人會認為此舉有害經濟（見圖3.17）。公司若資遣員工以免破產，還說得過去；這意味某些員工算是犧牲自己的工作來保住其他人的飯碗。但一家賺錢公司為了賺更多而瘦身，人人都會痛罵。

也就是說，大家都得了創造就業偏見。此一流行立場靠的是繁榮以就業來衡量（而非生產）這個錯覺。相形之下，對

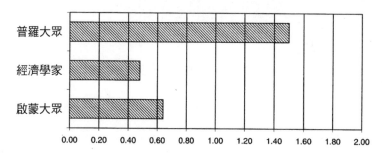

圖3.17　問題十七：公司裁員瘦身

0＝不算原因　1＝次要原因　2＝主要原因

經濟學家及啟蒙大眾來說，裁員瘦身證明此一規則：私人貪婪與大眾利益走著相同方向。[41] 裁掉多餘勞工，促使他們找到能創造更多社會財富的方式，發揮自己才華。試想一下，十九世紀農田若沒「瘦身」，世局會變成怎樣？驅動這些變化的是貪婪，但它確保愈變愈好。

　　問題十八　人們有個普遍的共識（見圖3.6），認為教育不足是一大經濟問題。而圖3.18的項目提出一個教育為何不足的假設，即缺少企業的教育開支。這種做法投合有反市場偏見的人，而且不至於削足適履。經濟學家與啟蒙大眾都不駁斥此說，只是普羅大眾更覺得受用。

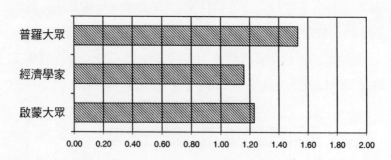

圖3.18　問題十八：企業挹助職訓的投資不足

0＝不算原因　　1＝次要原因　　2＝主要原因

檢驗SAEE：第三部分

前述的問題，全聚焦在可感受到的經濟問題。下一批問題，則心胸開放得多。以下開場白說：

> 一般而言，你認為下述問題，對我國經濟是「好」、是「壞」，或者「沒什麼差別」？

問題十九　普羅大眾認為稅負過高，因而推論減稅是好政策（圖3.19）。我看來則是非經濟學家們太悲觀了，總認為政府在虛擲他們的稅金。因此他們天真地希望，砍掉不受歡迎的施政及「浪費」，減稅就能成功。經濟學家則一反他們自由放任的形象，對此感到懷疑。不受歡迎的施政只占預算的戔戔之數[42]，而「浪費」與否的認定總是爭議不休。

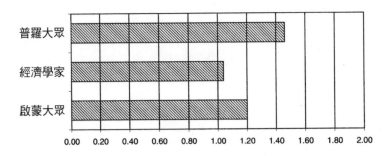

圖3.19　問題十九：減稅

0＝壞　1＝沒什麼差別　2＝好

問題二十　經濟學家及非經濟學家都把更多女性進入勞動大軍，看待成好事（見圖3.20），但一直很悲觀的非經濟學家，立場稍微不一致。令人矚目的是：普羅大眾對女性勞動力的增加，感到振奮，但他們卻無法看好移民工的增加。可以如此解釋這種立場不一，即政治正確叫人們神經緊繃，不敢悲嘆說女性「偷走」男人的工作。

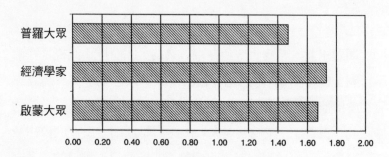

圖3.20　問題二十：更多女性進入勞動市場

0＝壞　1＝沒什麼差別　2＝好

問題二十一　儘管有創造就業偏見，普羅大眾倒沒有完全喪失理性。還是有一定的人數肯定科技進步所帶來的經濟益處（見圖3.21）。但仍然出現不小的信念差距，因為經濟學家齊聲支持新科技，而民眾還是有所保留。依照以往的經驗，經濟學家總是無法提出確切答案，可這回情況就顛倒過來了。非經濟學家說「沒錯，科技可以造福，但另一方面⋯⋯」的機率要大上好幾倍。

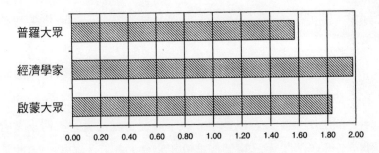

圖3.21　問題二十一：工作場合增多使用科技

0＝壞　1＝沒什麼差別　2＝好

問題二十二　只看圖3.22裡群眾的平均反應，大概會令人迷惘，怎麼普羅大眾對貿易協定的態度會如此積極。他們的排外偏見呢？話雖如此，相較於經濟學家及啟蒙大眾，普羅大眾的支持還是三心二意。非經濟學家往往認為「出口好，進口糟」。因此，他們想知道貿易協定是否「給太多」予對方。經濟學家可沒普羅大眾這麼模稜兩可，原因在他們認為，進口有

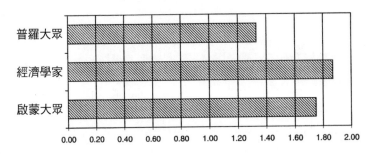

圖3.22　問題二十二：美國與其他國家締結貿易協定

0＝壞　1＝沒什麼差別　2＝好

好處，即便只是單邊自由貿易，都比雙方祭起保護大旗，要來得好。43

問題二十三　經濟學家不僅宣稱裁員瘦身的危害被過度誇大；他們還把此舉視為一件好事（見圖3.23）。所謂進步的定義，就是用更少人做更多事。難不成這是現代版的「何不食肉糜」？得自啟蒙大眾的調查結果認定並非如此。若是中等收入的人取得經濟學博士學歷，他也會改變想法。

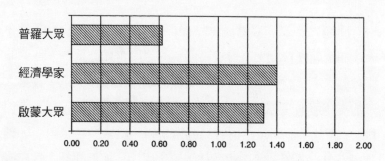

圖3.23　問題二十三：大公司近來的瘦身行動

0＝壞　1＝沒什麼差別　2＝好

問題二十四　要捍衛普羅大眾其實對經濟學有所領略，最說得通的方式便是把外行人－專家的意見不合，訴諸於不同的時間跨度（見圖3.24）。經濟學家強調「長期」，大眾在乎「此刻當下」。或許，專家與外行人私底下對事實是意見一致的，但耐心程度不同。很多承認外行人－專家落差的經濟學家，都選擇此一詮釋。熊彼得就是其中之一：

理性地承認資本主義的經濟表現，還有它寄託於未來的希望，無產階級要拿出幾乎不可能的道德情懷才行。那種表現，唯有我們採長期觀點，才能突顯；任何挺資本主義的論據，必得仰賴長期考量⋯⋯對大眾來說，短期觀點更為重要。好比路易十五，這些王公貴族哪裡管得到自己死後的世界。[44]

那麼，藉著詢問未來二十年後的效應，我們可以測試熊彼得的假說。假如耐心等級不同便可充分解釋外行人－專家的意見不合，那麼外行人及專家想法應該很像。事實上，他們的信念差距大到異乎尋常。兩群人對長期都沒那麼消極，但經濟學家對此刻及不久的未來更積極。他們預料，禍福參半會變成只好沒壞；普羅大眾則期待只壞沒好能慢慢消褪。

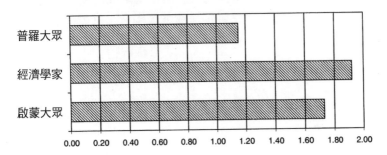

圖3.24　問題二十四：有人說，因為新科技、外國貿易競爭及大企業瘦身，經濟會有動盪期。前瞻個二十年，你認為這些變化對我國是「好」，是「壞」，抑或你認為這些變動「沒什麼差別」？

0＝壞　1＝沒什麼差別　2＝好

問題二十五 SAEE問到貿易協定對美國人就業的影響（見圖3.25），此時排外及創造就業兩偏見匯力合流，在經濟學家與普羅大眾之間，劈出一條寬廣的鴻溝。非經濟學家無論怎麼看待貿易協定，都相信協定對國內就業有負面影響。可想而知，經濟學家及啟蒙大眾都否認這一點。[45]

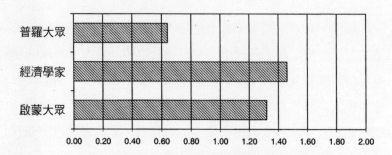

圖3.25 問題二十五：你認為美國與他國之間的貿易協定，創造出更多美國工作，還是減損美國就業機會，抑或你認為沒什麼差別？

0＝壞 1＝沒什麼差別 2＝好

檢驗SAEE：第四部分

剩下來的問題形式及內容多變，但依舊顯示出，系統性信念差異既廣且深。

問題二十六　反市場偏見的一個主要形式，是否認或淡化競爭的角色。因此當1996年油價大漲，經濟學家壓倒性地認為與供需有關時（見圖3.26），只有四分之一的普羅大眾表示贊同。[46] 經濟學家認為價格由市場力量主宰，而普羅大眾則認為這是壟斷與勾結的結果。調查啟蒙大眾的數據證實，經濟學家不會因為自己太過富有，而不操心油箱加滿要多少錢。

真正的問題不在於經濟學家脫離現實，而在普羅大眾的說法沒有道理。假如油價上漲是因為「石油公司想增加他們的獲利」，那麼油價怎麼可能跌？石油公司覺得想慷慨一下，故決定減少些利潤嗎？相形之下，最粗淺的經濟學有個簡練解釋，

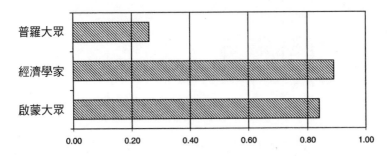

圖3.26　問題二十六：油價近來上漲，你認為誰最該負責？

0＝石油公司想增加他們的獲利　1＝正常的供需原則

即如果投入的成本下降，那麼為了利潤最大化，價格也會下降。

問題二十七　問題二十七的措詞（見圖3.27）讓人有遐想空間；身為消費者，你可以輕易地堅稱任何價格都算「太高」。但是對問題二十六的回答，意味依字面義讀問題的受訪人很少。當人們回答說「太高」時，可能的意思是指某種壟斷把價格維持在競爭水準以上。相形之下，「太低」可能指的是應該調升燃料稅，以矯治空汙、塞車，還有其他開車的負面外部性。

認為油價「太高」的立場，堪稱反市場偏見的經典模樣。但提出論據反對「太低」，好像也出自相同根源。假設你想減少汙染及塞車，可以使用「命令／控制」而辦到：廢氣排放條件、每年驗車、共乘車道。但經濟學家曉得，市場機制是更有效率的方法。向燃油加稅，就給人們減少空汙及塞車的動機，不必特定命令任何人要怎麼做。[47]

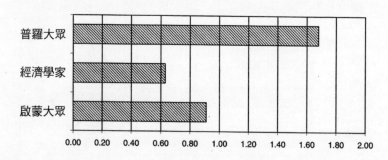

圖3.27　問題二十七：你認為目前汽油價格「太高」、「合理」還是「太低」？

0＝太低　1＝合理　2＝太高

問題二十八　有個經濟學家與普羅大眾立場一致的罕見案例，那便是總統改善經濟的能耐（見圖3.28）。這種現象最令人疑惑之處，在於經濟學家批評大眾老是機械式地把經濟狀況與現任總統連想在一起。那麼要如何解釋聯邦準備理事會、國會、其他政府部門、長期趨勢及隨機衝擊呢？

當經濟學家只批評某個方向的錯誤時，通常有很充分的理由，即那個方向的錯誤非常顯著，但這個規則也有例外，而問題二十八的例外正好證明了經濟學家與普羅大眾看法相左的規則。或許是那些把總統影響力極小化的人，沒那麼直言不諱，才造出系統性差異的幻象。

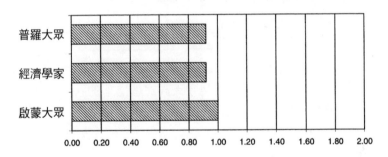

圖3.28　問題二十八：你認為改善經濟這回事，一位有效率的總統「能大力發揮」、「能做些文章」，抑或大致上「不在其能力範圍」？

0＝不在總統能力範圍　1＝能做些文章　2＝能大力發揮

問題二十九　普羅大眾的預設立場，就是料想世事只會變

糟。好日子已成往事;自1970年代以來,景氣停滯與衰退已然成為我們的命運。「麥工」(McJob,源於速食連鎖店麥當勞,泛指缺乏激勵、報酬低、缺乏升遷及保障的職位)就很符合這種世界觀。一如往常,經濟學家認為,真實數字與普羅大眾的極端悲觀思緒相左(見圖3.29)。[48] 但這種信念差距要比最新數據來得更深沉。近幾個世紀的進展暗示著,新工作拿低薪酬是反常的事。一時出現挫折有其可能,但它值得智者一思再思。

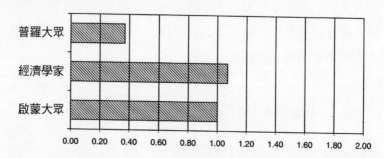

圖3.29　問題二十九:你認為今天政府造出來的新工作薪酬優渥嗎?還是大多為低薪工作?

0＝低薪工作　1＝兩者皆非」2＝薪酬優渥

問題三十　民眾認為過去二十年間貧富差距擴大(見圖3.30)。鑒於民眾反市場又悲觀的反射動作,怎能不做如是想?但經濟學家一反常態,相信擴大的程度要更甚於普羅大眾。貧富差距的數據夠扎實,而經濟學家對貧富差距,並沒先入為主的強烈想法。[49] 他們曉得生活水準會與時俱進,但沒什

麼理由指望財富與收入的分配也有相同的趨勢。

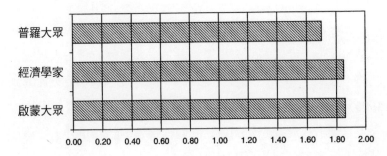

圖3.30　問題三十：你認為今天貧富差距更甚於二十年前，還是大約一樣呢？

0＝縮小　1＝大約一樣　2＝擴大

　　問題三十一　把普羅大眾的「悲觀偏見」詮釋成只是語意有別，叫人心癢難搔。或許普羅大眾說：「經濟表現比我指望的來得糟。」而經濟學家反駁說：「考量到經濟的局限，表現算很好。」但假如兩群人只是牛頭不對馬嘴，那麼普羅大眾極為明顯的悲觀偏見，在碰到較不含糊的命題時應該會減少。可狀況並非如此。家庭收入這則問題，是SAEE裡最不含糊的問題之一，也是有著較大信念差距的問題之一（見圖3.31）。

　　這個信念差距不該再大一點嗎？經濟學家的平均回應只略高於1；難道在經濟學這個領域中，有為數可觀的非主流派否認平均收入上升嗎？不對。貧富差距擴大是叫人困惑的因素。這則問題問的是中間收入（一般美國人的家庭收入），不是平

均收入（美國家庭的平均收入）。若是貧富差距擴大，前者要下降，而後者上升。

相形之下，幾乎每個經濟學家都能抓住平均與中間收入的區別，而很多非經濟學家辦得到嗎？令人懷疑。尋常大眾裡，回答「慢於」的人，可能是想到平均收入由1976年一直降到1996年。然而，就算說「慢於」的經濟學家都知道，平均收入上升了。在此要點是：這則問題裡殘留的語意不詳，遮蓋住外行人－專家落差的真正差異。

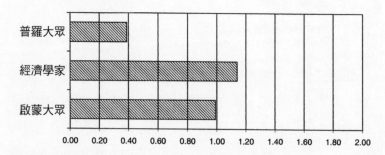

圖3.31　問題三十一：過去二十年間，你認為整體而言，一般美國人的家庭收入成長，要快於生活支出，大約與生活支出等速，還是慢於生活支出？

0＝慢於　1＝大約等速　2＝快於

問題三十二　與實際「收入」相比，實際「工資」的信念差距要小得多，這幾乎完全歸因於經濟學家（見圖3.32）。普羅大眾連續給出相同答案兩次，或許是因為普羅大眾把收入

等同工資。經濟學家了解兩者並不相同，而且有些攸關平均實際工資的數據，與工資上漲的假定相悖。假如平均實際工資停滯而且貧富差距在擴大，那麼就意味著一般美國工人的工資在下跌。只是，少數經濟學家當中，有不少人捍衛工資上漲的假定，認為官方統計的工資下降數據存在嚴重的的瑕疵。[50]

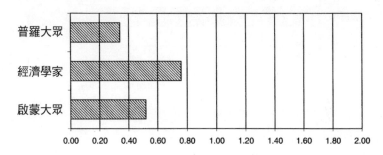

圖3.32　問題三十二：請思考一下一般美國工人的工資，你認為過去二十年，其成長速度是快於生活開支、大約與生活開支等速，還是慢於生活開支？

0＝慢於　1＝大約等速　2＝快於

問題三十三　經濟學家與普羅大眾幾乎都同意，一般美國家庭要有兩份收入，日子才能過得不錯（見圖3.33），但經濟學家比較躊躇。這一點不是反應經濟學家收入高出平均值，因為啟蒙大眾也有相同意見。經濟學家可能較不悲觀，原因在於他們奉行邊際思考。選項不光是全職家庭主婦或找全職工作。收入較少，意味有所犧牲，但一個家庭有一個全職收入者，

以及一個兼職收入者，還是有不少「調適」方法可以讓日子過得不錯。比如買間較不昂貴的房子，或者延緩一、兩年才買新車。

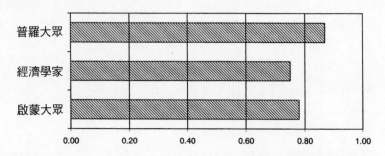

圖3.33　問題三十三：有人些表示，為了讓日子好過，一般家庭必須有兩位全職工作者的收入。你贊成這一點，還是你認為，一般家庭只有一位全職工作者的收入，日子就能過得不錯？

0＝一人工作就能過日子　1＝要有兩人賺錢

問題三十四　你有足夠資訊，就能說服經濟學家，說過去某時候生活水準改善未能落實，或者即將來臨的衰退會將其拉低。但要使經濟學家不指望未來中或長期生活水準會提高（見圖3.34），實在很難。評批人士推認，這一點足資證明經濟學家總是照本宣科與武斷。然而，生活進步的假定並非憑空而來。有兩個世紀的驚人經濟成長背書加持。[51] 儘管有這麼長的記錄，非經濟學家依然悲觀，難道不是更武斷嗎？

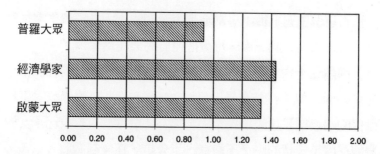

圖3.34 問題三十四：你認為未來五年，一般美國人的生活水準會「上升」、「下降」，還是「持平」？

0＝下降　1＝持平 2＝上升

問題三十五　這堪稱理想開場白，可探問受訪者對長期經濟成長的信念（見圖3.35）。經濟學家對經濟前景的信念，當然比非經濟學家更樂觀，話雖如此，落差倒是比預料來得小。叫人吃驚的是，啟蒙大眾比另兩群人都要樂觀。原因在高收入

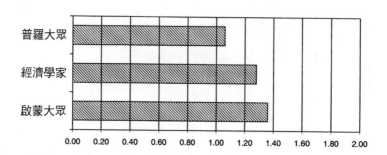

圖3.35 問題三十五：你認為你子女世代，比起你的世代，生活水準是提高、下降，還是大致相同？

0＝下降　1＝大致相同　2＝提高

男性對這個主題，很不尋常地都表示悲觀。因為經濟學家往往是高收入男性，此一人口特徵把他們的樂觀給稀釋了。

問題三十六　經濟學家與普羅大眾對自己子女的經濟未來意見相同，似乎格外奇怪（見圖3.36）。若是經濟學家對下個世代的經濟前景比大眾更樂觀，那為什麼兩群人對自己子女的樂觀程度是一樣的呢？不過進一步分析，在控制過收入以後，經濟學家更為樂觀。假如一個謀生能力中等的人擁有經濟學家的教育，他就會瞧出自己子女的未來更光明。

這種形態有個合理解釋。這道問題要求受訪人拿自己當前處境，比對自己的子女。你愈吃得開，你的子女要趕上你，就得更成功。很多SAEE的受訪者顯然掌握到微妙的這一點：當收入上升，樂觀心情就大幅下跌。在此要點乃是，經濟學家的收入把他們的樂觀隱蔽起來。

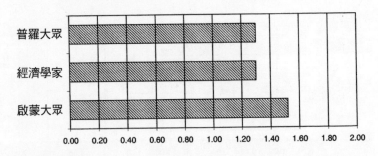

圖3.36　問題三十六：假設你有任何年紀低於三十的子女，當他們到你現在歲數時，你料想他們的生活水準會低於、高於你現在，抑或你估計大概差不多？

0＝低於 1＝大概差不多　2＝高於

問題三十七 當被問到經濟當前狀態（見圖3.37），經濟學家比其他人提出更振奮的答案。然而，兩方面意見不合的根苗並非經濟學訓練。與經濟學家意見一致的非經濟學家，湊巧有較高的職業保障與持續成長的收入。控制這些特徵之後，兩方信念的落差，在統計學上就不再重要了。[52]

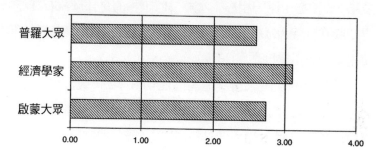

圖3.37　問題三十七：當你思考今天美國經濟時，你認為目前處於……

0＝大蕭條之　1＝衰退之中　2＝停滯　3＝緩慢成長　4＝高速成長

三項疑惑

本書接下來的一切，都把有關經濟學的系統性偏差的現實，視為理所當然。所以，在我們往下探討之前，有必要排除一些目前能夠考慮到的主要質疑。我的所見所得未必滴水不漏，但必然能經得起考驗。反對意見都不足以駁倒「普羅大眾

的經濟信念充斥系統性錯誤」的結論。

語義空洞

由SAEE取得「專家對，外行人錯」這個看法，會碰到一大問題，那便是受訪者的回應空洞或模糊不清。經濟表現不及格，「主要」原因相形「次要」原因指的是什麼，有誰能曉得？或許普羅大眾就是偏袒最高級形容詞，而經濟學博士們則使用審慎的語言以表現他們的冷靜。

最矚目的反證來自其他詢問確切數字的輿論研究。假如你拿回應的數字，比對實際數據，系統性偏見就一目了然。以政府預算為例。《公共對福利改革及聯邦政府預算所知程度全國調查》（ the National Survey of Public Knowledge of Welfare Reform and the Federal Budge ）發現，公眾對數字的理解，幾乎與事實相反。[53] 該調查提出聯邦六大施政分類表：援外、福利[54]、公債利息、國防、社會安全及衛生，接下來請受訪者點名開支最大的前兩項目。

表3.1顯示受訪反應，也提供1993年的實際數字，以供比較。真荒謬，少得誇張的援外最常被點名！只有14％受訪者了解，最花錢的聯邦施政是社會安全。民眾腦海中的預算光景根本顛而倒之。[55] 而且是符合預期的顛倒方式。在SAEE，受訪者就品質方面，誇大援外及福利對預算的消耗；而在《公共對福利改革及聯邦政府預算所知程度全國調查》，受訪者是從

數量方面，誇大援外及福利所占的比例。

表 3.1　美國人認定聯邦政府開支最大的兩個領域

項目	選擇本領域為聯邦開支 最大領域的比例	在聯邦預算的實際 占比（1993年）
援外	41%	1.2%
福利	40%	10.2%
國債利息	40%	14.1%
國防	37%	20.7%
社會安全	14%	21.6%
衛生	8%	10.9%

來源：凱瑟家庭基金會及哈佛大學公共衛生學院（1995），表15及16；管理及預算辦公室（2005:51）

虛偽

SAEE測量人們說出自己相信的東西，但在他們談到陌生的經濟信念時，很有可能撒謊。誠如圖洛克所述：

> 某人可能告訴社會科學家，說他遵循某既定行動方案藉以努力實踐某項目標，話雖如此，該行動方案似乎不適用於他所宣稱的目標。一些草率的社會科學家可能就會結論，此人不夠理性。而真正的解釋，可能只是他真想達成的目標與

口中說的並不相同。[56]

　　這種說法內部邏輯連貫，但極不適用於詮釋我的成果。SAEE的受訪者不存在撒謊的物質誘因，他們也不是政治人物，會因坦率而輸掉選舉。情緒衝動而撒謊的情況也不多見。受訪人會因尷尬，避而不談自己對種族的真實感受，但沒什麼經濟信念得背上那種罵名。教經濟學多年，我不記得有任何案例，學生出自佯裝而不同意我（佯裝同意我則是另一回事）。

選擇問題時有偏見

　　SAEE裡尋常見到系統性信念差異，以致於你可能生疑。作者們挑選這些問題，是料想到會有意見不一吧？但並無證據說他們如此。他們挑選問題的基準，來自於公眾及媒體的關注。例如說，以下是作者們一開始寫到調查時的內容：「依據審核公眾對經濟的意見近二十年，我們選出最常被提到、可能讓經濟表現沒那麼好的十八則原因……」[57]他們尋求「通用的解釋」，而非旨在解釋外行－專家之間的落差。同理適用於SAEE其他部分。[58]

重新考慮系統錯誤

　　一旦大多數經濟學家了解一個理論隱含的前提系統錯誤，他們會不敢置信地說：「你在假定非理性！」你很明確，是可以因坦率而加分，但你所招致的結果往往是一波又一波的批評。本章的目標一直是用直接實證的證據，繞過臆測的反駁。

　　過程中，我們已蒐集到太多資料。由於細節太多，無法一口氣消化。鳥瞰一下SAEE，它告訴我們什麼？

　　首要之處，在SAEE大力證實，經濟學家與普羅大眾之間的信念差異，既大又有系統性。事實上巨大的系統性信念差異，幾乎每個領域都存在。「加總的奇蹟」（the Miracle of Aggregation）不僅時常出錯。至少在經濟學裡，它比別的「奇蹟」更容易失靈。

　　這些研究發現格外令人信服的原因在罕有例外，信念差異都往預測的方向走。SAEE給的第二個教訓正是如此。經濟學家與普羅大眾意見不一的方式，如同經濟學家透過談話、授課及教科書長期以來強調的結論。先起個頭：民眾真的認為物價不是供需所掌控的；保護主義有益於經濟；節省勞動力反而糟糕；生活水準在下降。老師們發聲反對反市場、排外、創造就業或悲觀等偏見，還真不是徒勞無功。

　　若是A與B意見不一，那麼邏輯上有三種可能。第一，A對了，B錯了；第二，A錯了，B對了；第三，A與B都錯。

但基本上可以排除 A 與 B 都對的可能性。外行人及經濟學家之間的系統性差異，邏輯上可不保證普羅大眾這一邊的錯誤有其必要。依我的鳥瞰彙總進行下去，SAEE 的第三大結論是，「專家對，群眾錯」這種天真的詮釋，通常才是最棒的。

我們都先推定，專家與非專家意見不同時，專家才對。這種現象在數學、科學、歷史站得住腳。沒錯，專家以前是犯過錯。謝爾夫及那瓦斯基寫的《專家說》[59] 一書，就提供幾百個叫人尷尬的例子。然而請注意，他們可沒撰寫姊妹作《民眾說》，因為那種書太簡單了。閱讀幾百則不夠格的人所發的極蠢評語，有什麼可吃驚的？《專家說》之好笑，純因平常時專家沒錯。

若你要批評專家，那麼要承擔一般假定專家正確的責任。批評經濟學專業的人通常訴諸經濟學家營私逐利及意識形態，但這些批評都承擔不起舉證的責任。SAEE 揭露，這兩種主要的專家偏見說，其實都錯了。

經濟學家是比非經濟學家富有，但沒有經濟學學位的百萬富翁想法跟其他尋常人一樣，而開計程車的經濟學家，思想一如其他經濟學家。事實上，幾許瑣碎的營私逐利偏見證據，根本算不上有價值。收入對信念是小有影響，但取向真的是自私嗎？有錢人不僅更不在乎經商獲利及高層主管薪酬過高，連對援外及福利的態度也是一樣。

批判經濟學家意識形態偏見的力道就更弱了。個人的黨派

認同及意識形態取得控制後，外行人－專家信念差距反而更大了一些。意識形態溫和、政治獨立的經濟學家，與意識形態溫和、政治獨立的非經濟學家，意見完全相左。這怎麼可能？經濟學看似保守，只是比起其他社會科學如此，好比社會學，那門學科左派高高在上。相形一般大眾，標準的經濟學家算中間偏左派。[60] 此外，與一般對經濟學的批評相反，經濟學家並不是右派的堅定支持者，他們多半奉行「極右」與「極左」的混合觀點。經濟學家比起極保守共和黨人，對企業裁員或者獲利太過方面樂觀得多，而且比起極自由派民主黨人，對移民及福利更為樂觀。[61]

就算擊敗「經濟學家對，民眾錯」觀點的主要反對者，也無法證明此說正確無誤。但話又說回來，這麼做的確大大增加此觀點正確的可能性。這麼想好了：常理建議我們要信任專家。批評人士質疑專家的客觀性，而他們的說法證實為誤。那麼明智的反應，應該是重申常理立場。的確，在最強挑戰者都失利之後，我們對「經濟學家對，民眾錯」這個說法，應該更有信心。

另外，要求經濟學家在他們的專業領域裡，不允許存在正常範圍的觀點差異，實在沒道理。經濟學專業理當積極抗辯。然而坦白地講，只需要翻閱過經濟學原理，再自行閱讀SAEE問題，就有最強而有力的理由認清它的可靠了。你或許還無法完全相信經濟學家的智慧。我也偶爾會產生懷疑。但當你提高

經濟學素養後，此後要避而不看普羅大眾的愚蠢，就很難了。你的視線會一而再地，朝肯定很蠢笨的說法望過去。

若是這對你來說還太主觀，那麼有種很醒目的實證慣律（empirical regularity）指往相同方向：教育使人們的想法有如經濟學家。SAEE的三十七道問題中，有十九道是經濟學訓練與教育程度並肩而行的，分道揚鑣者只有兩題。與主流觀點有所分歧的這種現象，不光發生在近親交配很嚴重的學科當中。整體而言，受過教育的美國人都是如此，而且教育程度愈高，分歧得愈明顯。由教育最低層，爬梯到最高，其巨大的影響力超過取得半個經濟學博士學力。[62]

這種形態因為在其他學域都有類似之處，益發令人信服。以政治知識為例。卡皮尼與基特報告說，教育能大幅改善有關政府結構、領導人及當前事件客觀測驗時的表現。[63]克勞斯、孟姆佛斯及史洛維奇也有類似的發現，教育能讓本來是一般大眾的人更像毒物學家那樣思考。[64]或許，教育有可能是洗腦。但更有可能的是受教育的人想得更清晰，曉得更多。

結論

光是表象都饒有啟發。看來非經濟學家及經濟學家在同一系列命題上的看法，表現出系統性的意見分歧。SAEE指出確

實如此。調查排除了經濟學家可能有合理化「營私逐利偏見」與「意識形態偏見」的可能性。就經濟學而言，經濟學家顯然比普羅大眾知道得多。SAEE大力支持這個結論。

　　SAEE應該不是支持這種論點的唯一實證。誠如本章一開始提到，有關經濟信念的研究為數眾多。SAEE的優點在其匠心獨運。它的設計，是想抵擋懷疑論者可以用來質疑早期經驗主義人士的主要反對說法。鑑於SAEE已經清除這些障礙了，所以回顧、承認更早文獻基本上正確無誤——包括統計成果及經濟學家數百年來的觀察與反省——基本上是正確的。

　　本書其餘篇章，把民眾的系統性偏差信念視為既成事實。細節方面猶待努力完備，但大局面不可能改變。當前的任務，在琢磨出方法，把這些偏見塞進更大的框架之中。社會科學該如何才能解釋這些系統性錯誤無所不在？這些系統性錯誤對全世界有什麼影響？

——

技術面附錄：啟蒙大眾

　　為了推估啟蒙大眾的信念，所以必須把普羅大眾與經濟學家的數據都匯聚起來。SAEE裡的三十七個信念，每樣數據都重製於表3.2裡，按所有變數回歸，製作於表3.3。

當然，嚴格說來，單純回歸並非分離出依變項（dependent variable）的最佳方法，只是這樣係數較易理解，而且用有組織分對數（logit）重做一切，可得出事實上一模一樣的預測。[65] 這些回歸等式接下來用在預測啟蒙大眾的信念，根據定義，啟蒙大眾除去教育與經濟學訓練外，其他各方面都等同於普羅大眾的平均值。按推測，那些數值分別等於7與1。同樣地，因為普羅大眾的平均教育是4.54，而平均經濟學為0，所以啟蒙大眾讓我們相信，如果普羅大眾的教育得分提高2.46（7 − 4.54），經濟學得分提高1.00，信念會與啟蒙大眾相同。

要重製全部三十七個問題的數字，未免多餘。所以表3.4僅列出大家最感興趣的部分，也就是控制表3.3的其他變數後，得到的教育、經濟學力係數及檢定統計量（t-stats）。表3.4的成果，可以用來計算因應教育及經濟學力的變化，信念會是如何。

舉例說明：送一位教育達平均值（4.54）的非經濟學家，去讀經濟學研究所，預期效應是什麼？到畢業時，他的教育能力會上升2.46，經濟學力達到1.00，而不是0。因此，他對任何既定問題的信念值，是初始信念＋2.46，乘以教育係數＋經濟學力係數。[66] 舉「稅高」為例，教育係數為 −0.09，經濟學力係數為 −0.32。所以估算出來的信念變化為 −2.46×0.09 − 0.32 = −0.54。

表3.2 問題與平均回答

不論你認為當前經濟表現多好，總之一定有些問題讓它無法發揮全力。以下我將為你讀出一串理由，它們是某些人提出來何以景氣未能優於現況的解釋。對每一條理由，請告訴我，你認為經濟表現無法優於現下，它算是「主要原因」、「次要原因」，或者「不算原因」。

0＝不算原因　1＝次要原因　2＝主要原因

#	變數	問題	普羅大眾	經濟學家	啟蒙大眾
1	稅太高	稅課過重	1.50	0.77	0.99
2	赤字	聯邦赤字過大	1.73	1.14	1.16
3	援外	援外開支過大	1.53	0.14	0.28
4	移民	移民過大	1.23	0.22	0.31
5	稅優	企業稅負減免過多	1.29	0.65	0.86
6	缺教	職訓不足	1.56	1.61	1.64
7	福利	依賴福利人口過多	1.61	0.72	0.94
8	平權	女性及少數族裔從平權法案取得過多好處	0.76	0.21	0.19
9	賣力	不看重努力工作	1.44	0.82	0.83
10	法規	政府過分管制商業	1.23	0.97	1.00
11	儲蓄	儲蓄不足	1.39	1.49	1.44

（續表3.2）

現在我將為你讀出另一串理由，它們與商業有關，是某些人提出，談論何以經濟表現無法優於現況。對每一條理由，請告訴我，你認為經濟表現無法優於現況，它算是「主要原因」、「次要原因」，或者「不算原因」。

0＝不算原因　1＝次要原因　2＝主要原因

#	變數	問題	普羅大眾	經濟學家	啟蒙大眾
12	高利潤	生意獲利過高	1.27	0.18	0.41
13	高管薪	高階決策者薪酬過高	1.59	0.69	0.83
14	企業生產力	企業生產力成長過慢	1.18	1.43	1.49
15	科技	科技使勞工流離失所	1.26	0.27	0.43
16	海外	各公司把工作移去海外	1.59	0.48	0.60
17	裁員	公司裁員瘦身	1.50	0.48	0.64
18	公司教育	企業挹助職訓的投資不足	1.53	1.16	1.23

一般而言，你認為下述問題，對我國經濟是「好」、是「壞」，或者「沒什麼差別」？

0＝壞　1＝沒什麼差別　2＝好

#	變數	問題	普羅大眾	經濟學家	啟蒙大眾
19	減稅	減稅	1.46	1.04	1.20
20	女工	更多女性進入勞動市場	1.47	1.73	1.67
21	科技好	工作場合增加科技應用	1.57	1.98	1.83
22	貿易協定	美國與其他國家締結貿易協定	1.33	1.87	1.75

（續表3.2）

| 23 裁員好 | 大公司的瘦身行動 | 0.62 | 1.40 | 1.31 |

有人說，因為新科技、外國貿易競爭及大企業瘦身，經濟會有動盪週期。前瞻個二十年，你認為這些變化對我國是「好」，是「壞」，抑或你認為這些變動「沒什麼差別」？

#	變數	代碼	普羅大眾	經濟學家	啟蒙大眾
24	二十年後變化	0 = 壞 1 = 沒什麼差別 2 = 好	1.15	1.92	1.73

你認為美國與國的貿易協定，創造出更多美國工作，還是減損美國就業機會，抑或你認為沒什麼差別？

#	變數	代碼	普羅大眾	經濟學家	啟蒙大眾
25	貿易與工作	0 = 損及就業 1 = 沒什麼差別 2 = 創造就業機會	0.64	1.46	1.32

油價近來上漲，你認為誰最該負責？

#	變數	代碼	普羅大眾	經濟學家	啟蒙大眾
26	油價供需原因	0 = 石油公司想增加他們的獲利 1 = 正常供需原則 兩者皆是代碼為1；兩者皆非為0	0.26	0.89	0.84

（續表3.2）

你認為目前汽油價格「太高」、「合理」還是「太低」？

#	變數	代碼	普羅大眾	經濟學家	啟蒙大眾
27	油價	0 = 太低 1 = 合理 2 = 太高	1.68	0.63	0.91

你認為改善經濟這回事，一位有效率的總統「能大力發揮」、「能做些文章」，抑或大致上「不在其能力範圍」？

#	變數	代碼	普羅大眾	經濟學家	啟蒙大眾
28	總統	0 = 不在總統能力範圍 1 = 能做些文章 2 = 能大力發揮	0.92	0.92	1.00

你認為今天政府造出來的新工作薪酬優渥嗎？還是大多為低薪工作？

#	變數	代碼	普羅大眾	經濟學家	啟蒙大眾
29	新工作	0 = 低薪工作 1 = 兩者皆非 2 = 薪酬優渥	0.37	1.07	1.00

你認為今天貧富差距更甚於二十年前，還是大約一樣呢？

（續表3.2）

#	變數	代碼	普羅大眾	經濟學家	啟蒙大眾
30	二十年貧富差距	0 = 縮小 1 = 大約一樣 2 = 擴大	1.70	1.85	1.86

過去二十年間，你認為整體而言，一般美國人的家戶收入成長，要快於生活支出，大約與生活支出等速，還是慢於生活支出？」

#	變數	代碼	普羅大眾	經濟學家	啟蒙大眾
31	二十年收入	0 = 慢於 1 = 大約等速 2 = 快於	0.39	1.14	0.99

請思考一下一般美國工人的工資，你認為過去二十年，其成長速度是快於生活開支、大約與生活開支等速，還是慢於生活開支？

#	變數	代碼	普羅大眾	經濟學家	啟蒙大眾
32	二十年工資	0 = 慢於 1 = 大約等速 2 = 快於	0.34	0.76	0.52

有人些表示，為了讓日子好過，一般家庭必須有兩位全職工作者的收入。你贊成這一點，還是你認為，一般家庭只有一位全職工作者的收入，日子就能過得不錯？

（續表3.2）

#	變數	代碼	普羅大眾	經濟學家	啟蒙大眾
33	需兩份收入	0 = 一人工作就能過日子 1 = 要有兩人賺錢	0.87	0.75	0.78

你認為未來五年，一般美國人的生活水準會「上升」、「下降」，還是「持平」？

#	變數	代碼	普羅大眾	經濟學家	啟蒙大眾
34	生活水準	0 = 下降 1 = 持平 2 = 上升	0.93	1.43	1.33

你認為你子女世代，比起你的世代，生活水準是提高、下降，還是大致相同？

#	變數	代碼	普羅大眾	經濟學家	啟蒙大眾
35	子女	0 = 下降 1 = 大致相同 2 = 提高	1.06	1.28	1.36

假設你有任何年紀低於三十的子女，當他們到你現在歲數時，你料想他們的生活水準會低於、高於你現在，抑或你估計大概差不多？

（續表3.2）

36 子女生活	0 = 低於 1 = 大概差不多 2 = 高於	1.30	1.30	1.52

當你思考今天美國經濟時，你認為目前處於……

#	變數	代碼	普羅 大眾	經濟 學家	啟蒙 大眾
37	當前經濟	0 = 大蕭條之中 1 = 衰退之中 2 = 停滯之中 3 = 緩慢成長 4 = 高速成長	2.59	3.10	2.73

表3.3　控制變數

你是哪一種族？白人、黑人或非裔美國人、亞裔美國人或其他族裔？

變數	代碼	普羅大眾	經濟學家	啟蒙大眾
黑人	是＝1，否＝0	0.08	0.004	0.08
亞裔	是＝1，否＝0	0.06	0.05	0.06
其他族裔	是＝1，否＝0	0.05	0.03	0.05
年齡	1996－出生年分	44.40	48.74	44.40
男性	男性＝1，否＝0	0.46	0.94	0.46

你有多擔心自己或家中其他任何人隔年會失去工作？

變數	代碼	普羅大眾	經濟學家	啟蒙大眾
工作保障	0＝非常擔憂 1＝有點兒擔憂 2＝不太擔憂 3＝一點也不擔憂	1.88	2.32	1.88

過去五年當中，你認為你家庭收入與生活開支相比，是上升較快、大約持平，抑或落後？

變數	代碼	普羅大眾	經濟學家	啟蒙大眾
你的過去五年	0＝落後 1＝大約持平 2＝上升較快	0.74	1.59	0.74

（續表3.3）

未來五年當中，你認為你家庭收入與生活開支相比，是上升較快、大約持平，抑或落後？

變數	代碼	普羅大眾	經濟學家	啟蒙大眾
你的未來五年	0 = 落後	0.94	1.33	0.94
	1 = 大約持平			
	2 = 上升較快			

假設你把你家全體成員去年（1995年）稅前年收入加總起來，總數在：

變數	代碼	普羅大眾	經濟學家	啟蒙大眾
收入	單位：美元	5.09	8.44	5.09
	1 = 10,000 或以下			
	2 = 10,000 到 19,999			
	3 = 20,000 到 24,999			
	4 = 25,000 到 29,999			
	5 = 30,000 到 39,999			
	6 = 40,000 到 49,999			
	7 = 50,000 到 74,999			
	8 = 75,000 到 99,999			
	9 = 100,000 或以上			

在當前的政黨立場中，你自認是共和黨、民主黨或超然人士？

（續表3.3）

變數	代碼	普羅 大眾	經濟 學家	啟蒙 大眾
民主黨	民主黨 = 1 否 = 0	0.33	0.38	0.33
共和黨	共和黨 = 1 否 = 0	0.29	0.19	0.29
其他政黨	其他黨派人士 = 1 否 = 0	0.04	0.02	0.04

你會如何形容自己對大多數政治事務的觀點，極端自由、自由、中庸、保守、極端保守派？

變數	代碼	普羅 大眾	經濟 學家	啟蒙 大眾
其他意識形態	1 = 思考時不用那些 詞彙	0.02	0.03	0.02
意識形態 * （1－其他意識 形態）	2 = 很自由派 1 = 自由派 0 = 中庸 1 = 保守派 2 = 很保守派	0.13	−0.04	0.13

（續表3.3）

你完成學業時，讀到幾年級？

變數	代碼	普羅大眾	經濟學家	啟蒙大眾
教育	1＝沒上學，或讀過一到八年級 2＝沒讀完中學（九到十一年級） 3＝讀完高中或有高中同等學歷 4＝高中就讀商業、技術或職業學校 5＝有讀大學，但未完成學位 6＝大學畢業生（BS、BA等大學文憑） 7＝大學後有讀研究所課程或專業訓練（例如攻讀碩、博士文憑、法學院或醫學院）	4.54	7.00	7.00
經濟學力	經濟學家＝1，否＝0	0.00	1.00	1.00

表3.4 教育及經濟學力係數

#	變數	教育係數	教育 t-stat	經濟學力係數	經濟學力 t-stat
1	稅太高	−0.09	−7.47	−0.32	−5.61
2	赤字	−0.01	−0.63	−0.58	−10.91
3	援外	−0.09	−7.64	−1.02	−17.21
4	移民	−0.12	−9.13	−0.59	−8.96
5	稅優	−0.07	−5.66	−0.25	−3.95
6	缺教	−0.01	−0.88	0.10	1.62
7	福利	−0.07	−5.79	−0.48	−8.62
8	平權	−0.08	−6.69	−0.35	−5.72
9	賣力	−0.04	−2.74	−0.50	−7.39
10	法規	−0.07	−5.50	−0.06	−1.00
11	儲蓄	0.01	1.09	0.08	1.24
12	利潤高	−0.07	−5.25	−0.72	−11.50
13	高管薪	−0.04	−3.41	−0.69	−12.01
14	企業生產力	−0.01	−0.96	0.33	5.18
15	科技	−0.10	−8.40	−0.51	−8.41
16	海外	−0.05	−4.46	−0.87	−15.57
17	裁員	−0.03	−2.44	−0.81	−13.76
18	公司教育	−0.02	−1.53	−0.27	−4.63
19	減稅	0.00	0.17	−0.30	−4.21

（續表3.4）

20 女工	0.03	2.32	0.15	2.68
21 科技好	0.04	3.06	0.16	2.47
22 貿易協定	0.09	6.03	0.24	3.22
23 裁員好處	0.01	0.54	0.68	8.72
24 二十年後變化	0.04	2.74	0.45	5.94
25 貿易與工作	0.07	4.74	0.59	8.63
26 油價供需原因	0.03	3.85	0.52	13.26
27 油價	−0.04	−4.36	−0.66	−13.04
28 總統	0.02	1.44	0.11	1.54
29 新工作	0.02	1.47	0.63	8.68
30 貧富差距	0.03	3.15	0.07	1.46
31 二十年收入	−0.01	−0.78	0.66	10.96
32 二十年工資	−0.02	−1.83	0.30	5.54
33 需兩份收入	−0.01	−1.38	−0.08	−2.54
34 五年後生活	−0.03	−2.37	0.55	8.53
35 子女	−0.07	−5.24	0.57	8.03
36 子女生活	−0.02	−0.80	0.28	3.41
37 當前經濟	0.01	0.40	0.12	1.25

第四章

古典公共選擇
與理性無知的失靈

非理性的文化信念顯然相當值得注意：這
種信心因為只略為背離常識，或稍稍逾越
證據所容許的範圍，因此看來不會不理
性，反而像是直率的挑戰合乎常識的理
性。

——理察・許威德[1]

安東尼‧唐斯的大作《民主制度的經濟理論》把「理性無知」變成政治經濟學的基本要素，涂洛克要十年後，才創造出這句話。[2] 但唐斯下述一句話的解釋，卻變成了定論：「尋求政治上的博識並不理性，因為從資料上得到的報酬率很低，根本不值得耗用時間成本和其他資源去獲取。」[3]

其中的邏輯很簡單，時間就是金錢，獲得知識需要時間，個人會權衡學習的益處和成本。[4] 在市場上，如果個人所知太少，就會付出錯過大好良機的代價；如果所知太多，就會付出浪費時間的代價。中庸之道是獲取足夠的資訊，以便做出可以容忍的良好抉擇。

在政治天地裡，事情會有所不同，區區一票極不可能改變選舉的結果。[5] 因此，假設一位無知的公民隨機投票，除了在反常的情況下，他投下的才會是扭轉僵局的一票，否則的話，這一票的邊際效果為零。如果時間就是金錢，獲取政治資訊要花時間，而投票的預期個人收益近乎為零，理性、自私的個人會選擇無知。

公民課本中的座右銘說：「如果每一個人都這樣想，民主制度會產生可怕的結果。」這句話很可能正確無誤，但是拿來對公民的自利訴求，就變成了不加掩飾的合成謬誤了。如果每一個人都對政治一無所知，「我們」會變得更不好；但是這樣不表示如果我對政治一無所知，「我」就會變得更不好。如果有一個人在音樂會上站起來，他會看得比較清楚，但是如果每

一個人都站起來，就不會有人看得比較清楚。

1950到1960年代時，經濟學家習慣把不完美的資訊叫做「市場失靈」。[6]不過三思之後，這種所謂「市場失靈」最好的例子似乎是民主政府。隨著政治經濟學的發展，訴諸於理性無知的現象也跟著成長。理性無知變成了我稱之為「古典公共選擇」（Classical Public Choice）的正統知識理論的根基。

理性無知：證據與宣稱的後果

雖然政治學家把大約三分之一的公眾，列為「一無所知的人」。[7]但要找到完全沒有政治知識的人卻很難，比如說，幾乎每一個人都知道總統的姓名。獲取政治知識的誘因比表面上看來還複雜。幾乎每一個人都知道，或具有娛樂性的事實比較容易被大眾所接收，也比較容易被記起來。政治知識也有「額外」的好處：在非實用知識方面具備良好素養，對你的職業生涯展望仍然有幫助，而你的朋友或約會對象也可能會看不起對政治無知之至的人。

因此，古典公共選擇顯然太過強調理性無知，當然，還未到太過分的程度。根據任何絕對的標準來看，大眾的平均政治知識水準都很低落[8]，不到40％的美國成人知道本州兩位參議員的名字[9]，知道兩位參議員所屬政黨的人又更少一點，這點

意義特別重大，因為政黨是經常在媒體露出的資訊。[10]大部分民眾忘了——或從來沒有學會——所有公民課程中教過的基本知識，與不變的事實。大約有一半的人知道每一州有兩位參議員，卻只有四分之一民眾知道他們的任期多長。[11]可以預見的是，即使是備受矚目的議題，民眾熟悉政客投票記錄和政策立場的比率接近零，記得跟政策無關的有趣主題的比率卻很高，就像德利·卡匹尼和史考特·吉特說的一樣：

> 1992年的總統大選中，89％的民眾知道副總統奎爾曾經在競選活動中，痛批電視連續劇《風雲女郎》女主角甘蒂絲柏根，卻只有19％的人，能夠說明前美國總統柯林頓的在環保議題上的立場……86％的民眾知道前美國總統布希的狗叫米莉，卻只有15％的人知道兩位總統候選人都支持死刑。談到電視影集《民眾法院》（*People's Court*）主角韋普納（Wapner）法官的人，比談到美國最高法院首席大法官柏格（Warren Burger）或芮恩奎斯特（William Hubbs Rehnquist）的人還多。[12]

這點正是理性無知的邏輯引人懷疑的地方，在選擇要了解攸關政策明智的枯燥事實，還是了解無關緊要的花絮小事上，民眾多半會把時間放在後者。[13]

理性無知具有直覺與實證上的吸引力，保證會得到學術界

的重視，但是要把理性無知變成古典公共選擇的基石，卻需要一個額外的賣點：就是顯然能夠解釋民主失靈的能力。想像有一位選民終身自閉在一個房間裡，完全跟小牢籠以外的大世界隔絕，他可以得到終身供應的飲食，卻沒有半扇窗戶，牢籠裡有單向通話的對講機，讓這位選民可以把他的偏好，告訴候選人，候選人卻不能跟他談話。每隔四年，這位選民可以表明他支持兩位候選人中的那一位，他知道自己可以決定勝利者，卻無從發現候選人過去的政績或未來的願景。

如果民主制度的就如同這個故事中的設定，應該會讓人深感震驚，因為兩位候選人都無法提高自己的勝算，牢籠裡的選民既看不到政客的行動，也聽不到政客的聲音，因此，勝利者可以隨心所欲，任意作為，完全不必擔心自己的決定會害他失去職位，這點不表示在位的人毫無憂慮，他可能輸掉下次選舉，因而下台一鞠躬，重點是如果他完全遵照這位選民在對講機中說的指示，或完全反其道而行，都同樣可能敗選下台。

如果有千百萬選民關在與世隔絕的牢籠裡，狀況幾乎不會改變，只要沒有人知道牢籠外發生了什麼事情，領袖就可以忽視大多數人表達出來的願望——即使多數人完全控制了選舉結果，情形仍然如此。如果選民不能觀察候選人的行為，就不能根據候選人的行為，決定自己該怎麼投票。如果選民投票時無從依據，候選人就沒有傾聽選民心聲的誘因。

選民並非住在與世隔絕的牢籠裡，卻仍然可能自行走在相

當無知的大道上,如果是這樣,大家感受到的民主失靈似乎就很容易解釋,為什麼特殊利益團體能夠扭轉法案,把法案變成對多數人不利的立法?答案是選民的理性無知,因為很多選民不知道菸草農接受補貼,也不清楚本州國會議員的立場。為什麼政客可以無視於輿論?答案是選民的理性無知,因為很少選民注意政客對援外之類不受歡迎政策的立場,在下次選舉中記得政客立場的選民更少。為什麼基本工資之類沒有效率的政策廣受歡迎?答案是選民的理性無知,因為很少有人學到足夠的經濟學知識,能夠了解這種政策的缺點。[14]

大眾無知的另一面是內部人的精明能幹,選民昏睡不醒時,特殊利益團體忙著微調自己的遊說策略。選民無知的原因是有知識卻得不到回報,而利益團體知識廣博,是因為對他們來說,知識讓他們有利可圖,因此,「集中的利益分散了成本」。曼克爾・奧爾森說得好:「少數人系統性剝削多數人的傾向確實存在!」[15]柳橙關稅讓我這個柳橙消費者多花了幾分錢,卻表示種柳橙的農民賺到千百萬美元。

經濟學家停止研究政治天地夠久之後,特殊利益團體似乎幾乎都躲在每一項政府的的法案後面,很多教授像舊公民課本一樣抱怨著:「要是選民知道就好了……」然而,他們不能像舊公民課本一樣,依靠「總有一天選民會清醒,起而好好整頓這個國家。」理性無知對社會的傷害,不足以讓起而對抗的人得到好處。

總之，根據古典公共選擇理論，選民的無知會把政治從令人困惑的異常狀況，變成教科書中資訊經濟學解釋力量的例子，為政府嚴重失靈開闢坦途，利益團體——姑且不提官僚體系和政客本身——會筆直的大步走進來。

對抗無知

日常語言中，有很多字眼貶抑錯誤信念和抱持這種信念的人，雖然這些字眼的意義深淺不一，大致上卻都可以分成兩類，一類是指責抱持這種信念的人腦，一類是貶抑這種人所能得到的資訊，前者如「不理性」、「愚蠢」、「妄想」和「武斷」，後者如「不了解」、「資訊不足」、「誤導」和「無知」。

真相可能很容易混合在一起，但大多數經濟學家拒絕把人類犯錯的因素，和非理性所應該承擔的任何責任混為一談。你可能預期研究政治學的人會比較沒有那麼僵化，但事實正好相反。[16]唐斯把理性作為自己分析的基礎，他的繼承人一直真心奉行他的觀點，然而，唐斯至少為他忽視非理性的決定，提出了辯護：

我們希望迴避政治非理性，是因為（一）這個課題很複雜，（二）這個課題跟我們純粹理性行為的模型不合，（三）

事實上，這是一種實證現象，不能只用歸納性的邏輯處理，也必須進行逾越本研究範圍的實際調查。[17]

相形之下，唐斯所啟發的正統理論經常忘了另一種東西的存在。不管流行的錯誤多怪異，理當可以證實選民是理性無知的人。很多遵循古典公共選擇傳統的人，在追尋跟經濟學有關的系統性偏見信念實證證據後，都把這種理論解釋為理性無知的證據。的確如此，大部分最樂於接受實證經驗的經濟學家，經常都是最不願意把這種理論，解釋為就是唐斯半世紀以前「迴避」的東西——政治上的非理性。

經濟學家對植根在「愚蠢」或「非理性」的理論，為什麼會這麼敵視？對起源於人類錯誤的極端「純粹無知」卻這麼友善？有一種辯解是重複申論式的辯詞：把所有錯誤和「無知」比較後，接著在標準定義和包羅一切的定義之間含糊其詞。可是不管你喜歡什麼說法，有兩個明顯的錯誤原因仍然存在，你不是缺少足夠的資料，就是無法善盡利用你所擁有資料的全部好處。偵探可能會因為需要更多的線索，或是因為沒有意願或頭腦，不能把諸多線索串連起來，留下一個無法解決的神祕問題。

主張純屬無知觀點的人對語意之爭厭煩時，下一個辯解是訴諸於兩種錯誤來源在實證上難以分辨，誰有資格說什麼東西是否「非理性」？[18] 這種反駁會令人困惑，因為現代經濟理論

家擁有一種簡單又有吸引力的基準，就是「理性預期」，理性預期基本上是拿理性跟沒有系統性錯誤來比較。[19] 大家直覺認為，純粹無知不會產生比隨機錯誤還糟糕的結果。如果你在某一天早上，高估交通流量水準，一天後又低估交通流量水準，沒有人會質疑你的理性，你怎麼會知道一小時後，會不會有一部車在交通尖峰時刻拋錨，堵住兩條車道？相形之下，如果你低估每天交通流量的嚴重性，「我怎麼會知道？」就變成了空洞的藉口，要做出精確預測所需要的資訊不夠，但是這樣根本不能解釋何以同樣的預測錯誤一再出現。

形式化進行之際，理性預期很有道理，違反理性預期近似「非理性」的日常意義。此外，如果非理性不存在，類似理性預期的假設就會很難成立。有誰沒有說過類似「隨著價格上漲，賣方就會增加生產」的話？但是這種說法有一個基本假設，就是假設跟價格有關的客觀事實和主觀信念，都是向同樣的方向前進。如果賣方有系統地把價格上漲誤解為價格下跌，他們的反應應該會跟標準的預測正好相反。

因此，一點也不足為奇的是，理性預期的非正式替代品早就在正式文獻中出現，早在約翰‧穆斯和羅伯‧盧卡斯的理論提出之前多年，經濟學家就經常申明：大家可以判斷行為人九十九種手段的「理性」與否。對唐斯來說，「理性一詞從來不適用於個人的目的，只適用於個人的手段。這點出自理性的定義是效率，也就是從一定量的投入中，得到最大的產出。」[20]

像理性預期一樣，唐斯的標準是用客觀的現實，衡量個人的信念：

　　如果理論家知道某些決策者的目的，就可以像下述程序一樣，預測決策者會採取那些行動來達成目的：（一）他會計算決策者有什麼可以達成目標的最合理方法；（二）他會假設決策者很有理性，因此實際上會選擇這種方法。[21]

　　「理性預期革命」是錯誤的說法，這種分析方法並沒有迅速風行，但是，除了凱因斯學派總體經濟學外，這種改變通常都是表面工作，理性預期主要是讓比較老式的經濟學形貌更為明確，其中的精神並沒有改變。

　　一旦系統性錯誤的證據大量出現，經濟學家經常就會對理性預期失去熱忱。如果你拿理性和系統性錯誤的缺乏來比較，兩者存在的強力實證證據，就會證明非理性是簡單明瞭的東西，很多經濟學家不願接受這種難以接受的東西，就把理性預期標準犧牲掉。

　　接著第三種辯解出現：這種辯解是比較寬鬆、容許系統性錯誤的理性定義，貝氏主義就是其中一種。只要大家根據貝氏法則，更新自己的信念，就可以稱為「理性」，即使大家有著嚴重錯誤，也沒有關係。然而，這種脆弱標準也在經歷實驗性的測試後，被人發現有所不足。[22]

還有一個更無力的定義，把理性比喻為「追求真相」。[23]只要一個人誠心誠意努力了解世界，不管他相信什麼，他就都是理性的人，只有不願努力的人才不理性；剩下的每一個人都因為努力嘗試，得到甲等的評分。

我們必須注意，在SAEE中，類似的系統性錯誤從理性預期的角度來看，已經構成非理性的基本因素，但從更次要的定義來看，仍然只是非理性的病徵。錯誤的原因是因為缺乏思維訓練，而不是缺少資訊錯誤的愚蠢程度愈高，這種可能性就愈大。

理性預期的其他定義有一個最大的問題，就是只能提供語義上的勝利。降低「理性」的門檻後，要證明一個人有理性比較容易，但是其中的代價高昂。大部分模型假設個人的信念不只是具有某種程度的理性而已，還是不偏不倚的信念，因此，一旦你降低理性的門檻，你就再也不能安穩地在標準「理性行為人」法則上，建立基礎，我們必須回到原點。

理性無知有什麼問題（一）

「理性無知」一詞的功能像免責聲明一樣，在一個人身上打上「理性無知」的烙印，證明「上述個人的無知並非質疑這個人的理性，他的理性繼續享有完完全全的保證」。有人提到

「非理性」時，經濟學家都用下述的老生常談來反駁：「非理性和無知不同。」[24]但是這句話具有雙重意義，也就是如果可以把無知誤會為非理性，那麼也可以把非理性誤會為無知，或許經濟學導論不及格的人如果在學校裡研讀教科書，成績可能會很優異，卻也可能不很優異。

然而，我不願意在倉促之間，反駁「純粹無知」的觀點，這種看法有什麼問題？本節和下一節要問跟「純粹無知」看法有關的兩個重要問題：

1. 純粹無知的看法符合自我反省和個人證詞嗎？
2. 純粹無知看法能夠解釋民主失靈嗎？

錯誤和缺乏資訊之間的關係顯而易見，但是，缺乏資訊是所有錯誤的根源嗎？自我反省和個人證詞會促進情感承諾的另一個標的出現。[25]堅持心愛的看法會增加主觀上的幸福感，我們舉一個最清楚的例子，一般人為自己的宗教聲明辯護時，會關心答案是什麼，如果答案違背他的信念，他會敵視有關的資訊。我們大致可以預期，宗教方面的討論會有「武斷」的性質，信徒會徹底拒絕讓對立的教派有公平表達的機會。憤世嫉俗的人可能把這種情形叫做姿態，但我們卻經常難以懷疑信徒的誠心。總之，大家對信念問題都不會假裝自己有封閉心態。

在世俗化的時代裡，政治和經濟已經取代宗教，成為熱

情信念和教條主義的焦點。麥克洛斯基說得好：「一般人珍視自己錯誤的自由貿易觀念……認為自己的觀念像自己的人格或體型一樣，是自己性格的一部分，非常不可能接受有關的批評。」[26]自由派和保守派為減稅的效果爭執時，對答案都投入情感，保守派支持所有減稅的論點，即使這種論點其實值得懷疑，仍然一樣支持；自由派反對所有減稅的論點，即使這種論點很有道理，仍然如此。這種情形，無疑有一部分的策略考量，卻壓迫輕信的人宣稱：「大家對典型意識形態的信心『只是一種行動』。」我們看看亞瑟‧柯斯特勒（Arthur Koestler）怎麼描述他改信共產主義的過程：

　　說一個人「看見光明」，不足以描述只有改變信念的人才知道的歡天喜地意義（不管這個人改信什麼信念）。新的光明似乎從所有方向，灌進腦海裡；整個宇宙像是由魔法棒在一揮之下，從散落的拼圖玩具片段集合起來，一舉變成了圖案。現在每個問題都有答案了，懷疑和衝突屬於痛苦的過去，而痛苦的過去已經遠去；改變信念之前，人們活在無味、無色世界之中，活在令人難過的無知狀態中。因此，沒有什麼東西能夠擾亂改變信念者內心的平靜──除了偶爾害怕再度喪失信念，進而喪失人生值得活下去的理由，重新墮落到充滿悽慘哀嚎、痛苦難當的外在黑暗中。[27]

惠塔克‧錢伯斯簡潔地說明出同樣的觀點：

　　我願意接受用任何方式呈現的共產主義，願意遵循它可
能引領我走的任何路線，承受如果沒有它，人生可能一無所
成的懲罰，因為它提供給我的東西，是這個垂死世界其他事
物無力提供，也無法比擬的信念和遠景，是值得為它而活、
為它而死的東西。[28]

　　柯斯特勒或錢伯斯的狂熱顯然很罕見，但是我認為，在政
治上，無私的客觀同樣罕見。

　　自我反省也披露了認知動機的複雜性。回想你上次為你的
強力主張申辯的情況，你很可能努力讓另一方有公平表達意見
的機會，為什麼你必須這樣努力？因為你知道你的情感可能讓
你失去控制；你仍然可能激動地宣稱自己是勝利者，即便與事
實不符。不論你是否向誘惑屈服，很多人總是會屈服，因此我
們身邊充斥著非理性，而且不只是根據理性預期之類苛刻的測
試標準，才這樣說而已。如果你願意，你可以把理性的標準降
低到「尋求真相」，你可以為別人的努力打分數，他們卻仍然
得不到及格的分數。

　　如果無知是錯誤唯一的原因，分量夠大的資訊應該是認
知的萬靈丹，你可以用足夠的事實，治療任何錯誤觀念，有些
思想實驗顯示這點多麼讓人難以置信。想像你設法把一群相信

神創論的聽眾，轉變成達爾文進化論的信徒，你可能可以靠著耐心的解釋遺傳學、化石證據或果蠅實驗，改變某些人的想法。[29] 但是如果你能夠說服半數聽眾，卻會變成奇蹟。同樣地，想像約翰‧羅德對主張加強槍械管制的「百萬媽媽大遊行」的媽媽，演說「槍枝愈多、犯罪愈少」，會有什麼結果。[30] 即使羅德的實證研究無懈可擊，也很難會有多少推動槍械管制運動的人，會說出「噢，沒想到竟然是這樣」的話。事實上，很少人願意承認：「這個議題比我想像得複雜多了，我要停止抗議，到我更了解為止。」你也可以考慮對抗議全球化的群眾，解釋自由貿易的好處，或許有些人可能會對比較利益和經濟發展得到一番新的認識，但是會有人天真地以為自己可以說服大多數人嗎？

　　我不是說現實世界的證據都是片面證據（雖然經常如此），而是說，如果僅僅是片面的證據，所有相關資訊能夠說服別人的比率不會上升到100％，他們對自己信念的依戀太深了，會叫你「不要用事實來混淆我的視聽。」

　　每一個有趣的經濟學主題都符合上述描述，想一想SAEE的調查，要花上多少精神，才能說服每一個人，相信價格通常是由供需主導？過多的援外不是大問題？精簡從長期來看是好事？生活水準正在上升？在上述每一個例子裡，對錯誤答案的情感承諾──以及反對者的敵意──都很普遍，好老師可以改變某些人的看法，但是世界上最高明的老師如果能夠改變一半

人的想法，就算是萬幸了。

亞里斯多德說過「所有的人都生而具有求知欲」[31]，但這並非故事的全貌，同樣正確的是，人類天生不願意面對不愉快的事實，大部分的情況下，兩種動機都會發揮作用，人心具有混雜在一起的動機：有人希望了解世界，卻不希望犧牲自己的世界觀。[32] 只研究第一種動機會扭曲我們整體運用頭腦的方式。

理性無知有什麼問題（二）

很多人根據美學觀點，詆毀古典公共選擇。[33] 公民課本呈現民主制度美好的面貌，描述其缺點時，永遠頂多只說是暫時性的異常。資訊經濟學為這件事雪上加霜，不但揭露民主制度深層的缺陷，還把這些缺陷說成是與生俱來的東西。選民會無知，是因為天生具有人類自私的性格，而不是因為「民主不足」引發的冷漠傳染病。然而，其他批評者卻大力反對古典公共選擇，加總起來，這些人嚴重破壞了民主制度。

集體奇蹟與偏見資訊無關緊要

第一章已經研究過，對古典公共選擇最深層的反駁，其實是起源於政治失靈：是因為無知的選民隨機選擇，以致於選

民規模相當大時，會造成選民彼此互相抵消，讓了解真相的人取得主導權。[34] 針對這種集體奇蹟，會碰到一種自然的反駁，就是它找錯了對象。有人可能說，問題不在於無知選民隨機投票，而在於無知選民容易受宣傳誤導。問題不是缺少資訊，而是資訊帶有偏見，把眾多謊話灌輸在無知選民的腦海裡。[35]

雖然這個故事聽起來很好，理論基礎卻相當脆弱，無知不表示容易受影響，你走進二手車賣場時，可能十分無知，但是車商業務員對你大喊：「你在別的地方找不到更划算的車了。」這時你仍然不會理會，或是不重視業務員的話。就像惠特曼批評的一樣：

> 我從未見過任何一人，會相信國防部沒有誇大軍購需求。但是如果每一個人都知道，國防部會誇大自己對人類福祉的重大貢獻，那麼，一般說來，這將足以使選民不再信任國防部的說法。即使統治階級幾乎完全壟斷國內資訊工具，如同前蘇聯那樣，我們還是會看到人民不重視報紙上的資訊，轉而相信國外消息來源。[36]

至少，為什麼十分無知的選民會排斥不可靠的消息來源？他們不必查證政治廣告中的事實，只要用徹底的懷疑來應付就夠了，對於來自動機可疑、來源無從查證的消息，這樣做是常識性的因應之道。

流行的比喻是造成混淆的原因之一。作家經常把無知比喻為空白容器、乾淨的白紙或無瑕的石板。毛澤東認為，中國農民「一窮二白」是很幸運的事情，因為純淨的白紙沒有汙漬，因此可以在上面寫下最新、最美的文字。[37] 這種比喻掩蓋了無知和便於接受新觀念之間的分野，兩者不會接踵而來，要在空白石板上寫字可能很難，無知的選民可能很難說服，如果你只聽政治上競爭對手的舌燦蓮花，理性的應對之道是不置可否的心態。

因此，你可以承認（幾乎所有）選民都是無知到有病的程度，卻對民主制度運作順利的程度抱著樂觀看法。集體奇蹟絲毫沒有什麼神祕的地方——只是簡單的統計。只要無知受到常識節制，集體奇蹟會強壯到足以應付洪水般的偏頗資訊。[38]

最適懲罰和資訊與利益之間的關係

如果從技術的角度來看，資訊和利益之間具有相關性，那麼如果資訊比較靈通的人，的確與資訊比較不足的人利益不同，會產生什麼結果？政治上的貪腐是清楚的例子，最清楚貪腐的人——也就是受賄者和賄賂者——會從中得利；受害的人會受害，是因為貪腐不知道誰付錢給誰做什麼事情。

如果消息靈通知情選民的利益跟其他人不同，你會面對相同的問題。假設有60％選民是消息閉塞的貧窮選民，20％選民雖然消息閉塞，卻很富有，5％選民是消息靈通的貧窮選

民，剩下15％是消息靈通又富有的選民。如果大家在兩人競選的選舉中，根據自己的利益投票，比較親富人的政客會得到半數消息閉塞選民的票，但是會得到四分之三消息靈通選民的票，因此，雖然貧窮選民占65％，親富人的候選人會拿到55％的選票，贏得選舉。

資訊與利益的相關性似乎可能強烈反對集體奇蹟，資訊比較靈通的人擁有操縱制度的力量，資訊比較閉塞的人對這種事情無可奈何。但是這個問題像偏頗資訊一樣，比較少見。大家可以靠著犯罪經濟學的小小協助，避開這種危險。

假設搶匪有50％的機會，從收銀機中搶到1千美元，如果懲罰是1千美元的罰金，犯罪會划得來。搶錢成功表示搶匪賺錢，搶劫失風被捕，搶匪只是損益兩平。司法制度的因應之道是讓定罪的犯人，境遇比守法時糟糕多了。用經濟學術語來說，法律伸張「機率乘數」（probability multipliers），隨著被捕機率的機率下降而加重罪刑。[39] 誠如蓋瑞·貝克最初說的一樣，箇中意義是要「讓警察和其他支出相對低落，再用嚴厲懲罰罪犯作為補償。」[40]

無知的選民可以用同樣的策略控制政客，選民不需要太注意政治，只需要在抓到領導人物舞弊時，發誓報復就夠了。當你知道某位國會議員利用郵資機代付郵資的特權，寄送私人信件後——誓言判他坐一年牢；知道一位內閣首長在錄音時說出種族歧視的綽號時——強烈要求他辭職；知道一位罪犯在返

家探視假時犯下謀殺案——就在下次選舉時投票反對現任州長連任；最後，如果政客過度重視消息靈通的選民，選民會宣稱該名政客是菁英主義分子，然後拋棄這位勢利之徒。看來像是「過度反應」的這些行動，很容易為無知選民導引出政治人物的良好行為。

大政府：資訊不對稱情況下受到忽視的受害者

所知較多的人跟所知較少的人互動時，就出現資訊「不對稱」的現象，二手車市場是個範例，因為車商知道顧客只能猜測的細節。[41] 政治貪腐符合同樣的描述，政客知道自己是否誠實，大眾可能不知道。

無知的選民要保護自己的利益，最簡單的方法是嚴厲懲罰，但是如果最嚴厲的懲罰都太輕微，無法規範政客時，該怎麼辦？二手車商對顧客說謊遭到揭穿時，失去的可能不只是商譽，還有犯下詐欺罪的風險。相形之下，政客的名譽徹底毀壞後，還可以靠著加入法律事務所，賺錢過好日子。民選領袖可以毀棄所有競選政見，卻不會坐一天牢，也不會在訴訟中賠半毛錢，橫豎都會贏，頂多只是打平，因此是引誘持續濫權的大道。

很多人認為，徹底的資訊不對稱清楚說明了民主失靈的原因。[42] 這種可疑的機制使大政府得以維持，讓政客、官僚和說客把納稅人的血汗錢，浪費在一個又一個毫無意義的計畫和法

規上。只有內部人知道怎麼回事，如果他們當場被揭穿，只會受到輕微處罰，沒有嚴厲的「最適當懲罰」。

這個故事有道理，卻失之不完全，又容易錯誤解讀，要知道原因，我們必須回到二手車市場。喬治‧艾克羅夫提出解釋。[43] 二手車潛在買主戒慎恐懼，業務員必須向顧客展示產品的品質，讓顧客滿足，如果展示沒有說服力，買主會用殺價來反映自己的不安，如果買主強烈懷疑，就會離開。因此，賣方的資訊優勢愈大，大家對他們的產品的需求愈小，資訊不對稱對買賣雙方都不好。

政治適用同樣的原則，你不需要密切注意政治，才能知道內部人知道的事情比你多，有這層領悟後，你有一個直接了當的應對之道，就是心存懷疑時就說不。[44] 選民可以藉著投票給跟他們一樣抱持懷疑的候選人，並且分配比較少的責任、繳交比較少的錢給他們不信任的政府，因此，和流行故事相反的是，資訊不對稱會促成「小政府」。[45]

要知道其中原因，可以假設政府提出十項計畫，其中四項讓一般選民得到100美元的好處，另外六項把100美元，從一般選民身上，移轉到利益團體身上。如果選民知道哪些計畫很好、哪些計畫不好，其中四項計畫會得到熱烈支持，然而，如果資訊不對稱，如果選民無法分辨計畫的好壞，會預期所有計畫都會害他們損失20美元，因此反對所有的十項計畫。

如果內部人更強力地為不好的計畫遊說，資訊不對稱的影

響會更強大，好的計畫可能有四十項，不好的計畫只有六項，如果選民聽到跟差勁計畫有關的所有資訊，只聽到十分之一跟良好計畫有關的資訊，資訊不對稱會導致選民反對每一個新計畫，少數害群之馬會破壞整個大局。

但是在重要的領域裡，選民可能寧願政府貪腐而非完全不貪腐，但是和選民知道政府會好好施政，因而分配給政府的無數邊際功能相比，這種情形相當罕見。[46] 對希望隱藏什麼事情的內部人來說，並不樂見政府的透明度提高，但對整個政府來說，卻是好事。

隱性知識與認知捷徑

前面的論證是針對選民無知的後果，抱持懷疑的態度，沒有人質疑這一點的嚴重性，但是有些批評者補充說，選民的無知遭到嚴重誇大，客觀的測試顯示，選民不善於清楚表達他們對政治有什麼了解。然而，經過密集學習後，他們還是會堅持原本的立場。怎麼會這樣呢？原因是靠著「認知捷徑」這種非正式或下意識的提示幫忙。[47] 亞瑟‧魯必亞和馬休‧麥古賓斯用汽車駕駛人穿越交通繁忙十字路口的例子，說明如下：

主張完整資訊的人可能認為，成功的駕駛可能需要你針對其他駕駛人的意圖、速度、加速度、方向和車子大小，儘量多蒐集資訊，然而，在任何十字路口中，都有一樣簡單的

東西，取代上述所有資訊，這種東西就是交通號誌。[48]

　　品牌名稱對購物者的幫助，遠勝過《消費者報導雜誌》（*Consumer Reports*），在政治上，政黨標籤可能也扮演類似角色。不然也可以考慮耳語的效果，你經常依據朋友的推荐買東西，如果有人問你對自己的決定有什麼看法時，你看起來一定會很蠢，但是追根究柢，這種做法很明智。同樣的情形也適用在政治立場上，無怨無悔、慎重遵循朋友建議的人，所做的決定雖然間接來自別人的慎重考慮，卻仍然無法通過政治知識的考驗。魯必亞和麥古賓斯諷刺說：「主張靠有限資訊無從達成理性選擇的人，好比要求想刷牙的人必須想起牙膏成分一樣。」[49]

　　這種方法的主要版本是「回溯性投票」（retrospective voting）理論。[50]直覺的說法是：選民不必預測領導人的決定，只要看這位領導人任職期間的國情如何。如果是國泰民安，就再度投票給現任領導人或他指定的接班人。如果國家陷入蕭條和戰禍中，就讓這種爛貨領導人下台。這種認知捷徑會為精明的決定帶來好處，從而鞭策政客，做出精明的決策——即使你不知道到底什麼才是精明決策，也沒有關係。

　　我認為，隱性知識的吸引力，遠遠不如反對古典公共選擇的其他說法。隱性知識顯然存在，但是你會以為，顯性知識和隱性知識正相關。擁有解剖學知識不能讓你變成外科醫師，但

是，大部分受過訓練的外科醫師，仍然能夠詳細描述人體的運作情形。試驗得到低分，不是無能的證據，卻指向那個方向。

購物者依靠品牌名稱和口耳相傳，但是他們的知識不僅止於此，他們還有很多說得出來的知識，否則他們的認知捷徑就很難發揮作用了。如果你不了解柳橙汁和清潔劑的差別，品牌名稱頂多只能幫助你喝到市場上最好的清潔劑，同時用含果粒果汁洗碗盤。護著他們不犯這種錯誤的東西，是他們分辨和解釋正反意見、千百種產品用處和限制的意識能力。

相形之下，選民無法描述本地民意代表的政策、標定他們的權限範圍，或說出他們的名字，也還算是正常，但這卻嚴重妨礙回溯性投票。如果選民不知道任期長短，現任政客會因為前任的過失，受到懲罰，還把自己的成就，分給後繼者分享。如果選民不注意政策，「國泰民安」式的投票會嚴重妨礙推動長期有利、短期卻必須付出代價的政策，例如對升高的威脅發動先制戰爭的政策。

此外，如果選民不知道政府中哪些權力部門，應該為哪些事情負責，回溯性投票又有什麼用？[51] 如果經濟表現主要是靠中央銀行的獨立性支撐，那麼在國泰民安時期，重選現任總統連任就是愚蠢的捷徑。在分立政府（divided goverment，行政權與立法權分屬不同政黨掌握）中，回溯性投票可能創造真正異常的誘因時，正確分配毀譽特別重要。如果選民因為失業率居高不下而懲罰總統，共和黨籍的國會議員或許可以靠著對抗

經濟復甦，打敗民主黨籍的總統。

不懂物理學的人可能變成撞球高手，強調隱性知識的研究專家正確地指出，針對顯性知識所做的測試，低估了實用性知識[52]，卻沒有證明政治知識的測試低估務實選民知識的程度，比正常狀況還嚴重，低估顯性知識和選民知識無關的程度更嚴重。事實上，歐陶斯表示，針對有識偏好所做的研究顯示結果正好相反，顯性知識通常可以預測到系統性不同的政治觀點：

> 雖然很多受訪者可能利用啟發式的知識、線上處理和資訊捷徑，得到他們在接受訪調時所表達的政治意見，這種政治知識的替代資訊，不見得能夠協助資訊閉塞的人能夠像資訊靈通的人一樣，表達自己的政策偏好。要是他們可以做到這一點，那麼所有訪調得到的意見，將與資訊靈通人士所表達的意見高度類似。[53]

惠特曼岔路

對古典公共選擇理論最有說服力的反駁是包容了理性無知的說法，這些反對意見不質疑古典公共選擇理論的一貫性或實證上的精確性，卻質疑跟這個理論重要性有關的傳統信念。

- 和古典公共選擇相反的是，選民無知的水準對政策毫無影響，比較慎重的研究在大數法則的引導下，顯示消息靈通選民的影響，和他們的人數不成比例。

- 無知不會讓選民輕易受宣傳和欺騙影響，缺乏資訊不等於愚蠢，只有傻瓜才會接受未經證實的自利廣告中的表面文章。

- 選民無知不代表貪腐和內部人操縱。沒錯，如果正式和非正式的懲罰嚴厲程度保持不變，如果選民不在意，表示不當行為人預期會得到比較輕的懲罰，但是其中有一個顯而易見的補救之道，就是用嚴酷無情的懲罰，彌補寬鬆的監視。

- 最後，如果無法推動嚴厲的懲罰，理性選民會用懷疑的態度，因應內部人的操縱，理性選民可以拒絕所謂政府的「解決之道」，到確實證明這種解決之道功效卓著時為止——而這一刻永遠不會到來。

　　古典公共選擇的影響非常深遠，理性無知長久以來，就遭到巨量文獻判定犯了顛覆民主制度的罪名，但是缺少手段，無從犯下遭到指控的罪名。被告擁有強力的不在場證明，訴諸於前提或結論具有自我證明性質的訴求，以上都是題外話，問題在於理性無知和無效率的大政府之間，到底有沒有關係。

　　一旦我們了解為什麼理性無知的重要與不重要，針對民主

制度的案子「結案」的誘惑就會出現。但是，現在推斷古典公共選擇的結論錯誤，應該還為時過早。謀殺案主嫌在調查中無辜的事實，不表示受害者是自然死亡。邏輯課本中，充斥從正確前提推到正確結論的推論錯誤例子。「有些人會死」和「我是人」的前提正確，「我會死」的結論也正確無誤。但是，「有些人會死；我是人；因此我會死」卻不是正確的論證，想想邏輯上相同的下述推論，「有些人長了紅髮；我是人；因此我長了紅髮。」也同樣不正確。理性無知的失靈，表示批評民主制度的人必須尋找另一種機制。

這件事不像表面上看來這麼容易，特立獨行的聖克魯茲加州大學經濟學教授惠特曼強力主張：這個問題基本上有三條路可走：「在政府失靈模型的每一個例子裡，都有著選民極端愚蠢、嚴重缺少競，或談判／移轉成本過高的假設。」[54] 惠特曼補充說，經濟學家通常對三種解釋全都存疑。我把這種主張叫做惠特曼岔路，意即民主失靈只有三種方式（請參閱圖4.1）。[55]

惠特曼以上文對理性無知的批評為基礎，刻意表示「極端愚蠢」不是「無知」，這樣說有點苛刻，惠特曼可能因為你對高級博弈理論所知不多，讓你戴上笨蛋高帽。[56] 不過，他的意思是：無知不能承擔批評民主制度的人所賦予的重責大任，如果要把民主失靈的原因，歸咎於選民，民主的缺陷一定比「缺乏資訊」更嚴重。

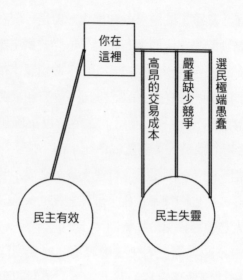

圖4.1　惠特曼岔路

　　如何看待惠特曼的另兩個選擇？古典公共選擇雖然把重點放在選民的理性無知上，卻為資訊完全靈通情況下的理性無知，留下餘裕空間。市場壟斷可能剝削資訊充分靈通的消費者，政治壟斷同樣可能剝削資訊充分靈通的選民。但是近數十年來，經濟學家對「壟斷」的指控抱著懷疑態度。[57]首先，你在企業、政治和其他領域中，要怎麼才能壟斷市場呢？惠特曼恰當的概要說明了現代的思維：

　　　　贏家在下次競賽中，通常都會基於和上次競賽獲勝相同

的原因，再度獲勝衛冕；企業首腦明天可能保住職位。他們是最高明的人，這就是他們起初獲勝、將來可能再度獲勝的原因。[58]

如果你擔心市場壟斷，那麼你很可能也應該擔心政治上的壟斷。但是，你急於在兩種領域中「恢復競爭」前，請思考一下懲罰成功可能帶來的長期危險。

有一個非常類似的故事，可以為古典公共選擇帶來僅存的慰藉，就是「過高談判／移轉成本」的故事：因為交易成本，市場無法完成原本有其他利益的交易；政治上的互相吹捧也有相同的問題。[59]但是要為這些錯失的機會激奮很難，這些交易會不會因為屬於邊際交易，一點都不重要，才會沒有完成交易呢？此外，民主制度意在降低一般合約法律的交易成本。[60]在市場上，你需要參與者的一致同意，才能成交，在民主制度下，多數經常就足以做成決定。

過去十年裡，惠特曼對政治競爭和交易成本的樂觀看法，已經在實證上遭到反駁。[61]直接民主和間接民主產生的結果不同，同一州的兩位參議員經常意見相左，開放初選、選區重劃、競選資金規則和政黨競爭程度會影響政治結果。[62]貝斯里和凱斯安心地指：「在一般層面上，中間選民模型充當極多政治經濟學基本模型，時間超過一代，在實證上卻幾乎得不到支持。」[63]

然而，我猜想，這些發現應該不會讓惠特曼驚訝，他很可能說，在整個大局裡，報導所說的影響很小。或許貝斯里和凱斯說對了，例如「民主黨在參眾兩院的席次比率增加10％，跟以1982年的固定美元計算、每人國家歲出增加10美元有關。」[64] 這樣是否違背了政府基本上滿足選民期望的說法？連同一州的兩位參議員經常意見相左，也不會令人這麼困擾，選民可能刻意選舉不同黨的參議員，以便稀釋意識形態責任的影響。[65] 而且，如果新的立法需要對符合選民的最初偏好微調，同州選出的參議員要投不同的票，只需要少許的迴旋空間就夠了。

　　惠特曼很可能也認為，其他研究專家曲解自己的發現，犯了解讀上的錯誤，如果一面倒的立法機關，真的推動背離選民偏好的政策，選民應該不會再投票給他們。對惠特曼來說，比較可信的說法，應該是專家沒有正確評估選民的好惡，選民選出一面倒的立法機關，目的是要得到一面倒的立法機關通常會創造的政策。可以確定的是，他可能會問，你不是在暗示，人民系統性地低估了把大部分權力交給一個政黨的影響？

　　惠特曼意在藉著阻斷自己以外的所有選項，把古典公共選擇推向他偏愛的方向，然後所有嚴肅的政治學家，都必須承認民主制度運作順利。然而，事實上，惠特曼讓「選民極端愚蠢」的選項門徑大開，幾乎毫未提供和選民心智能力有關的實證證據，[66] 反而試圖用嚇人的雄辯勸阻我們。面對必須選擇「民主制度運作順利」的不合情理說法，或選擇「選民極端愚

蠢」這種令人難堪的說法時，惠特曼賭批評民主的人會支持前者。

重新思考「選民極端愚蠢」觀點

企圖將選民無知說法的影響力降低的做法，可能讓你覺得太過牽強。錯誤的害處會互相抵銷嗎？一般選民會針對媒體的偏見，進行平順的調整嗎？會利用機率乘數，規範不當行為嗎？政府會萎縮，是因為選民不知道政府的計畫運作多順利嗎？為了避開這種奇怪的結論，你只需要不再談論選民無知的話題，開始談論選民的非理性就可以了。[67]

以集體奇蹟為例，無知選民的錯誤會互相抵銷，促使消息靈通選民主導大局。如果你覺得這種結論非常好，立刻可以鬆一口氣，承認選民具有系統性偏見，承認用技術性名詞來說，選民有點不理性，因此，選民的錯誤不會互相抵銷，而是會促使政策朝向預期的方向傾斜。

偏頗資訊也是這樣，理性而無知的個人應該不會動搖，卻不表示不會出現搖擺的現象，如果個人缺少完整的理性，他們可能會為了來源的可信度，進行不當調整，可能擁抱宣傳，因為他們喜歡演講者音容笑貌、衣裝或主演的電影。不理性不代表不敏感，卻跟理性無知不同，不能排除不敏感。

非理性選民的懲罰策略可能一樣不恰當，純粹因為他們擁有正確的工具，可以讓政客誠實，不表示他們會運用這種工具。違反規則的效益，會隨著遭到察覺的機率降低而升高，最適當的懲罰也會跟著升高。非理性選民可能藐視這些重要的原則，可能感嘆政客的不誠實，然後轉身原諒公然背棄承諾的行為。在遭到察覺機率相同的情況下，非理性選民可能使小過小錯影響名譽的程度，超過重大過錯所造成的影響。在現實世界裡，哪一種行為比較可能引起公憤？是色情玩笑、還是背棄競選政見？是性醜聞、還是預防恐怖攻擊？

同理，非理性選民可能用盲目的信念，而不是用謹慎的懷疑，因應資訊不對稱。理性無知選民會運用一種「有懷疑、就拒絕」的策略，因為擁有優異構想的政客和說客有著強烈的誘因，必須證明自己的承諾。但是非理性選民可能採取天真的姿態，「如果他們說我們需要一個計畫，我們就一定需要！」──誘使內部人一再捏造可怕的故事。[68]

結論

非理性和無知不同，會容許範圍廣大的多種結果出現。很多人認為，缺少獨一無二的預測是缺點，或是在智能上偷懶的跡象，我卻不以為然。理察‧泰勒刻意問道，「你願意優雅的

徹底錯誤，還是願意邀邊的有幾分正確？」[69]承認客觀事實無法確定政治信念，教我們應該怎麼更聰明地運用時間。非理性理論需要輿論的經驗主義規範。我們應該像前一章那樣，把重點放在這個重責大任上，而不是辛苦的申論選民的信念，怎麼以合理的姿態從事實中流露出來。

不幸的是，很多經濟學家對於選民非理性和經濟理論的衝突，都難以忘情，有人會忍不住的問「這樣又如何？」但是這種反應相當輕率。平心而論，經濟方法用在人類行為上功效卓著，基本經濟理論可不能棄之如敝屣。

幸好我們不必這樣做，只要觀念上稍微轉折一下，選民非理性就會變成基本經濟理論的自然延伸，而不是背離。下一章要發展和探究新的認知模式，以便證明同一個人，同時可能是「理性的消費者」和「非理性的選民」。從這個角度來看，系統性錯誤的證據不再顯得反常，經濟學家應該一直期待這些東西，這種新基礎奠定後，令人不安卻合乎直覺的政治經濟學願景，就會逐漸成形。

第五章

理性的非理性

當人們在至關重要的情況下做推論，且其判斷錯誤將讓自己付上重大代價時，我們常可從這些推論中發現許多的真理。相較之下，當學者在自己擅長的領域內思考推論時，這些推論通常產生不了什麼效果，對他們本人也不會產生什麼影響。唯一可能的影響是，他們的推論愈脫離常識，他們就愈發驕傲自滿。

——勒內·笛卡兒，《方法論》[1]

假設我們承認選民非理性，難道事情就結束了嗎？選民也是人，如果他們在選舉那天極不理性，那麼在其他日子裡也會如此。難道人們真的會在走進投票所時，突然著魔似地變成低等動物；卻又在走出投票所後，立刻恢復正常嗎？

人類完全理性的觀點具有內在邏輯的一致性；同樣地，人類完全非理性的相反觀點也是如此。兩個觀點之間是否存在連貫的中間地帶呢？假設這一中間地帶不存在，那麼選民的愚蠢決定就會減少，甚至完全消失。如果選民固定在週一理性，週二非理性，那麼最明智的做法就是讓大家在週一做決定。但是，如果人們在任何時刻都不理性，那也只能接受沒有所謂「最佳決策」的事實。同理可證，若人們作為消費者時是理性的，作為選民時是非理性的，我們當然盡可能去依賴市場，而非依賴政治。然而，若人們在任何情況下都非理性，那麼我們只好選擇不對任何形式的人類組織抱持希望。因為無論在市場還是政治系統下運作，兩者並無太大差別。[2]

即使真有一連貫的中間地帶存在，它和我們已知的邏輯是否一致呢？雖然我們可將選民的非理性視為人類行為法則的一種例外，但這例外勢必會引發質疑。[3] 是否有可能將既定規範與例外納入統一的法則之下呢？

本章將接受這些理論的挑戰。雖然乍聽之下有點惱人，但人類是否理性，本來就視情況而定。非理性的信念本來就存在於人類所有行為當中，但在政治領域尤為明顯。此外，基礎

經濟學理論（如果正確闡述的話）將可幫助我們定義理性的界線。政治上的非理性其實並非例外的異常行為，而是對某些特定刺激的可預期反應。

偏好凌駕信念

> 「我不相信！」愛麗絲說。「你不相信？」王后同情地說，「再試一遍，用力吸一口氣，閉上眼睛。」愛麗絲笑著說：「試也沒用，不可能的事是信不來的。」「我敢說你一定練習得不夠，」王后說：「像你這麼大的時候，我每天都要練習六小時。真的，有時候在吃早餐前我就能相信六件不可能的事了。」——路易斯·卡羅，《愛麗絲鏡中奇遇記》[4]

追求真理的欲望可能會與其他動機發生衝突。首當其衝的是物質私欲。我們之所以不相信商人，是因為他們若遮掩真相，可以賺更多錢。在信念的市場上也是如此，人們常常指責對手被「收買」，他們的判斷被滾滾而來的金錢腐蝕，而如果他們改變立場，立刻就會財源枯竭。達斯古普塔和史迪格里茲認為自由市場支持者對反壟斷政策的批評十足可笑，並指出那是「資金充裕」但是「證據不足」。[5] 有些人從利益集團那裡

接受資助，但仍然直言不諱地表達自己的觀點。然而，這就是考驗人們如何在信念正確或是發財致富之間取捨。

從眾的社會壓力是另一股與追求真理相互衝突的力量。[6]擁護不受歡迎的觀點，常會讓你成為一個不受歡迎的人。沒有人願意被社會排擠，所以他們需要自省和自查。如果不被社會歡迎的人較難找到工作，那麼從眾就與利益衝突相關了。然而，即使不會導致任何經濟後果，又有誰願意遭人記恨呢？這裡的考驗是要在信念正確和討人喜歡之間做權衡。

但是貪婪和從眾並非與真理抗對立的唯二力量。人類還有複雜的認知動機。[7]我們的目標之一是獲得正確的答案，以便採取適當行動，但這不是我們假設中唯一的目標。在許多議題上，人若採取某些立場會覺得更加愉悅、飄飄然，或者興奮，而這增加了一種危險性，即我們的判斷並不是被金錢或社會認同所腐蝕，而是被我們自己的激情所腐蝕。

即便在一座無人小島上，有些觀念仍會讓我們自我感覺較好。古斯塔夫・勒龐將之描述為「一種希望與幻想，人類無它則不能生存」[8]。宗教是最為顯而易見的例子。[9]由於呼籲人們面對現實常被認為是魯莽的舉動，因此這裡我就讓加塔諾・莫斯卡來為我闡述要點：

　　基督徒確信不信仰基督的人將會下地獄。婆羅門教徒則相信，他們是婆羅門教主的唯一後代，擁有閱讀聖典的無

上榮耀。佛教徒篤信，他們能最早達到涅槃的境界，且以此為無上殊榮。伊斯蘭教徒認為只有他們是真正的信徒，其他人在現世是異教徒的狗，後世將備受折磨。激進的社會主義者確信，所有不信仰社會主義的人，不是自私且被金錢腐蝕的資產階級，就是無知和甘受奴役的傻瓜。這些是最好的例子，它們滿足了個人看重自身以及自己宗教或信仰的需要，同時滿足了鄙視和憎恨他人的需要。[10]

世界觀其實比較像是為內心的安全感提供一條遮蓋的毯子，而不是真正想要努力追求理解這個世界，莫斯卡表示：「幻想之所以存在，是因為幻想幾乎是所有人的需要，而且人們認為其重要性不亞於物質需求。」[11] 現代實證研究也顯示，莫斯卡的判斷是正確的，有信仰的人總是能在生活上獲得更大的滿足。[12] 無怪乎，人類要捍衛自己的信仰免受抨擊，而且在有反面證據突破他們的防線時，會更加堅守自己的信仰。

大多數人認為認知動機的複雜性及其存在是顯而易見的，因此費心去「論證」它反而顯得多餘。約斯特及其同事在《心理學公報》（*Psychological Bulletin*）中不經意地提到：「幾乎所有人都知道這種可能性，即人們能夠相信任何他們願意相信的事物，至少在一定範圍內是如此。」[13] 但是我的經濟學夥伴們卻不願意草率地認同。如果一個經濟學家告訴另一個經濟學家：「你的經濟學就是一種宗教。」那位被稱作宗教經濟學

家的人通常會認為，「衝動的意識形態擁護者」和「冷靜的學者」是不同的，而自己顯然屬於後者。但是當我主張偏好凌駕信念這個狀況普遍存在時，很多經濟學家就開始全盤否定整個概念了。我怎麼能知道偏好凌駕信念真實存在？一些知名的經濟學家甚至暗示，這是不可能知道的，因為偏好無法觀察。[14]

顯然他們有所誤解。我每天從自己身上都能觀察到一個人的偏好。僅就這一方面而言，我相信自己的內省（introspection）更甚於其他經濟學家的論述。[15]內省告訴我肚子餓了，而我很樂意花一塊錢買一支雪糕。若說有什麼資料可以成為「原始數據」的話，這就是很好的原始數據。事實上，那些經濟學家所接受的所謂「原始數據」，諸如自行申報收入之類的資料，反而更值得被懷疑。

內省告訴我，某些信念在情感上比其他方面更具吸引力。例如，我願意相信自己正確無誤。因為無論是承認自己錯誤，或必須因為錯誤而賠錢，都令人難受。錯誤的存在本身就很惱人，就算我接受有意圖的資助，也不代表我就會願意發表錯誤的研究報告，或放任錯誤不管，即便這種誘惑的確存在。內省是了解自身偏好的好方法。但是又如何理解他人的偏好呢？也許你本身過於特別，以致於無法將內省的結果推導到其他人身上。因此最簡單的方法，就是聆聽他人怎麼談論自己的偏好。

有一次我與蓋瑞·貝克共進晚餐，他對這個想法不以為然。他的立場是「不能相信別人說的話」；雖然當服務生介紹

店裡的招牌菜時，他也聽得很仔細。貝克的觀點的確有其合理的依據，有些人無法深思熟慮，有些人不夠誠實。[16] 但是與貝克論點相反的是，我們不該因此忽略別人所說的話。當人們的表態過於草率，或者存在撒謊的動機時，我們應該降低其話語內容的可信度。但是聆聽仍然比摀上耳朵能獲得更多訊息。畢竟人們既然能說謊，當然也能辨別謊言。實驗心理學（Experimental Psychology）的研究指出，撒謊者有時會從舉止或者自相矛盾的談話中洩露自己的祕密。[17]

一旦我們仔細研究人們的各種言語訊息，偏好凌駕信念的證據到處都是。人們無法不談論自己的偏好。想一想哲學家喬治・貝克萊（George Berkeley）說過的話：

當我想到千年之後，幸福盡在掌握之中時，就能克服當下的任何悲傷。若非如此，我寧願當一顆牡蠣，而不願當人。[18]

薩謬森自己就沉迷於凱因斯主義（Keynesianism）的啟示，情不自禁地引用英國浪漫主義詩人華茲華斯（William Wordsworth）的詩句來形容《通論》（General Theory）所帶給他的快樂。

能活在這樣如同黎明的時代，是幸運的，

然而擁有青春年華，更是無上美好！[19]

　　很多自傳作家都曾描述，當必須拋棄過去那些曾賦予自己生命意義的信念時，是極為痛苦的。如同錢伯斯所描述：

　　　　這與面對身體及實際生活中的困境大不相同，如果不是因為面對精神上的深刻巨變，是不可能有力量背棄信念的。沒有人能輕易改變自己終生執著堅守的信仰。這需要一股極猛烈的力量才能做到，通常這股力量必須超越他本來信奉的信仰。[20]

　　難怪錢伯斯會說，他自己與共產主義決裂的過程是「緩慢地、不情願地，充滿了巨大的痛苦」[21]。對亞瑟・柯斯特勒來說，反皈依（deconversion）的過程無異是「情感上的自殺」（emotional harakiri）。他說：「那些因我們這個時代的巨大幻想而誤入歧途的人，在經歷道德和精神的墮落後，只能選擇自暴自棄地重新沉迷於另一種相反的理念，或者終身陷於自責和悔恨。」理查德・賴特（Richard Wright）曾痛哭道：「我心深知，我已無法再次感受那樣簡單而直接的生命體驗，我再也不能表達那麼熱情的盼望，再也不會如此毫無保留地獻身於一種信念了。」[22]

　　對於「希望和幻想」的渴望，即使身陷精神疾病也是一

樣。[23] 諾貝爾獎得主約翰‧納許（John Nash）患有妄想型精神分裂症，根據為他寫作傳記的作家表示，納許喜歡自己的幻想世界更勝於殘酷的現實——在他的幻想世界裡，自己是「宛如救世主的化身」[24]：

> 對納許來說，恢復日常思維的過程讓他產生失落感……他不認為復原的過程是通往健康狀態的愉快旅程，反而是「將一些理性思考強制加諸在他身上」。[25]

歷史學家也經常記錄人們如何對不可靠的教條狂熱追捧。聽一聽奧地利資產階級經濟學家龐巴維克如何分析馬克思主義剝削理論（Marxian exploitation theory）對人們產生的吸引力：

> 剝削理論在人們的情感與理性容易同時發揮作用的領域捍衛自己的立場。人們對於本來就希望去相信的事情，立刻就能相信……很多人發現，雖然在驗證科學合理性時，自己能自然地運用敏銳的判斷力，但往往在面對某個意圖倡導窮人主張並貶低富人主張的理論時，卻會不自覺地忽略自己的理性，很容易在一開始就形成偏見。因此普羅大眾自然就很容易成為此類教義學說的狂熱支持者。他們當然不會在乎是否已經審慎地深思熟慮，他們只是遵循自己的喜好。他們之所以相信剝削理論，是因為它迎合了自己的偏好，自然也

就不在乎這個理論是否有所誤差。就算它的理論基礎搖搖欲墜，他們也仍然深信不疑。[26]

如果以上那些能證明偏好凌駕信念確實存在的論述，都無法吸引你，我們還有最後一種方法，那就是反向推理。當你看見煙時，通常意味著附近有火。錯誤愈是荒謬，就愈難把它歸咎於資訊不足。假設你的朋友認為自己是拿破崙。我們可以認為，他應該是碰巧找到了讓他誤解的證據。但我們也可以很合理的推測，他之所以會毫不猶豫地接受這個看法，是因為拿破崙是位知名的歷史人物，至少他不會想要認為自己其實是拿破崙的洗碗工。與之類似，假設一個成年人把貿易看作是一場零和遊戲（zero-sum game），鑑於他每天都經歷相反的事實，這就很難把此錯誤歸咎於「資訊不足」。更合理的解釋是，如同將你團隊的失敗歸咎於因為有背叛者，將貿易看作是一種隱藏的剝削手法，可以讓那些不喜歡市場結果的人獲得心理安慰。

錯誤的物質成本

> 人類……很少有不堅持他面前這兩大志向的，這兩種情操能使他更加高貴、上進和純潔。他追求真理、他熱愛正義。有時他能夠為了這兩大理想，甚至可以犧

牲一部分的滿足，而這原本是要奉獻給他的熱情與物質利益的。——加塔諾‧莫斯卡，《統治階級》[27]

在極端的例子裡，錯誤信念會導致致命的後果。一座房子裡若設置著許多防止嬰兒發生危險的防護措施，表示成年人無法承擔某些錯誤發生的後果。把有毒物質當做糖果很危險；站在樓梯頂端卻想抗拒萬有引力也很危險；認為將叉子插進電插座裡是無傷大雅的小玩笑，也非常危險。

當然，某些錯誤的信念不必然致命，卻經常需要付出一點代價。如果橘子一顆要價50美分，而你誤以為是1美元，那麼你不過是少買幾顆橘子罷了。如果事實和你的印象恰好相反，瓶裝水不見得更健康，也不比自來水更好喝，那麼你可能就會損失好幾百塊。如果獲得一份學術工作的機會，比你預期的還低，那麼你可能會讓年輕歲月浪費在攻讀博士學位卻一無斬獲。

讓我們再異想天開一點，假設你相信明天就是世界末日，你可能會覺得自己有更重要的事要做，於是你高調地辭掉工作，花光所有的銀行存款。但是第二天早上醒來，如果你發現所謂的地球毀滅不過只是危言聳聽，你當然很高興自己還活著，但同時也會懊悔自己不僅丟了工作，而且還身無分文。

有意思的是，有時候犯傻的人卻能歪打正著：「一開始我走錯了方向，可我又轉錯了一個彎，最後竟然準時到達目的地。」這種事情的確會發生，因為超出我們的預期之外。通

常，錯誤的信念會讓人採取錯誤的行動，但當外界的狀況發生變化，錯誤的行動卻有可能成為最佳選擇。例如，圖5.1比較一個人實際買的橘子數量，以及他知道正確的市場價格以後會買的數量。他誤認為的價差愈大，因錯誤導致的經濟損失（由三角形表示）就愈大。

隨者信念以及信念持有者的處境不同，錯誤成本（cost of error）也大相逕庭。對某些人來說，誤認美國內戰的發生時間比獨立戰爭早，將是一個代價高昂的錯誤。歷史系的學生會因此考試失利，歷史學教授也可能因為這個錯誤，而損害自己的職業聲譽，美國內戰重演愛好者會遭受朋友鄙夷，公眾人物會被大眾訕笑。

儘管如此，這一類錯誤與現實生活之間會有一道「防火牆」。缺乏歷史常識通常不會造成財富、幸福、傳宗接代，或任何日常成功的障礙。哲學、宗教、天文、地質，以及其他「非實務性」的知識錯誤也一樣。關鍵不在於這些學科領域有沒有客觀正確的答案。獨立戰爭的確發生於內戰之前，但無論你是否認知正確，對你的最理想行為模式沒有任何影響。

或者，你可以想想每日的生活。如果你相信伍歇爾（Bishop Ussher）大主教的主張，認為地球的存在是起始於公元前4004年[28]，生活會有何不同嗎？你每天仍會照樣起床、上班、吃午飯、回家、吃晚飯、看電視，然後睡覺。因此伍歇爾大主教的錯誤主張是廉價的，不會造成嚴重損失。

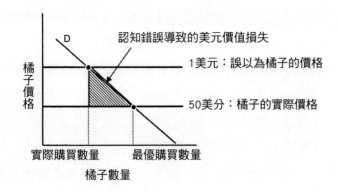

圖5.1　錯誤的物質成本

　　事實上，只有當這些問題的錯誤會對社會造成一些影響時，才會對你造成傷害。一個獨自住在荒島上的人可以持任何歷史學觀點，而不會對誰造成任何危害。但是若另一個人也來到島上，那麼奇怪的歷史學觀點可能會讓那人失去對他的敬意，甚至影響兩人的關係。不過需要注意的是，這種危險是因為彼此的差異，而不是真正的錯誤。如果所有人都持合理的歷史觀，唯獨你不是，那麼你在眾人中的地位可能會下降。但若其他人的歷史觀都很荒謬，而發現只有你對此嗤之以鼻，你的處境也會一樣尷尬。[29]

　　在更實際的問題上犯錯，通常也不會造成太嚴重的後果。有些錯誤只在某些特殊狀況下，才會使犯錯的人付出昂貴代價。然而這些特殊情況，平常幾乎不可能出現。例如，當你誤

信自己能跑得比獵豹還快時，在錯誤的時間和地點將會帶來致命的後果，然而在野外遇到獵豹的機率微乎其微，因此這個錯誤想法不太會造成什麼嚴重後果。更有趣的是，有些錯誤對社會造成了巨大的影響，但犯錯的那個人卻不用承擔錯誤成本。為什麼？那是因為這項錯誤造成的後果，幾乎或全部都落在陌生人身上了。正所謂一人作亂，他人遭殃。

以經濟學的說法，就是一項行為的私人成本可以忽略不計，但它的社會成本卻很高。[30] 教科書上經常以空氣汙染為例：開車會讓空氣變糟，同時你也在呼吸這個受汙染的空氣，但是你很難察覺。為了減少自己的廢氣排放量，你願意支出的價格可能只有十分之一美分，這就是你造成的空氣汙染的私人成本，但假設你對其他99萬9千999位陌生人也造成了同樣的影響。他們每個人也都因此付出了十分之一美分的成本。那麼，你的行為所造成的社會成本（對每個人，包括你自己）造成的傷害，就是1千美元，是你私人成本的一百萬倍。

請注意，在上述空氣汙染的例子中，以較自私的觀點來看，你並沒有犯任何錯誤。但這種將社會成本和私人成本區分開來的做法，也可能出現於錯誤的信念中。一位自認無比聰明的瘋狂科學家，可能會向這個世界釋放出一種病毒。如果他自己有免疫力，而且沒有人能抓住他；那麼，即使成千上萬的人為此付出生命，他過分自我膨脹的私人成本仍然為零。

無論是空氣汙染者，或者是瘋狂科學家的故事，這都是

用一種無傷大雅的方式，來解釋私人成本和社會成本之間的區別。在現實世界裡，英雄和壞蛋的角色很少這麼涇渭分明。現實中，幾乎每個人都同時是受害者，也是加害者：幾乎每個吸入汽車廢氣的人，自己也是汽車駕駛。回到空氣汙染的例子，假設一百萬人都開車和排放廢氣，那麼汙染的社會總成本將達到10億美元。[31] 任一個指責空氣汙染的人都成了偽君子，但汙染的程度仍然如此嚴重。

因錯誤而導致的私人成本與社會成本之間的差距，也會對團體決策產生影響。以某聘任委員會為例，該委員會成員想要在候選人A和B之間做出選擇。委員會對於最後決策擁有絕對的決定權，如果委員會無法做出最佳決定，則將使所有成員的利益遭受損失。然而，每個成員最多也只能對這最後決定，產生少許程度的影響而已，這意味著對於A和B的錯誤認識，將會導致私人成本和社會成本之間產生差距。[32] 當委員會的某個成員使這最後決策往錯誤的方向移動時，他不只損害了自己的利益，同時也讓委員會的每一個成員蒙受了損失。

理性的非理性

當一位公民進入政治領域時，他的心智水準就會突然下降。他用來爭論和分析政治問題的方式，連他在

回到其他真正利益攸關的領域時，都會承認自己極為幼稚。一旦又進入政治領域，他又再次變回原始人。

——約瑟夫·熊彼特，《資本主義、社會主義與民主》[33]

在做出選擇的經濟學模型中，其核心存在著兩股力量：偏好和價格。一位消費者的偏好，會決定他對橘子需求曲線的形狀；他所面對的市場價格，決定了他在需求曲線上的落點。這一見解之所以深刻，是因為它的可推論性。經濟學家能用它來分析所有事情——從生孩子到搶銀行。

非理性是一個明顯的例外。一般人認為，當你承認非理性的存在時，就等於否定了經濟學。[34]「非理性的邏輯」聽起來似乎自相矛盾。然而本章的中心思想是：這種反應似乎過於草率。經濟學可以適當地解釋非理性，正如它能解釋所有其他現象：偏好和價格。正如我已指出的那樣：

- 人們的偏好經常凌駕信念：民族主義者喜歡把外國生產的商品視為價高質次的次等貨；而一位外科醫生可能以自己在喝醉時仍能操刀而洋洋自豪。
- 錯誤的信念造成的物質成本，其範圍可以從零到非常巨大：當民族主義者依據其錯誤信念行事時，他可能會為購買國內製的劣質商品而花過多的錢，而那位外科醫生則可能因此毀了自己的事業。

將此兩論點放在一起時，可以形成一個簡單的非理性行為模型。如果行為者同時在乎他的物質財富和非理性信念，那麼當拋棄理性會使成本上升時，他就會減少行使非理性行為的次數。[35]我可能希望永遠都抱持著讓自己感到舒適的信念，但它造成的成本過高。生活在盲目樂觀的夢幻世界裡，會讓我不去處理現實的問題，就像後院那棵快要砸到我們屋頂上的枯樹。

　　我把這種模式稱為理性的非理性（rational irrationality），以便同時強調它與理性無知（rational ignorance）的同源性和差異性。[36]兩者都將認知不完全（cognitive inadequacy）看作是一種選擇，是對刺激的反應。其差別在於：理性無知假設人們已厭倦追求真相，而理性的非理性則認為，人們主動迴避真相。[37]

　　理性的非理性意味著人們對「非理性需求」的曲線（圖5.2）。依據習慣，X軸表示數量，Y軸表示價格，但是在解釋上則稍有改變。「數量」是指非理性的程度，也就是行為者偏離客觀理性的程度有多大。消費零單位的非理性，即表示完全的理性。「非理性的價格」是行為者每消費一單位的非理性時，所需要付出的金錢。[38]

　　經濟學理論對需求曲線的形狀描述著墨不多。[39]如果非理性的價格下降，那麼需求量就會上升。但是對非理性的需求曲線（圖5.3）可能相對平坦，如D1所示：價格小幅上升就會導致數量大幅減少。另一方面，也有可能如D2所示的相對陡峭：只有當價格大幅上漲時才會使消費減少。需求曲線在實際

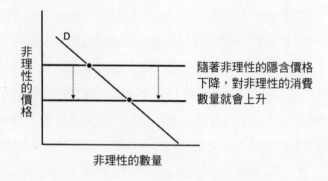

圖5.2 非理性的需求曲線

上可以是一條與Y軸重疊的垂直線，表示無論價格多少，行為者都沒有行使非理性的欲望。我把這種情況叫做新古典非理性需求曲線（neoclassical demand-for-irrationality），因為這是絕大多數經濟學家默認的看法（圖5.4）。

關於理性的非理性，有一項有趣的預測，那就是：不同的刺激因素會使人們在互相矛盾的觀點間搖擺不定。[40] 例如，作為一位消費者，傾向保護主義的人常常對糟糕的經濟理論嗤之以鼻。突然之間，產品的價格和品質似乎又變得比較重要了，原產國是哪裡則無關緊要。與此相似的是，大多數的人不認同工資上漲會增加失業率這個觀點。當我在經濟學概論的課堂上，討論失業和過高工資之間的關係時，常常會引發學生的懷疑——甚至憤怒：我怎麼能如此冷漠無情？但是對勞動力需求

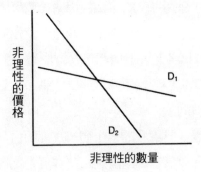

圖5.3　變動的非理性需求的價格彈性

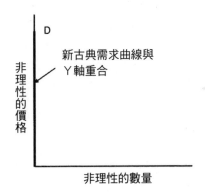

圖5.4　新古典非理性需求曲線

的非理性看法是選擇性的。當我那些義憤填膺的學生們，在求職申請表上填到「希望待遇」那欄時，會如何反應呢？他們可以要年薪100萬美元，但他們不會這麼做。當事情關乎到他們的未來時，學生們開始認同經濟學理論了，就是勞動力需求曲線是向下傾斜的。

諷刺的是，其實我的學生們一直都明白勞動力需求曲線的理論。那為什麼當老師談論到那些其實學生自己也都相信的理論時，學生們要發怒呢？他們甚至會否認這個論點。然而，當他們在填求職申請表時，一直隨侍在側的理性恢復了，且提醒他們：「現在不是你發怒的時候。」即使是不太聰明的學生都懂得反思：「我不想自貶身價，但是我剛進社會，我能獲得工作的唯一方式是，要求一份符合社會新鮮人的薪水。我要的愈多，他們愈不可能雇用我。」

心理學合理性

大部分證據都顯示，無論哪個社會的人，在面對直接關乎生計的信念及慣例時，往往都會變得較理性……當這些信念與慣例，和日常物質生活愈無關時，它們沾染上非理性色彩的可能性就愈大。──羅伯特‧埃傑頓，《病態的社會》[41]

或許，經濟學家遲遲不肯採納我這種研究方法的主要原因在於，從心理學角度來看，這似乎是不合理的。[42]理性的非理性似乎是一條通往謬誤的奇怪路徑：

步驟1　盡你最大能力找出真相
步驟2　評估當你拒絕真相時，心理獲益與物質成本兩者之間的輕重
步驟3　若心理獲益大於物質成本，那麼可將真相從腦海中清除，並且擁抱錯誤。

　　上述理論雖然誇張，但其心理學合理性其實被低估了。它與喬治・歐威爾在《一九八四》中對「雙重思想」（double think）的解釋十分一致：

　　雙重思想意味著一個人可以同時在心裡抱持著兩種互相矛盾的信念，而且同時接受它們。一個黨派的知識分子知道他的記憶必須朝哪個方向轉變，因此他知道自己其實是在與現實耍花招，但是運用了雙重思想的能力之後，他可以因為沒有違背現實而感到滿意。這個過程必須是自覺的，否則就無法正確地完成；但同時又必須是無意識的，否則會產生一種虛偽感，甚至是罪惡感……甚至在使用雙重思想這個詞的

時候，也必須進行雙重思考。因為使用這個詞意味著你承認自己是在愚弄現實。當你每採取一項雙重思想的新行動，就意味著你抹去了這一知識，如此無限循環下去。謊言總是領先真理一步。[43]

但是理性的非理性並不需要歐威爾的理論來支撐。我們無需改變其基礎模型，就可讓心理學的解釋變得更平易近人。首先，各個步驟應該被看做是心照不宣的默契。就像是，你進入車內然後把車開走，需要一連串的步驟來完成，你必須先拿出鑰匙，然後開鎖並打開車門，進去之後坐下，接著把鑰匙插入啟動裝置……諸如此類的。這些步驟背後的思維過程並不明確。然而我們在某程度上是知道這些步驟的，若我們觀察一位駕駛，發現他少了某個步驟時，像是是沒用鑰匙就想開車門，我們很容易就可說出他缺少了哪一步驟。

一旦我們發現這些認知「步驟」通常是被默認的，我們就可以提升這些步驟自身的內省可信度。非理性過程可以做如下改進：

步驟1　若你對某問題的特定答案沒有情感認同上的問題時，你可以保持理性。

步驟2　若你對某問題的特定答案有情感認同上的問題，請特別「警覺」錯誤信念是否會造成實質的物質成本

損失。

步驟3　如果你無須為錯誤付出實質的物質代價，那麼就可順其自然，盡情相信那些會讓你感覺最好的信念。

步驟4　如果錯誤會導致實質的物質成本損失，則需要提高思維自律水準好讓自己保持客觀

步驟5　在增加理性過程中會造成的情感創傷（即因著理性思考過程而逐漸被打碎的美好幻想），而錯誤信念也會產生物質成本，盡量在這兩者之間取得平衡。

我們沒有必要假設，人們一開始就對真相有很清晰的認識，然後又把它拋棄。唯一要注意的是，盡量讓理性總是處於「隨時待命」的狀態，一旦錯誤信念具有高度危險時，理性思考就能立即介入。

在現實生活中，這又意味著什麼呢？為了說服讀者相信，理性的非理性符合心理學根據，本章節將採用許多不同領域的案例分析來說明我的觀點。當然，這一連串的案例無法證明我就是正確的。然而，關鍵是要讓讀者可以看到許多不同的實例，並且了解經由理性的非理性這個角度，能夠讓大家發現什麼重點。

裸體與耆那教（Nudity and the Jains）

約翰・諾斯寫了一本比較宗教學課本《人類的宗教》，裡

面為我們總結了耆那教兩大派系之間有趣的教義之爭：

　　在該宗教發展的歷史初期，耆那教就針對衣著問題產生了分歧。白衣派（Shvetambaras 或 white-clad）是較自由的那一方，主張至少要穿一件衣服，另一方面，較嚴格且保守的天衣派（Digambaras）則因其堅持恪守「以大氣為衣」（clad in atmosphere）的教義而得名。根據他們的觀點，摩科批羅（Mahavira，耆那教的最後一位創教先知）並沒有穿衣服，因此若不穿衣服是他們的宗教原則，那為什麼要穿呢？白衣派因為位於印度的北方，那裡氣候較為寒涼，同時也受到恆河平原的社會及文化影響。而位於南部的天衣派，其教義並沒有遭到南部德拉威居民的的排斥，因而更容易堅持多年流傳下來的嚴苛主張。[44]

　　這些看起來似乎只看自己方便而產生的教義分歧，究竟是怎麼演變而來的呢？較合理的解釋是：兩派成員本來的想法，當然都是願意接受其宗教的規定。但是關於穿衣服的教條影響了他們身體的舒適性，尤其是居住在較寒冷地區的白衣派信徒。因此，北方的耆那教對教義進行了比南方更嚴格的智識審查：「我們怎麼知道，摩科批羅真的希望教徒不穿衣服呢？」北方教徒也因此變得較不願意接受太過極端的教義。

莫斯卡與伊斯蘭聖城（Mosca and Jihad）

在耆那教的例子中，陳規陋習導致身體的不適。然而莫斯卡則提出了一個案例：頑固陳腐的觀念甚至可能導致死亡。

> 穆罕默德曾向其信徒允諾，每個因參與聖戰而死的信徒都能上天堂。如果每一位信徒都奉《可蘭經》中的承諾為最高指導原則，在每一次穆罕默德聖戰軍面對異教徒時，發現自己只能選擇戰勝他們，否則就是死於戰場。不可否認，的確有部分的信徒嚴格履行先知的旨意；但是，在戰敗投降或死後得到升天祝福這兩者之間，大多數伊斯蘭教徒還是選擇了前者。[45]

讀到這裡，經濟學家的第一反應是，莫斯卡描述的是一個囚徒困境。逃跑的士兵用犧牲同胞生命的代價，讓自己獲得更高的存活機率，雖然當大多數人都臨陣脫逃時，將導致這軍團的潰敗，但逃亡者是出於個人利益才如此行動的。但這看法忽略了莫斯卡此故事的核心所在。如果一個士兵真心相信戰死沙場後將能進入天堂，那麼逃跑比較像是個愚蠢的舉動，而非懦弱。若他虔誠地相信教義為真，死後升天應該是更佳之選。當危險逼近，穆斯林戰士並沒有突然變得比平常更自私自利，只是他對於該如何追求自身利益這點，突然改變了看法。

理性的非理性能夠解釋莫斯卡的例子。本來存於穆斯林士兵心中的觀念，是他們的宗教教義絕對正確，只要他們處於和平時期，或者是在交戰時占據上風，相信阿拉真主會將死者帶往天堂的信念，給了他們心理上的滿足，而且風險很小。然而，一旦戰況轉變，士兵們那一直「隨侍在側」的理性就突然介入了。有惡魔在他們肩膀上耳語：「你如何確信真有天堂的存在呢？」有些人寧死也不願意懷疑自己的信仰。但是在面對拋棄忠誠或墜入死亡的兩難時，大多數人默默恢復了理智，而拋棄了讓他致命的信念。

至此，讀者可能會想把發生於世貿中心的自殺式恐怖攻擊案例搬出來對質。但是，莫斯卡並沒有忘記異質性的存在。他預先強調了「的確有相當數量的人嚴格履行了先知的旨意。」雖然攀登聖母峰的危險讓人類望之卻步，但卻仍然阻擋不了少數願意冒險的人。有些穆斯林教徒為了信仰犧牲了自己的生命，但有成千上億的人並沒有這麼做。[46]

殉夫（Sati）

根據對印度教的一些解讀，寡婦必須隨死去的丈夫一同火葬，這種習俗被稱為殉夫。據說履行這樣的義務，可以使來生得到巨大的回報。表面上看來，殉夫顯然是一個極端非理性的案例，儘管它配合著極大的誘因。但根據人類學家羅伯特‧埃傑頓的解釋，現實並非如此。幾乎沒有哪個印度寡婦會自願

履行這一約定俗成的義務:「即使在殉夫現象最普遍的孟加拉地區,也只有一小部分寡婦(不會超過一成),會選擇為丈夫殉葬,儘管守寡的前景也很淒慘。」[47] 其中一些人顯然是被夫家的親屬殺害的。如果寡婦拒絕殉葬,她將不能再過正常的生活。她不能再婚,且必須在禁食和禱告中度過餘生。總之,這是世界上最駭人聽聞的宗教習俗之一,且它符合理性的非理性此一邏輯。

儘管寡婦的生活狀況非常惡劣,儘管印度教承諾殉夫可帶來極大的回報,而且亡夫的家人還會不停施壓要她們選擇獻身,但大多數的寡婦還是選擇繼續活下去。[48]

遺傳學、相對論與史達林

有些馬克思主義哲學家反對現代生物學和物理學。他們認為遺傳學是「資產階級為了破壞生物發展的真實唯物主義,而產生的偽造品」,而相對論和量子力學的立場是「唯心主義」的,它們「違背了列寧在《唯物主義與經驗批判主義》中所主張的唯物主義」。[49] 但是馬克斯主義政權——尤其是史達林——在對待生物學和物理學上的態度並不一致。

在生物學方面,史達林和其他主要馬克斯主義領導人,把冒牌的生物學家特羅菲姆·李森科(Trofim Lysenko)的觀點

（他反對基因遺傳學），提升為由國家支持的正統觀點，導致上千名遺傳學家和植物生物學家的觀點被忽略。[50] 李森科的學說不僅對蘇聯農業造成了傷害，還在中國的大躍進期間造成人類歷史上最慘烈的饑荒。[51]

而在物理學方面，主流的物理學家則享有比蘇聯社會其他部門都要高的學術自由。享有國際聲望的物理學家（而非馬克思主義理論家）主導蘇聯的原子彈計畫。當他們的反對派試圖複製李森科的手法時，史達林猶豫了。一場意欲對蘇聯物理學界進行政治迫害的會議被臨時取消了，而這決定只可能來自於史達林。霍洛華講述了蘇聯原子彈計畫的政治領導人貝利亞（Lavrentiy Beria）與科學知識主導者庫爾恰托夫（Igor Kurchatov）之間一次關鍵性對話：

> 貝利亞問庫爾恰托夫，量子力學和相對論是否屬於唯心主義，其目的是為了反對唯物主義。庫爾恰托夫回答說，如果必須拒絕相對論和量子力學，那麼也意味著必須放棄原子彈計畫。貝利亞對這個回答甚為憂慮，因此很可能是他去要求史達林取消此會議。[52]

因此在蘇聯，物理學界的「李森科化」（Lysenkoization）自始至終都沒發生。

面對此兩個學科在蘇聯的不同命運，最好的解釋是：現代

物理學對史達林及其他共產黨領袖而言，能帶來極高的價值回報，那就是核武器。「蘇聯必須立刻擁有原子彈，而我們也願意付出一切代價來取得它。」[53] 另一方面，李森科主義的生物學可能損害的則是次要的農業部門。史達林已經目睹了幾十年的饑荒，知道這不會對蘇聯造成太大危害。

大多數為史達林編寫傳記的作家都認為，他雖然是個渴望權力的人，但卻也非常務實。[54] 儘管他的中心思想包含信奉馬列主義的世俗信念，但他同時也讓自己的理性「隨侍在側」。當他發覺固守馬列主義會讓自己的政權面臨危險時，就能立刻把不利己的觀念思想拋開：

> 史達林其實並不怎麼關心農業狀況，畢竟他甚至容忍了1947年發生於烏克蘭的嚴重飢荒。因此李森科是否是個江湖騙子，對他來說也許並不重要。然而，核武器計畫卻要比蘇聯人民的生命更重要，因此他必須確定參與核武器計畫的科學家們不是騙子。[55]

的確，史達林不僅制止了哲學界對現代物理學的攻擊，他甚至還接受了其他「資產階級」的異端學說，以加速原子彈專案的進行。蘇聯通常不會將經濟不振歸咎於資源的匱乏，而會責怪「托洛斯基派分子的破壞」（Trotskyite wercking）以及其他形形色色的奇怪的陰謀。但是，對於研發原子彈，史達林承

認資源不足的現況：「他告訴庫爾恰托夫『我們沒必要把格局限制得太小，而是必須將範圍擴展至整個俄羅斯，這樣才能獲得最全面而廣泛的幫助。史達林同志說我們沒有必要走廉價的道路。』」[56]

與此類似的是，在蘇聯經濟的許多其他領域，馬克思主義並不鼓勵用物質獎勵來鼓舞工人追求成功。但是在原子彈發展方面，史達林卻拋棄了馬克思主義教條，轉而支持資產階級的看法：

> 史達林還說他急於改善科學家們的生活狀況，並要針對重大成就給予獎勵——「例如，幫助我們解決問題的科學家們，」史達林這樣告訴庫爾恰托夫：「我們的科學家是非常樸實的，他們有時甚至忽略自己正過著清貧的生活……我們的國家也一直經歷著困難，但我們還是可以負擔得起讓幾千人過上好日子，甚至讓幾千人過著極富裕的日子，讓他們住在自己的別墅，有自己的汽車，這樣他們才能放鬆自己。」[57]

他也信守了自己的承諾，不僅將科學預算提高了三倍，還在1946年大幅提高了科學家的工資；並在一1949年核試驗成功後，送了別墅和轎車給做出主要貢獻的科學家們。[58]

我們可以猜測，或許史達林私下對馬克思主義的空泛思想是嗤之以鼻的，但更加合理的解釋是，他選擇了理性的非理

性。馬列主義對於他獲得身分合法性來說極為重要，但他的信念偏好並非絕對不變的。當錯誤信念的成本上升時，他決定要減少一些盲目的狂熱，而多增加一些客觀理性的思想。

敢打賭嗎？

如果有人突然要求你，為宣稱自己堅信不移的信念打賭的話，我們將面臨非理性的價格彈性（price-sensitivity）問題。[59]假設，你堅信在接下來的十年內，第三世界的貧困狀況將會愈來愈糟。然後有個人立刻跳出來說：「敢打賭嗎？如果你真的『確信』這件事，那應該不會介意，跟我打個十比一賠率的賭吧。」為什麼你不太可能接受這個賭注呢？或許你其實也從來沒真正相信過自己的話，你這個宣稱或許只是附庸風雅——或者根本是個謊言。但是把不願打賭的原因，完全歸咎於不誠實也是不合理的。人們常常相信自己的觀點是正確的，直到你要求他們「拿出點行動證明，不然就閉上嘴」。打賭會讓他們重新修正自己的觀點——也就是改變心意——是否要收回自己說過的話。[60]

這個過程是怎麼形成的呢？一開始你會選擇相信的是，能讓你感覺最舒適的信念。但是當有人提議打賭時，就會突然喚醒那一直隨侍在側的理性。你開始檢視兩個事實。第一，選擇錯誤將會讓你損失金錢。第二，你在採納這觀點之前，其實並沒有做過認真的檢驗考證。現在你必須問自己，哪個選擇會造

成比較糟的結果：是打賭輸了導致的經濟損失，還是否定自我價值造成的心理傷害？少數人寧可選擇經濟損失，但大多數人都會偷偷再次反思自己的觀點。就算心中真的很有把握，但幾乎沒有人會選擇「孤注一擲」。

理性的非理性與政治

> 商人們願意囫圇吞棗地嚥下一切呈現在他們面前的各項哲學理論，而顧不上認真檢視；對於政治、科學以及藝術的態度也一樣。但若涉及經商貿易，他們一定會在詳細研究之後才接受，有時甚至仍持保留態度。
>
> ──亞歷西斯‧托克維爾，《論美國的民主》[61]

假設要舉行一場全民公投來表決政策A或政策B。政策A將讓你獲得1萬美元的利潤；那麼，相信政策B並投票贊成它的物質成本會是什麼？若你回答1萬美元這個單純的答案，它是錯誤的。除非你的選票具有「決定性」；也就是說，你的這張選票能改變選舉結果。而這件事只在其他所有投票者的決定，正好都平均分配時，才有可能發生。也就是說，在有成千上萬選民的選舉中，因為你一個人的錯誤政治信念，而導致投票結果選出錯誤政策的可能性幾乎為零。[62] 甚至是2000年那著

名的佛羅里達重新計票事件，也不能影響這個理論。[63] 因為幾百張選票而敗選，和因一張選票而敗選，這之間有很大差別。

有評論認為，民意調查會損害民主。他們的主要論點認為，民意調查缺乏讓人們認真權衡政策後果的誘因。[64] 與選舉不同的是，民意調查並不能改變政策，是嗎？錯！政客們常常根據民意調查來採取行動，而你的回答很有可能讓他們在政策上採取冒險行為。接受調查者和選民有一樣多（或一樣少）的動機去認真思考其選擇。事實上，選舉也是一種調查。而且對這兩者的回應，都很難真正改變政府的政策。

如果你聽聽身邊人的談話，你會發現他們並不同意此一觀點。你常會聽到人們說：「每張選票都很重要。」但實際上人們並非真的如此確信。那聲名狼籍的投票稅（poll tax）——只將投票資格給予那些願意繳此稅的人——就是一個很清楚的例子。如果人們真相信每一張選票都有相當的影響力，那麼他們將願意花很多錢去參與投票。但卻很少有人真的這麼做。回顧歷史，投票稅的確大大減少了投票率。[65] 今天，我們也沒有什麼理由認為情況會有所改變。假設今天我們想要設置投票稅，好讓總統大選的投票率能從50％降到5％，那稅金應該要設多高呢？幾百美元夠嗎？投票稅之所以惱人，原因在於：絕大多數人潛意識裡都明白，單獨一張選票其實起不了什麼作用。

人們在聊到選舉時，常常講得好像自己能對選舉結果產生什麼影響似的。他們謹慎思考自己的選擇，就像在點晚餐那麼

慎重。但他們的實際行動卻洩漏了另一個事實：無論他們「點了」什麼，他們其實都知道自己只能吃到固定的那一道菜。

對於一位選民必須為政治非理性所付出的物質代價而言，這又意味著什麼呢？假設D是選民願意為選擇政策A（而非政策B）所支付的差額，那麼投了錯誤票的預期成本就不只是D，而是決定性概率p乘以D。如果p=0，則pD=0。依直覺來判斷，如果一張選票不能改變政策結果，其非理性的價格就是零。

這零成本使得理性的非理性，在政治方面成為一個意味深長的概念。民主的制度結構使得政治非理性成為其最終決策者（即選民們）所能享受的一個免費品。[66] 因此，我們只能期望選民們表現出最糟糕的認知行為；用勒龐的話來說就是：「表現行為欠缺理性判斷，缺乏批判精神、亢奮易怒、易受騙且頭腦簡單。」[67]

在吃到飽的自助餐會中，人們會吃到再也嚥不下為止。用經濟學術語來說，他會消費到達於「效用最大滿足點」（satiation point）為止，即他的需求曲線與X軸相交之處（圖5.5）。選民的非理性也依據同樣方式在運作，既然採納任何天馬行空的政治理念都不需要花錢，選民就會消費到「效用最大滿足點」為止，並且會相信任何讓自己感覺最舒適的信念。當他投票時，他無須為了維持自我形象而犧牲任何實際效力（practice efficacy），因為一開始本就沒有任何實際效力存在。

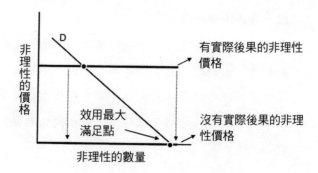

圖5.5　選民的非理性需求曲線

　　我們可以來思考一下，一般人如何建構他對死刑嚇阻效果的看法。一般而言，人們在進行智識推論時，會有良好的自我控制（self-discipline），必須先看到證據，然後才會因此形成堅定的看法。但是實際上，大多數對死刑效果持明確看法的人，從來不覺得有必要去檢視過去那些豐富的文獻資料。相反地，他們從一開始就對死刑保持某種強烈的情緒，並依據此熱情來「推論」其效果。[68]

　　死刑是個容易讓人極為激動的議題，但它的模式與大多數的政治相關信念雷同。有多少人能在面對戰爭時，仍能像喬治·歐威爾般保持冷靜？

　　　　對於西班牙內戰中的暴行，我幾乎沒有什麼直接的證

據。我知道有些罪行是共和黨犯下的，而有更多人（現今仍在繼續中）則是遭受法西斯的殘害。但是，讓我印象深刻至今的是，人們對於是否相信某方曾犯下了暴行這件事，完全是依據其政治偏好而決定。每個人都相信敵人曾犯下暴行，卻不相信自己人曾犯下暴行，而且也從來不會想去檢視任何證據。[69]

人們在研究如何通勤去上班、修理汽車、買房子或者找工作時，能進行非常良好的智識推論與自我控制；但同樣這群人，在思考貿易保護主義、槍枝控管或藥物管制等議題的後果時，卻會變成採取「隨他去」的態度。誰會在關於汽車的問題上，因為不同意他人觀點，就因此與他為敵呢？在處理現實層面的問題時，我們的標準程序是：先取得明確的證據之後，再依此建構成自己的意見，而對此意見的信心程度是與證據的質量和數量成正比的，也是經得起質疑的。然而，在面對政治問題時，我們卻常常無視這些可起保障作用的程序。

當選民存在我所謂的對「類新古典（near-neoclassical）的非理性需求」時，市場與政治之間的對比是最強烈的。[70]在正常的市場情況下，有此類偏好的行為者，其表現是完全理性的。他願意並且能夠在完全理性的情況下生存。然而，在正常的政治情況下，他就脫去了理性的面紗。他在某個領域內明明有很良好的理智推理能力，但在另一個領域內卻無法保持這理

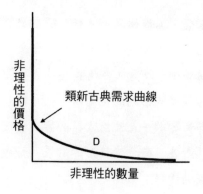

圖5.6　類新古典非理性需求曲線

智；或者更準確地說，他選擇不去保持理智，因為在市場的領域內，對非理性有「使用費」（user fee），而在民主的領域內則沒有。

　　當熊彼得將政治和市場中的理性比較時，他似乎也考慮到了「類新古典的非理性需求」。[71]除了在《資本主義、社會主義與民主》一書中，對選民缺乏邏輯的著名批判外，熊彼得還聲稱：「無論我們選擇檢視哪個層面的工業或商業活動，我們都可發現，人們都想盡可能地依據理性行動，並且也的確存在需要保持理性的壓力。」[72]他又補充：

　　　　在日常生活當中，每個人對於與自己息息相關的各項大小事，都是以完全的理性在處理的。大體來說，這包括他自

己、他的家庭、工作往來、愛好、朋友及敵人、他所在的城鎮及周邊地區、班級、教會、貿易工會或者任何其他參與其中的社會組織……等等，任何與這些直接相關的事物，這些事是在他個人可觀察到的範圍內，也是他自己非常熟悉而不受媒體報導影響的，是他能直接影響或管理的；而且由於他個人採取的行為，將會直接影響結果的好壞，因此也使他負有一定程度的責任。[73]

與此相似的是，巴斯夏也指出，所謂的創造就業偏見，其實對個體行為是完全無法產生影響的：

> 沒有人曾經見過（將來也不會見到），任何有工作在身的人，在工作時不會努力投入所有精力以便把事情做得更好、更快以及更有效率，無論他是農夫、製造者、商人、工匠、士兵、作家還是學者，總之，就是希望事半而功倍。[74]

無論熊彼得和巴斯夏的看法是否正確，類新古典需求曲線都是實用的分析工具。但由於它稍微偏離了標準的經濟學假設，因此經濟學家不得不斷然地把它排除在外。[75]

理性的非理性與實驗證據

　　理性的非理性是對現存人類行為模型進行謹慎的修正。若有經濟學理論認為，所有人在任何時間點都是完全理性的，那麼這不是個好的經濟學假設。認為人們會依據錯誤所造成的成本來修正自己的理性程度，會是比較合理的假設。[76]

　　研究心理學與經濟學交叉領域的學者們，通常採取較為激進的立場。著名的理查‧泰勒曾在2004年美國經濟學會的年會上，說過這樣的話：人們不僅是非理性的，而且當成本上升時，其非理性程度只會保持不變或者更加上升。[77]柯林‧坎邁爾和羅賓‧霍格思曾以經濟動機造成的結果做實驗，並根據結果撰寫了一篇著名的研究文章。從這篇文章的摘要看來，似乎也支持泰勒的觀點：

　　　　我們檢視了七十四組實驗，在這些實驗裡，分別存在或高或低與表現相關的經濟誘因，有些甚至不存在經濟誘因。模型分析的結果顯示，經濟誘因對平均表現沒有影響（雖然給予較高的報酬通常能降低變異值）……我們還注意到，就算進行多次重新驗證（replicated study），也沒辦法藉著單純提高誘因，而讓違反理性的行為消失。[78]

　　然而，在更仔細的研究之後，坎邁爾和霍格思獲得的結論

出現了一些細微的差別。首先他們強調，經由實驗而獲得的發現是異質性的。誘因通常會改善在判斷或決策方面的表現。人們在「花費」虛擬貨幣時，會比使用真正的錢更加隨心所欲；他們很可能會表示，打算想要買什麼，但實際不一定會那麼做。[79]誘因還會引導實驗對象從「讓人愉悅的自我餽贈行為，轉向更實際的選擇」。[80]此外，最近的一篇報告提到，當人們必須將實際的金錢賭在自己的信念上時，比較不會變得過分自信。[81]

另外，更重要的一點是，坎邁爾和霍格思也承認了實驗的局限性：

我們的觀點是，實驗只能測量出短期的影響，且本質上是保持資本固定不變的。事實上，在實驗室內，誘因通常不會導致任何表現結果的改變（或改善），但我們不可因此低估實際環境下的影響，誘因所可能造成的影響；特別是當行為者面臨誘因變化，而有機會去為自己積累資本的時候——例如去上課、尋求建議或者實際行動。[82]

以任何一位身負一技之長的工作者為例。如果市場上對於他的此項技能沒有需求性存在的話，他還會去努力學習這項專業技能嗎？若答案是否定的，正意味著我們承認在現實世界裡，誘因能大幅改善人們的判斷力。只是誘因同時也需要時

間去發揮它神奇的作用。坎邁爾和霍格思也認為：「有用的認知資本可能得慢慢建造，需要經歷好幾天的思考發酵，甚至多年的教育才能積累而成，而不是在一、兩個小時的短時間實驗內……誘因在輔助長期資本的形成上，的確扮演很重要的角色。」[83]這個主張，也與田野實驗所獲得的那些不斷增加的文獻內容是一致的，經濟學的行為者在他們的「天然環境」裡，看起來比在實驗室裡更加理智。[84]

坎邁爾和霍格思也承認，由於實驗通常倚賴志願者來參加，而這些志願者想要努力把一件事做好的「內在動機」（intrinsic motivation），通常都非常的高，導致實驗會削弱了誘因的作用。[85]對於那些已經盡了自己最大努力的人，金錢也沒有辦法讓他們再做得比現在更好。但有一個相關問題是坎邁爾和霍格思沒有想到的，大多數實驗都會盡量避免一些敏感議題，如宗教或政治……等等；而參與者的「內在動機」或許是盡量做出不正確的回答。一旦在心理滿足和物質滿足之間出現了取捨的現象，誘因將有更大空間可發揮作用。

研究文獻的共同結論是：在那些較簡單的問題上，誘因能改善人們的表現；但在較困難的問題上，誘因卻反而會讓表現變差。[86]如同埃因霍恩和霍格思的觀點：

　　外在表現……同時取決於認知和動機。如果把誘因的大小，比喻成有人朝某一方向前進的速度，而認知則決定其方

向。此時，如果誘因很大，但認知卻有錯誤時，那麼只會使人往錯誤的方向飛快地前進。[87]

　　不過，坎邁爾和霍格思想強調的是，如果你有更多的時間和彈性去解決一個問題時，它的困難程度會下降。困難的問題自然會變得較為簡單。一旦它們變得容易時，誘因的作用就變成像是「理所當然」。

　　根據以上可得知，我們是應該重視實驗所獲得的證據；但是，當實驗主義者宣稱：「幾乎沒有什麼實驗證據顯示，較強的誘因能使人們變得更理性」時，我們也不用因此被嚇阻。如同坎邁爾和霍格思觀察所得，以人類為對象的實驗，很少能持續數個小時的。而持續好幾天或者好幾年的實驗，則太過昂貴。如果理性對誘因的反應，需要經過一段時間才會逐漸出現，那麼現存的實驗是無法察覺此狀況的。

　　幸運的是，實驗不是我們唯一的情報來源。日常經驗也可提供相關訊息。一般人同時都會面對現實問題，像是工作、購買日用品或開車，以及較抽象的問題，如政治和宗教。我們很難否認，當人們面對現實方面的問題時，他們會盡更大努力在智識思考並努力提高準確度。有多少人會相信自己能用牙齒接住子彈，或者無需藉助現代科技就能飛翔？而且，一旦過去的抽象問題突然變成現實問題時（或許是因為職業的變化），智識思考的努力程度將明顯提高，而準確程度也會隨之提高。在

一個沒有水的世界裡，船就沒有必要性，也就不太可能有人知道如何去設計和建造它們。對我而言，這樣的事實隨處可見；但是關於這點，我就留給讀者們自行判斷是否同意了。

即使我們只相信實驗結果，面對大眾對經濟學的許多偏見，理性的非理性的確可提供一個可靠的解釋。實驗主義者承認，誘因有助於解釋一些相對之下較簡單的問題。反市場、排外、就業以及悲觀等偏見都符合此條件。這些錯誤想法並不是太難捉摸，而是一些直覺性的反應。在與政治無關的場合下，人們能自動克服它們。有多少人會因為家用電器「使工作機會減少」，就不再購買它們？實驗主義者還強調，如果人們內心懷有把事情做好的內在動機，外部誘因的效果就會減弱。經濟學卻認為，人們心中懷著把事情搞砸的內在動機。如果你思考正確的答案，你會覺得自己是個既冷漠無情又不愛國的人；如果你說出正確的答案，就會覺得自己像是個被社會排擠的人。想要正確理解經濟學的內在動機，其程度強弱就和想要出去倒垃圾的動機程度差不多而已。

理性的非理性與表達性投票

我的研究成果，要大大歸功於傑弗里・布倫南和洛倫・羅瑪斯基的表達性投票模型（expressive voting model），這在他

們的著作《民主與抉擇：關於選舉偏好的純粹理論》中，有很好的闡述和說明。[88] 不過，儘管我們彼此的看法有互補關係，但在幾個關鍵論點上仍存在著差異。

有鑒於布倫南和羅瑪斯基的成果尚未得到應有的關注，就讓我先簡單地為其論述做個說明。幾乎所有經濟學家都假設，人們會為了自己的利益而投票；也就是說，他們投票是為了讓自己偏好的政策得以通過。除此之外呢？

布倫南和羅瑪斯基提出的論點是，投票還具有表達性功能。球迷在橄欖球賽上喝采，不是為了幫助自己的球隊獲勝，而是為了表達自己的忠誠之心。同樣地，公民們參與投票，有可能不是為了讓政策勝出，而是為了表達他們的愛國熱忱、同情心，或者是對環境議題的關注。我們這樣說，並不是存心挑剔。它的意義在於，類似關稅或最低工資這種無效率的政策，卻很可能在投票時通過，是因為當人們支持這些政策時，會讓自我感覺更良好。

這情況也同樣會出現在消費性商品上。即使一般香水聞起來也能跟Calvin Klein的香水一樣好，有些消費者卻願意為了品牌的迷人形象而多付一些錢。但是在政治領域，布倫南和羅瑪斯基指出，由於一位選民發揮決定性影響力的機率很低，導致這種交換的行為大為不同。如果你的選票不能改變結果，那麼你盡可以放心大膽地把票投給任何讓你「感覺良好」的政策，即使你知道如果它們真的通過，可能會造成大災難。

例證：當經濟學家分析歧視問題時，他們強調頑固偏執的人必須背負的經濟負擔。[89] 在政治方面，歧視所產生的社會成本仍然存在，但是因為選民的決定性影響力很低，所以私人成本會消失：

> 拒絕在自己的店裡為黑人提供服務的人，必須放棄他原本可以從顧客那裡獲得的利潤；不願意與猶太人共事的反猶太者，將限制了自己的就業機會，可能還得放棄原本可以開心接受的職位。然而，在投票箱前表達自己的反對意見，既不會有被報復的危險，也不會有什麼重大的個人損失。[90]

布倫南和羅瑪斯基的結論並非溫和地認為，政治決策就和市場決策一樣，既仰賴表達性考量，也取決於實用性考量。他們的結論是一個更激進的看法：政治決策與市場決策不同，政治決策主要取決於表達性考量：

> 在選舉的時候，個人利益的考量將會被大幅忽略，而純表達性或象徵性考量則會被放大許多。這純粹是個相對性價格的問題。此外，我們應當強調的是，這裡所討論的勝敗關頭時的相對價格變化，與經濟學家通常面對的價格變化相比，是一個極巨大的量級（an order of magnitude）。[91]

它與理性的非理性之間的相似性是很清楚的。兩者的重點都在強調選民所享受的心理利益，而非對政策的那細微的影響。兩者都認為選民發揮決定性影響力的機率極小，導致經濟行為與政治行為產生分歧。如同布倫南和羅瑪斯基所指出的：「在市場行為中一直潛藏在內的想法，在投票箱前可能會突然甦醒過來。」[92] 兩者也都解釋了，為何沒什麼效率的政策，或是可能產生不良後果的政策，可能會在政治界成為極受歡迎的政策。

關鍵的差異在於機制（mechanism）。在表達性投票理論中，選民其實清楚知道讓他們感覺良好的政策可能是沒什麼效果的。表達性選民並不是故意要支持含糊不清或愚蠢的信念，只是他們更關心這政策聽起來是否響亮，而不那麼在乎政策的效果。出於表達考量的保護主義者認為：「沒錯，貿易保護是會讓美國人民變得更加貧困。但是管它的呢，只要我能揮舞國旗且高喊『美國！美國！』就行了」。與此相反的是，理性的非理性選民相信，感覺良好的政策同時也是能發揮功效的。而理性的非理性保護主義者則真的認為，貿易保護措施會讓美國人變得更加富有。如果他必須因此否定一些比較性的優勢，那就讓他這樣吧。

讓我重複一遍，表達性投票理論與理性的非理性，兩者並非互相排斥的。一個人可能相信：「貿易保護主義可以帶來經濟的繁榮」，但也同時認為：「但我不在乎貿易保護是否帶來

繁榮」。但是在大多數情況下，理性的非理性這種解釋，其可信度更高。支持令人感覺良好的政策，通常會與錯誤的描述性觀念同時出現。持保護主義觀點者，很少會意識到他們的想法對經濟其實有害。[93] 如果他們能實際地評估這些「令人感覺良好」的政策所發揮的效果，就會發現支持該政策可能不再讓他們感覺良好了。

要解釋這兩種態度的差異，我們可以用布倫南和羅瑪斯基所提出的某個例子來做說明。假設選民必須在下面兩者之間做選擇：要選擇為榮譽而浴血奮戰；或是選擇拋棄尊嚴，但可因此維持和平與繁榮。大多數人會現實地選擇後者：「就像人在面對人際的緊張關係時，通常會選擇放下自己的驕傲，聳聳肩膀然後一走了之；他們通常不會選擇來個殊死搏鬥（特別是真的會導致死亡的那種衝突）。因此，避免陷入戰爭將能維護大多數選民所想要的權益。」[94] 但是，根據表達性投票的邏輯，全民公投的結果卻很可能會是支持戰爭的。「每個選民作為個體，在他投票支持戰爭開打時，可以是完全理性的——但是若他的投票真能決定最後結果時，沒有一個人會真的採取這樣的行動。」[95]

布倫南和羅瑪斯基舉出的例子，在邏輯上是有可能的。但是除非我們放寬對理性的假設，否則結果總會顯得有些奇怪。有多少主戰分子會願意承認，戰爭將會導致毀滅和阻礙經濟繁榮呢？他們會忽略一切現實證據，堅稱「孩子們在聖誕節前夕

就可以離開戰壕了。」他們還會強調無論戰爭看起來有多麼糟糕，姑息養奸才會為我們的幸福生活造成真正的威脅。而且多數採取這一立場的人，是真心相信的！想一想《飄》中這段著名的場景吧。[96]

郝先生：「情況很簡單。北方佬不能打，而我們能。」

人群：「您說得對！」

「我看甚至用不著開戰，他們大概就會掉頭就跑了。」

「一個南方人能打跑二十個北方佬。」

「我們只消一場戰役就能幹掉他們。有教養的紳士們怎麼會打不過烏合之眾呢。」

但是白瑞德持相反意見，激怒了眾人。

白瑞德：「各位，我認為光憑嘴巴說是打不了勝仗的。」

韓查理：「先生，你這是什麼意思？」

白瑞德：「韓先生，我的意思是：整個南方連一間生產大砲的工廠都沒有。」

人群：「對一位紳士來說，這又有什麼區別？」

白瑞德：「對很多紳士來說，區別恐怕就很大了，先生。」

韓查理：「白先生，你是在暗示，北方佬能打敗我們囉？」

白瑞德：「不，我不是在暗示。我的意思很清楚，北方佬的各項設備比我們更精良。他們有工廠、造船廠和煤礦⋯⋯以及艦隊能夠封鎖我們的港口，然後把我們餓死。而

我們只有棉花、奴隸和……傲慢。」

　　人群：「你這叛徒。」

　　韓查理：「我不想聽叛徒說話。」

　　白瑞德：「如果這事實冒犯了你，我向你表示歉意。」

　　南方人對自己軍事能力的高估，並不是裝出來的；他們是真的高估了自己的力量。然而，如果他們像白瑞德那樣，能對己方的軍事能力做出準確判斷的話，那他們對戰爭的熱情將會消失。我們從這當中學到的是：當一個人支持著會為世界帶來不良後果的政策時，通常他們心中也存在著錯誤的信念，這兩者經常是同時出現的。理性的非理性強調這兩者之間的關聯；而表達性投票理論卻忽略了這一點，儘管它仍有其學術成就。

結論

　　理性的非理性並非暗示所有的政治觀點都是盲目愚蠢的。如果你討厭義大利食物，那麼即使端出許多披薩讓你吃到飽，你也不會動心。但是，理性的非理性的確對政治信念抱持存疑的態度——包括我自己也是。

　　民主讓選民自己做出選擇，但卻只賦予每個人極微小的影響力。從作為單一個體選民的立場來說，選舉後產生的結果與

自己的投票選擇，兩者間其實沒有什麼關聯。事實上，幾乎每位經濟學家都承認這點。但在接受這觀點之後，大多數經濟學家卻也極力窄化了其更廣泛的含義。[97]

我採取的是相反的觀點：選民缺乏決定性的影響力這點，改變了一切。投票和購物是不一樣的。購物時，人們背後存在著誘因，使他們可以保持理性，選民則沒有。若將民主政治描述成一個大家一起解決社會問題的公共論壇，這是過於天真的看法，而且忽略了背後存在的許多衝突和矛盾。這個觀點忽略了潛藏在表象底下的巨大真相。當選民們大聲談論如何解決社會問題時，其實他們主要目的只是想拋開日常必須保持的客觀束縛，並藉此吹噓一下自身的價值。

很多人想藉著重新定義理性一詞，來迴避我的結論。如果愚蠢的信念能讓你感覺好過一點，那麼或許持續堅持客觀的人才是真正的傻瓜。但這也正是理性的非理性此觀點，之所以合乎所用的原因，若某信念從追求真理的立場看來，是非理性的；但從個人效用最大化（individual utility maximization）的立場看來，卻可能是合乎理性的。更重要的是（無論你喜歡哪個詞彙）：一個選民們愚蠢又快樂的世界，與另一個選民們都很冷靜且理性的世界，兩者是不同的。我們很快就將對此進行討論。

政治行為之所以看起來奇怪，是因為選民們所面對的誘因也是詭異的。人們經常批評經濟學家，認為他們故意忽略政

治行為與經濟行為的不同。[98] 但這是經濟學家的失誤，而非經濟學的錯誤。經濟學家本來就不應當把政治行為類比為市場行為。政治領域中的非理性不是一個謎，而它恰恰符合了非理性的經濟學理論所推論而得的結果。

第六章

非理性行為
與政策的制定

一位州議會的老記者注意到我對於議員在
議場內的荒誕行徑感到訝異，因此跟我分
享一些看法。他說：「如果你認為這些人
很糟糕，你應該看看他們的選民。」
　　——威廉·葛萊德，《誰來告訴人民》[1]

非理性選民為民主失靈開啟了大門，這背離了經濟學家的直覺，但可能卻是一般人認為的常識。例如：

- 大家可能把自己所有的問題，歸咎於無辜的代罪羔羊，卻支持迫害代罪羔羊的政客。[2]
- 非理性的選民可能「殺害通報壞消息的人」，從而為政客提供誘因，試圖掩蓋問題，而不是面對問題。儲貸業紓困的歷史便經常訴諸於這種機制。[3]
- 富國公民在豐衣足食之餘，可能投票給警告飢荒迫在眉睫、除非「祖國」占領更多「生存空間」的候選人。[4]

經典的哲學悖論中有一個相似之處。[5]請回想伊底帕斯的故事，伊底帕斯想迎娶伊俄卡斯忒，卻不知道伊俄卡斯忒是自己的母親，等他發現真相後，便刺瞎了自己的眼睛，以求比死更痛苦。同樣地，中間選民想要保護主義，但保護主義會讓中間選民的日子更加艱難，但中間選民又不想讓自己的處境變得更糟。伊底帕斯和中間選民都受到虛假信念反彈的傷害，對伊底帕斯而言，虛假信念是伊俄卡斯忒不是他的母親，而對中間選民而言，虛假信念則是保護主義對國家經濟有利。

經濟學家把太多的時間花在批評公眾誤解，卻沒有花太多時間去解釋誤解會導致差勁的政策，他們大多把其中的關係視為理所當然。博姆－巴維克卻認為，差勁的政策其實是暗示大

眾的困惑：「在法律上禁止利益，當然可以視為某種普世價值的證明，即取得利益應該受到譴責⋯⋯」[6] 衛特曼自己漫不經心的承認：

假設選民或消費者經常受到愚弄，而且企業家不會消除他們的困惑，這種模型無法預測決策過程會帶來效率低落的結果，其實不足為奇。[7]

博姆－巴維克和衛特曼都操之過急，理論上，可以想像的是，轉動民主之輪的公眾偏見對政策毫無影響。[8] 在「集體奇蹟」觀念的變化中，不同的錯覺可能互相抵銷，或許每一個高估保護主義好處的選民，也高估自己在自由貿易中繼續茁壯的能力。因為選民自私的關係，自由貿易仍然會大行其道，造福相信「自由貿易會傷害每一個人，卻不會傷害我」的人群。

本章的目的是從個別選民不理性的微觀基礎，推導至民主政策的總體結果。我用經濟學家常用的方式進行，先從簡單的例子開始，再逐漸加深複雜程度。這種方法比較學究，但卻相當有效，就像克魯曼用妙趣橫生的方式，起筆寫他的論文《意外的理論家》一樣：

想像某個經濟體只生產熱狗和圓麵包兩種東西，這個經濟體裡的消費者堅持每一個熱狗都要放在圓麵包裡，反之亦

然。勞工是生產中唯一的投入因素。好,現在時間暫停,在我們進一步討論下去前,我必須問你,你對以這種方式開始的論文有什麼看法,覺得愚不可及嗎?[9]

克魯曼反駁說:

> 本文的重點之一是要說明下述悖論:除非你願意抱著歡樂的心情,否則你不可能認真的研究經濟學。經濟學……是「思想實驗的動物園」,你也可以說是「比喻的動物園」,目的在於用簡化的方法,捕捉經濟過程的邏輯。最後,各種概念當然都必須參照事實,進行檢測,但是即使想知道哪些事實具有關係,你還是必須在假設的環境中,操作這些概念。[10]

因為現實世界很詭譎,我要從「非理性信念」和「無效政策結果」兩項關係明顯的思想實驗開始著手,然後逐漸加強跟實證有關的複雜性,這種複雜性通常會使非理性輿論和無效公共政策之間的關係完好不變。[11]最後,為了解答「既然有輿論因素存在,為什麼民主制度沒有因此嚴重沉淪」的問題,我要探討有哪些力量,會稀釋選民非理性對政策產生影響。

思想實驗一：同質選民的非理性

　　民主制度會把偏好集中起來，團體成員希望把事情做好，民主制度結合他們的意願，激發群體做出決定。這種過程極為混亂，因為人類幾乎不可能達成完全一致的共識。既然如此，會發生什麼事情？民主制度在每一個議題上，不是必須強行選擇一個折衷方案，不然就是得偏袒其中一方——這是解答「誰知道？」問題的另一種方法。

　　為了消除民主制度的神祕性，我們必須從小處開始。因為無所不在的歧見使民主變成一灘渾水，我們現在要暫時忘掉民主。為了便於辯論，請你自問：如何在沒有歧見的情況下推行民主？[12] 民主怎麼因應全體一致的公共需求？為了說明得更清楚明白，請假設下述狀況：

假設 1　選民具有同質性，都擁有相同的偏好和天賦。[13]

假設 2　兩名候選人競相爭取選民的支持，在同一個議題上各有立場。

假設 3　民眾把票投給跟自己立場比較接近的候選人，如果兩名候選人的立場相同，民眾就擲錢幣決定。

假設 4　候選人只關心輸贏，不關心如何操作選舉遊戲。

假設 5　得票較多的候選人勝選，然後推行自己先前承諾的政策主張。

結果會如何呢？最接近選民的候選人，將掌握全部的選票。因為他們都希望能夠獲勝，但是只有一位能夠出頭，於是他們競相配合選民的偏好，直到兩人都採取選民最偏愛的政策與立場為止。選民得到最符合自己利益的選擇，候選人也勉強接受五五波的當選機會。

這種民主狀態似乎無可厚非。在現實世界裡，有多少候選人能夠宣稱自己的政策足以滿足半數以上的選民？然而，如果選民都有類似形式的非理性偏好，就很容易導致錯誤的結果。

舉例來說，假設關稅稅率成為爭議性話題，可以想像大家的立場會介於完全自由貿易的零關稅，到絕對禁運的無限關稅之間。因為選民具有同質性，階級衝突不可能成為保護主義的動機，如果每一位選民投票贊成最符合自己實質利益的政策，不關心別人的命運，比較利益法則告訴我們，選民一致同意的首選是零關稅。[14]

但如果選民具有輕微的排外偏見，又會導致什麼結果呢？說得更明確一些，如果選民更期望相信與自己一樣的民眾（即每一個人），認定最好的關稅政策不是零關稅，而是100％的關稅時，會發生什麼變化呢？

跟這種意願有關的跡象會徹底翻轉選舉，100％的關稅可能使每人國民所得減少1萬美元，每一個人可能在排外的偏見上，為忠貞心理加記1美元的價值，只要選民是在一比一萬的機率下做決定，每位選民都會堅持100％關稅是很光榮的信念。[15]

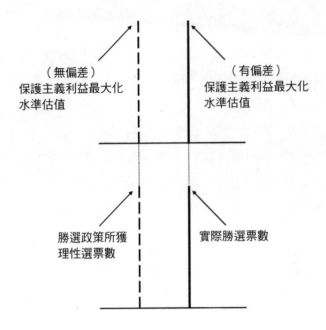

圖6.1　同質選民的非理性對選舉的影響

上：保護主義利益最大化水準信念的分布

下：理性選民所能接受的保護主義程度

選民會全體一致地支持主張保護主義的候選人，拒斥主張自由貿易的候選人，因此，反對保護主義的候選人會忙著修正關稅主張，變成支持公眾的理念，100％的關稅輕鬆獲勝，導致每人國民所得淨損9千999美元。偏愛心理上的小確幸，可能導致物質幸福巨幅減少。

如果個人能從自己的世界觀中，得到意義和認同，利用

成本效益分析，就可以算出箇中好處。然而，因為選民猶豫不決，非理性的社會成本因而超越效益。你可以這樣想，只要心理益處減掉物質成本後，得到的是正值，那麼非理性就會使「整個社會」變得更好過：

$$心理益處 - 物質成本 > 0$$

非理性使「個人」在遠不如這麼嚴格的下述條件下，讓個人覺得比較好過：

$$心理益處 - P \times 物質成本 > 0$$

上述條件中的P是投下決定性選票的機率，如果P等於0，只要有任何心理確幸存在，非理性都會像下述情況一樣，變成效益最大化：

$$心理益處 > 0$$

如果選民像前一章所說，對非理性具有近乎新古典式的需求（請參閱前一章圖5.6），那麼其中的意義會特別鮮明。根據此一假設，心理益處（非理性需求曲線下方的區域）的數量微乎其微，除非根據非理性信念行事的物質成本也微乎其微，

否則，聽從非理性信念總是會使社會變得更不安適。但是每個人都會選擇非理性，因為個人利益永遠都略大於0。很多選民具有相同的偏好，對非理性也具有近乎新古典式的需求，對社會來說，根據非理性信念做的任何決定都會是餿主意，但社會卻在毫無異議的情況下，總是一貫地遵從這些非理性信念。

因為選民具同質性，SAEE的調查發現，偏見輕易地顯示在愚蠢的政策中。反市場偏見鼓動物價管制和短視的重分配（Redistributive）；排外偏見會促進保護主義和移民限制，也會增強反對貿易協定的心態。創造就業偏見會建議制定「拯救就業」的勞工法規；悲觀偏見對政策的影響比較不明確，卻會催生各式各樣計畫不周全的政策和代罪羔羊。[16]在這個簡單的思想實驗中，謬誤大致都沒有害處，主因是這些謬誤沒有關聯性。

對政策沒有淨影響，卻會互相抵銷的相關謬誤又如何？即使選民同質性高，也不能完全排除這一點。在容易激化情緒的議題上更是如此，然而，看來錯上加錯的情況，比起互相抵銷的情況更為常見。你不喜歡某人時，通常會負面地檢視他的所有行動，你不喜歡進口時，會負面地看待進口數量、因進口而影響的就業機會數字，以及與其他國家貿易政策中「不公平的地方」。

信念的通用性升到較高的水準時，錯誤和差勁政策之間的關係會隨之增強。如果選民低估對日貿易的好處，就可

能高估對英國貿易的好處，使關稅稅率維持在最適當的水準上。[17] 然而，倘若選民低估對外貿易的整體好處（就像他們在現實中的一貫立場），又有哪些可以消除傷害的補償信念（countervailing beliefs）存在呢？

思想實驗二：信念不同時的非理性

在現實世界裡，全體抱持一致立場顯然是種獨裁，而不是民主的常態，民主必須容忍歧見。要達成民主制度，只需要把第一個思想實驗略為變化，保留第2到第5個假設，但是把假設1設改成下述的假設1'：

> 假設1' 所有選民都擁有相同的稟賦，都擁有相同的偏好，只有一個例外，就是他們各自的信念不同。

因為稟賦相同，他們之間仍然沒有階級衝突的空間，其中的歧見屬於意識形態上的歧見。這些近似複製人的個體對信念的喜惡不同，因此，看待政治天地的觀點也不同。

我們回頭看貿易政策的例子：選民不再一致偏愛100％關稅是最適當稅率的信念，有些人覺得適當的稅率為110％或200％，有人說零關稅最適當。政客該怎麼辦？不管他們抱持

什麼立場，都會樹敵。幸好只需要得到多數票支持就能勝選。

因為選民投票給比較接近自己立場的人，兩位候選人都希望勝選，實驗二只有一個簡單的結果，就是兩位候選人都採取中間選民的立場，提出一半人覺得太高、一半人覺得太低的關稅稅率政見。[18] 其中唯一的新意是：由於信念衝突是選民歧見的來源，因此執行中間選民的期望，就等於根據最適關稅有關

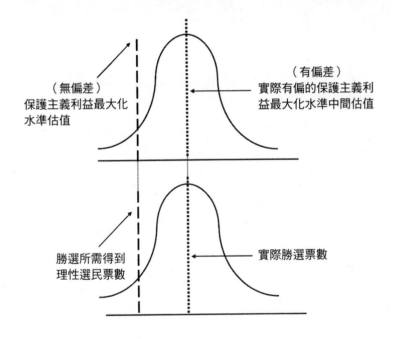

（無偏差）
保護主義利益最大化
水準估值

（有偏差）
實際有偏的保護主義利
益最大化水準中間估值

勝選所需得到
理性選民票數

實際勝選票數

圖6.2　信念不同、其他地方相同的選民非理性對選舉的影響

上：保護主義利益最大化水準信念的分布
下：保護主義人士最佳票數分布情況

的中間信念行事正確無誤。

如果「集體奇蹟」確有道理，那麼中間信念就確實正確無誤，沒什麼令人擔憂的地方。民主制度會傾聽「知情人士」的話，忽視迷惘的狂熱分子。不幸的是，「集體奇蹟」是個騙局，中間選民恰巧是容易迷惘、受騙的狂熱分子，這在理論上可能發生、現實中也十分常見，只是他們的狂熱程度比較輕微。

有關自利選民假說的題外話

在高度格式化的思想實驗中，非理性和政策之間的關係很清楚，但是，把更多的假設放寬，似乎會使事情變得極為複雜，如果選民的稟賦不同，那麼很多選民可能在客觀的狀況下，從有害社會的政策中獲益，貧富不均是最簡單的原因：即使重分配是個大漏桶，仍然可能讓大多數人致富。[19] 但貧富不均只是開端，紡織廠老闆可能只跟服飾店老闆一樣富有，但是關稅對他們的利益卻有著相反的影響。在這麼複雜的情況下，高估保護主義為社會所帶來福祉的人，實際上會因為外國競爭而蒙受損失，他們會主張保護主義，可能是因為正確判斷保護主義對個人福祉的影響，不是因為高估保護主義對國家利益的影響。

如果大家依據狹隘的自私方式投票，就不容易找到化解錯誤政治觀念影響的方法，這個問題似乎無解。幸好這個問題不需要解決，因為選民跟經濟學家和一般民眾正好相反，不受自私的動機驅使。[20] 自利選民假說（self-interested voter hypothesis，SIVH）並不正確，在政治領域中，選民主要是注重國家利益，而不是注重個人福祉，這樣問題會從攸關國家利益原因的系統性錯誤中，直接轉移到從國家利益角度來看，對全民福祉不利的政策上。

　　自利選民假說極為深入經濟學和流行文化中，以致於我在進一步探討前，必須先予以批判，很多經濟學家發現，連談起需要實證經驗支持的自私自利投票行為是一種「假說」，都會讓人有種奇怪的感覺。[21] 政治犬儒主義促使大眾得出相同的結論：如果你仍然沒有注意到，一般民眾是根據自己的錢包投票，請你醒醒吧！

　　長久以來，經濟學家和大眾在重要問題上，難得意見一致，因此，雙方都認同自利選民假說的情況，一直讓我坐立不安。我念研究所時，不太能發現這個假說對或不對的實質證據。很多經濟學家把自利選民假說視為理所當然，卻很少人願意花精神為這個假設辯護。[22] 我完成博士學位後，研讀更多我本科以外的東西，發現政治學家曾經替自利選民假說，做過很多大不相同的實證測試[23]，結果都非常一致，也就是自利選民假說並不成立。

我們從政黨認同這個最容易了解的問題下手。[24]經濟學家和大眾幾乎都自動接受窮人是自由派民主黨人，富人是保守派共和黨人。這種看法符合大家的刻板印象，大家都以為，在某個人所得增加後，很有可能變成保守的共和黨員，但事實上，資料卻描繪出大不相同的景象，至少在美國，個人所得和意識形態，或所屬政黨的關係很薄弱。在考慮種族因素後，影響還會進一步縮小，黑人百萬富翁比白人警衛更有可能成為民主黨員。[25]共和黨或許是支持富人的政黨，卻不是一個屬於富人的政黨。

我們在特定政策中，可以看出相同的型態。[26]和一般美國人相比，老人不會比較偏愛社會保障和醫療保險制度，老人固然強烈支持這兩種制度，但年輕人也一樣。[27]「如果男人懷孕，墮胎會變成聖禮」的保險桿貼紙，是從自利選民假說中得到啟示的產物，和這種說法正好相反的是，主張墮胎合法化的男性似乎比女性多一點。[28]失業勞工對政府的就業保障，以及沒有保險的勞工對國家健保計畫的支持度，頂多只略微高出總體水準的一點點而已。[29]與自利有關的指標幾乎無法預測任何跟經濟政策有關的信念。[30]即使是在攸關生死的重大問題上，政治上的自利心態也難得浮現出來：可能受徵召入伍的男性，對徵兵的支持，都還維持在正常的水準上，徵召派赴越南的兵員親友卻比一般人更反對徵兵。[31]

自利選民假說裡的破舊時鐘，一天還會有兩次準確的機

會，這一點卻不適用於政黨認同、社會保障、醫療照護、墮胎、就業計畫、全民健保計畫、越戰和徵兵上，但在零星的部分問題上，它的表現還算差強人意。[32] 你可能預設在涉及大量成本的大問題上，會看到例外，但事實卻幾乎正好相反。自利選民假說在吸菸之類的老問題上，卻有最好的表現。唐納·葛林和安·葛肯發現，癮君子和不吸菸的人在意識形態和人口結構上類似，但是癮君子反對針對吸菸惡習施加限制和課稅的程度，卻比不吸菸的人強烈多了。[33]「癮君子權利」的信念隨著日益增長的菸癮明顯上升：「菸癮」嚴重的癮君子中，整整有61.5%的人希望放寬禁菸政策，但是只有13.9%「從不吸菸的人」同意上述訴求。如果自利選民假說確實正確無誤，到處都應該呈現類似的信念型態，實際上卻不是這樣。

大部分選民否認自己的動機自私，他們個人支持對國家有利、在道德上正確、符合社會正義的政策。同時，他們認為其他選民極為自私，其中還包括他們的盟友。典型的自由派民主黨人說，自己依據良心投票，抨擊反對他們的人只關心富人，但是，他們也經常指責民主黨同志師心自用：「為什麼較低所得的人票投民主黨？原因當然是為了改善自己的狀況。」典型選民對典型選民動機的看法自相矛盾：我投票絕不師心自用，但大多數人卻都師心自用。

個人拿自己的完美動機跟別人的私心比較時，自然會衝動得把這種事解釋為一種自利偏見，但是實證證據顯示，稱之為

自我描述才精確。大家不是錯在高估自己的利他心理,而是錯在低估別人的利他心理。的確如此,「低估」還只是輕描淡寫而已。個人在政治上,並沒有大家想的這麼自私,身為選民,個人幾乎完全不曾表現過自私的樣子。

我懷疑,大部分經濟學家會擁抱自利選民假說,真正原因不是基於實證證據,而是基於基本經濟理論。如果大眾是自私的消費者、工人和投資人,怎麼可能不是自私的選民呢?這樣會讓人忍不住要回答說:「如果這種理論在實證上錯誤,應該會變成非常糟糕的理論啊。」但是我們應該先證明大家應用這種理論時,確實正確的應用。

請考慮一下,首先,利他和道德心態通常像其他東西一樣是消費產品,因此,我們應該期望大家在價格低落時,加碼買進。[34]第二,因為斷然下決定的機率相當低,利他主義在政治上的價格,遠比在市場上的價格便宜多了。[35]因此,在決斷機率處於一比十萬的情況下,投票贊成把自己的稅負提高1千美元,預期的成本是1美分。[36]

現在把這些因素湊在一起,如果大家在價格低落時,加碼買進利他主義,而且利他主義式的投票基本上是免費的,那麼我們就應該預期選民消費的利他主義會多出很多,如果自利選民假說確實有在發揮作用,利他主義應該會傷害基本經濟學。[37]

提姆·羅賓斯(Tim Robbins)和蘇珊·莎蘭登(Susan Sarandon)是好萊塢著名的左派百萬富翁,在1992年美國總統

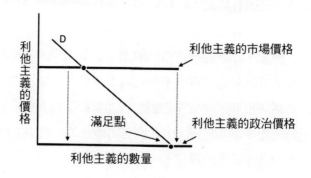

圖6.3　利他主義的市場價格與政治價格

大選中，柯林頓擊敗布希的結果，很可能使電影《刺激一九九五》（*Shawshank Redemption*）和《洛基恐怖秀》（*Rocky Horror Picture Show*）的相關電影明星，多繳納了數十、甚至數百萬美元的額外稅款。而羅賓斯和莎蘭登的選票卻不是面值六位數字的慈善捐款，他們的支持柯林頓的行為，只不過像是買了一張彩金為負值的彩券，只有在柯林頓贏得總統寶座的情況下，他們才會損失一筆錢。但他們的投票行為對選情的影響微乎其微，如果投給柯林頓有助於提升自我形象，基於這樣的激勵，這些剪一次新潮的髮型就要花上幾百美元的好萊塢百萬富翁，當然會「本著良心投票」。

　　好萊塢左派富翁的例子極為鮮明，整體而言，卻完全合乎典型行為，一般美國人的財富，不太容易受到總統大選的結果

左右，正因為如此，心理收益毫無疑問地會超過其預期財務成本。[38]

總之，如果能夠正確地解讀，這種簡單的經濟模型會特別預測民眾身為選民時，不會比身為消費者時那麼自私。的確，我們應該預期選民像在吃到飽自助餐廳中的食客一樣，秉持公正的道德「填飽自己」。我們要再說一次，投票和購物之間的類比會造成嚴重的誤導。

思想實驗三：不自私選民的非理性

反駁自利選民假說的證據指向我們的下一個思想實驗。我們用下述假設1"，取代假設1：

> 假設1" 所有選民都希望社會福利最大化，但是他們對於最大化的願景，卻有著不同的偏好，選民可能擁有任何稟賦。

如果選民的目標是社會福利最大化，動機卻像政治學家所說的一樣，具有社會經濟意涵，我們就可以不管政策和個人稟賦之間的複雜互動。[39] 不管你是窮是富、是地主還是股東、是債權人還是債務人，都不會改變「哪些政策對整體社會最有

利？」的答案。如果大家的共同目標是社會福利最大化，唯一的衝突是與最大化方法有關的歧見。社會福利最大化唯一的障礙，是與什麼政策最適用有關的虛假信念。

假設一個政治團體為了關稅爭論不休，根據思想實驗三，這是意識形態之爭，一方是認為高關稅對國家有利的人，另一方是認為如此對國家不利。如果中間選民具有排外偏見，整個系統的表現肯定欠佳。雖然每一個人都希望社會福利最大化，雖然民主競爭讓大家得到自己想要的東西，但矛盾的是，結果卻令人失望。

政治理論家經常聲稱，經濟學家因為相信自利選民的假說，因而低估民主制度。根據維吉尼亞・赫爾德的說法，「有很好的理由讓人相信，僅僅是奠基在自利或彼此互不關心個體間交易的社會，會無法承受撕裂這種社會的利己主義和分解力量。」[40]然而，一旦你接受系統性偏見的現實，自利選民假說妨礙民主制度的力量就會降低，擱置本身利益的選民將弄巧成拙，如果選民是理性而自私的人，現狀至少會對某些人有利。

無私會擴展民主表現的範圍[41]，好會變成更好。在沒有私心的理性狀態中，如果誘因能使私利與公益一致，你在社會方面，才能獲得最優異的結果。在沒有私心的理性狀態中，這種一致是多餘的：因為大家都是為了公益而追求公益。

但無私也會讓民主成效變得更差。非理性的無私選民很可能比非理性的自私選民還危險。如果非理性的選民誤解這個世

界，就有可能輕易地受到誤導，得到有問題的共識，他們的非理性指引他們走向錯誤的方向：他們的無私促使他們繼續大步邁進，快速地接近目的地。相形之下，如果自私的選民誤解這個世界，分歧會繼續存在，他們的行動會比較不團結，或是根本不團結。

假設選民高估油價管制帶給社會的好處，也假設選民秉持利他精神投票，那麼每一個人——從悍馬車車主到石油大亨——都會支持油價管制。自私選民的反應應該沒有那麼團結，像擁有石油股的股東雖然誤以為此舉對社會將有不利影響，卻應該還是希望保護自己「挖掘的權利」，他們的私心有助於緩解反市場偏見對政策的影響。

結果，自利選民假說失靈，使民主制度看來更糟，選民的非理性沒有經過由私心造成的小小爭執考驗。正因為大家在進入政治領域時，把個人利益擺在一邊，知性錯誤才會輕易地在愚蠢政策中發揚光大。

多議題的民主制度與多面向的輿論

到目前為止，所有思想實驗都假設公眾只關心一個議題，如關稅稅率，但事實上，引發爭議的議題成千上萬，這表示中間選民定理（Median Voter Theorem）的明確結果難以站穩腳

跟。以包裹式決定贏得勝利的多種議題的政策，跟逐案決定贏得勝利的多種議題的政策，是不一樣的。就像聽起來很陌生一樣，所謂可以擊敗所有其他政策，或能夠「贏得勝利的政策」可能並不存在。理論家經常期望民主政策會「輪替」，想不通為什麼現實世界中的政策這麼穩定不變。[42]

我認為，這是另一種兩難，但可以用現有的輿論研究避開，公眾關心的議題不計其數，包括槍械管制、墮胎、政府支出和環境之類的問題。但是深入研究後，這些表面上看來不同的主題似乎包含很多結構？如果你知道某個人對某個主題的立場，你就可以預測他對其他主題的立場，而且預測正確的程度相當驚人。[43]

用正式的統計術語來說，政治觀點是屬於一個面向的東西，大致上可以歸結為一個重大觀點、加上一些隨機的雜音。評比眾議員「傾向自由派」或「傾向保守派」程度的數字，經常可以正確地預測他的投票取向[44]，比較強而有力的統計分析也得到相同的結論[45]，這種做法也適用於一般大眾。根據黨派立場投票很常見，顯示出大眾和政治菁英都利用類似的意識形態架構。[46]與特定信念有關的資料證實了這種說法，以經濟信念為例，根據受訪者在自由派到保守派政治光譜中的立場，可以預測出他們對特定議題的觀點，而且這些觀點總是與他們的意識形態立場相吻合。[47]

在某些時空中，單一面向屬性的信念，會比在別的時空中

更清楚[48]，但就整體而言，輿論有一種壓倒性的事實，即輿論的多面向性質可能遠比你猜測得更少，容易分析處理的中間選民定理在實證基礎上，比大家想像的要堅實多了。

但假使你不相信輿論面向的實證研究[49]，又會如何呢？一定是更難明確指出哪些政策會勝出和保持領先，但這樣並不是期望會出現更好政策的理由，多面向可能破壞中間選民偏愛又特別愚蠢的政策，卻也可以在中間選民遲疑不決時，同樣能夠維護極為愚蠢的政策不變。總之，單一面向輿論的政策後果，比多面向輿論的政策後果容易預測——卻無法預測會不會變得更差。

關鍵題外話：是什麼讓大家像經濟學家一樣思考？

上述思想實驗聚焦在普遍受到忽視的一個變數上，即中間選民的經濟學素養。中間選民有系統性偏見時，愚蠢的政策會大行其道，如果中間選民看得清楚，民主制度會挑出最適當的政策。

這點顯示一個迫切的問題：是什麼決定中間選民的經濟學素養？是所有年齡層都一無所知嗎？還是有些選民的「思考」比別的選民「更像經濟學家」？我們從第三章中已經得知，教育會縮小平民和專家之間的信念差距，但這只是資料中多種規

律性中的一種。[50] 在其他條件都相同時，下列因素預測平民會更趨近經濟學家：

- 教育
- 所得成長
- 就業保障
- 男性性別

像自利與意識形態偏見，並未造成平民與專家間的信念差距一樣，所得水準和意識形態上的保守主義也都不是信念差距的主因。

圖6.4顯示教育程度、所得成長、就業保障和性別很重要。[51] 最上面柱狀圖是衡量基準，顯示兩位其他條件普通的人當中，如果有一位是經濟學博士、另一位不是，兩個人之間的歧異有多大，其下的幾個柱狀圖顯示，如果不是經濟學家的人在某一方面並非普普通通，兩個人之間的信念歧異到底有相差多少。低於100％的橫柱表示差異水準低於平均數，高於100％的橫柱表示情形正好相反。

教育是預測經濟素養最強而有力的因素，教育程度最低者和一般人相比，信念差距高達127％，教育程度最高者和一般人相比，差距只有81％。換句話說，從教育程度最高到最低之間，差異超過50％。

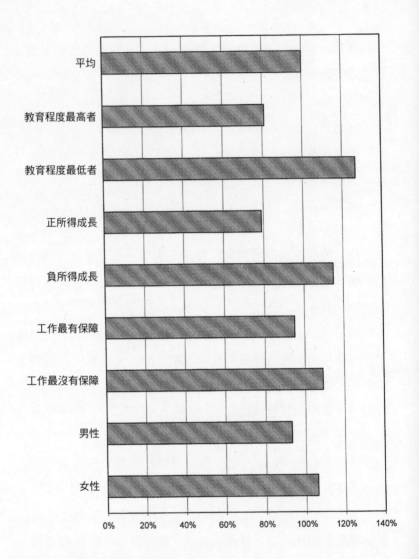

圖6.4　經濟素養的分布圖

%代表和平均水準的相對差距

所得成長緊緊跟在後面，SAEE問受訪者，過去五年內，他們的所得是增加、減少或持平，也問他們預期未來五年內所得會有什麼變化。回答過去所得增加和預期將來也會增加的人在思考時，明顯比說出相反答案的人更像經濟學家。所得增加的人信念差異比一般人高出79％，所得減少的人則是115％，相當於在七段式教育階梯中的第五階。

就業保障和男性因素的影響比較小，從「非常擔心」失業到「一點也不擔心失業」之間，重要性等於教育階梯中的第二階；男性與女性相比，影響略為小一些。

這些結果到底有什麼意義？教育的作用不足為奇，教育因素可以預測受訪者在範圍廣大的學科上具有知識，在經濟學也不例外。要判斷箇中原因比較難，教育是否真的能讓人在課堂上獲得更多經濟學知識？[52] 教育會不會藉著提高你朋友的經濟學知識，進而間接提高你的知識？教育是否只是其他特性，如智力或好奇心等特性的代理人？[53] 因為受到資料的限制，這個問題還懸而未決。

性別差異也沒有什麼異常，在某個領域中，一種性別經常比另一種性別博學，經濟學就是男性正好占有優勢的領域。其他研究的專家也記錄過類似差異，男性的政治知識也比女性豐富，思考方式比較像毒物學家。[54] 可能的解釋有很多種，但差異確實存在。[55]

所得成長、就業保障和經濟素養之間的關係，是最難合理

化推斷的地方，堅決相信自利偏見的人，可能會滿足於某種解釋：力爭上游、工作穩定的人，可以安心地採用經濟學家的冷漠觀點，但是話說回來，為什麼所得水準卻無法發揮類似的功效呢？比較有道理的說法是：個人和社會的樂觀心態會攜手並進，或許有些人就只是樂觀主義者而已，或是個人體驗到的進步可以使他更積極的看待社會的成長。

選擇性參與

選民不參與投票的話，輿論不可能成為公共建設。政客只需要願意投下神聖一票的多數人支持，如果爭取一位選民的愛戴需要疏遠一千個不投票的人，競爭會驅使政客這樣做。

如果投票者與不投票者的偏好和信念分布相同，這樣應該不會影響政策，但是投票者並非隨機抽樣，最明顯的差別是投票者比不投票者更富有。如果用比較深入的方式觀察，所得大致是教育的代理變數：教育會提高所得和投票的機率。投票率的另一個重要預測指標是年齡，老人比年輕人更愛投票。[56]

大多數評論家把不同的投票率，當成嚴重的社會弊病，出門投票、促進自己利益的人會利用和濫用不投票者。[57]有許多人批評「富者愈富、貧者愈貧」的政策會出現，應該歸咎於富人的高投票率，社會保障和（老人）醫療照護支出這麼多，應

該歸咎於老人的高投票率。

這種怨言有個弱點，就是抹黑自利選民假說，把這種假說視為理所當然。是的，富人的投票率可能更高，但是因為富人並沒有「設法」提升上層階級的利益，不能據此推論貧窮階層的利益因此受損。同樣地，不能因為出門投票的老人比較多，就推斷年輕人的利益受損，這種恐懼成立的前提，是年輕人必須比老人還不支持扶助老人的計畫，實際上卻沒有這回事。[58]

好意在政治上無所不在，精確的信念卻很少。跟選擇性參與有關的問題是，投票者的偏見是否比不投票者嚴重，而不是投票者是否占了不投票者便宜。[59] 實證上，相反的情形才成立，投票的中間選民要比不投票的中間選民不帶偏見。投票率的另一個主要預測指標是教育，教育會大幅提高經濟素養，另兩個主要預測指標的年齡和所得，對經濟信念幾乎沒有什麼影響。

指望富人照顧窮人利益的想法似乎很天真，但是資料大致上卻顯示這種情形存在。所有選民都希望社會變得更好，但是受過較多教育的人比較可能完成這項任務。[60] 選擇性投票的確增加公眾得到和公眾想要兩者之間的距離，但同時也縮小了公眾得到和公眾需要之間的鴻溝。

在金融和博奕市場中，頭腦較清楚的人能發揮與其人數不相稱的影響力，確實有其內在原因。[61] 比較有知識的人理當能賺取更多利潤，因為他們有更強烈的參與誘因。此外，過去的

贏家擁有比較多的資產，可以影響市場價格。相形之下，受過良好教育的選民多半在純屬偶然的幸運下，才有機會發揮不成比例的影響力。的確如此，因為他們的時間成本較高，他們的投票率理當較低才對。坦白說，民主制度的問題不是頭腦比較清楚的人擁有過剩的影響力，而是跟金融與博奕市場相比，這樣的過剩很小。

如果教育能夠提高經濟素養，就應該實行教育補貼，甚至不見得需要高於目前的補貼水準。[62] 然而，如果其中沒有因果關係，就把錢拿去投資教育，對缺乏經濟素養來說，就只是治標不治本的辦法。把資金投入到「動員投票」，可能還要更物超所值。[63] 反對因果關係理論的證據中，有一個有趣的論述，就是戰後教育成就大幅提高，但是政治知識卻仍維持相同的水準。[64]

教育是唯一可以預測經濟素養和選民參與率的變數，但是經濟素養的其他預測指標，尤其是所得成長和就業保障，卻可能跟民主政治形成有趣的互動。例如，假設所得成長和就業保障確實能夠促進經濟素養，那麼在不利的經濟震撼之餘，所得成長和就業保障應該會下降，降低中間選民的經濟素養，提高大家對愚蠢經濟政策的需求，從而進一步傷害經濟表現。我把這種下降螺旋稱之為「理念陷阱」（idea trap）[65]，或許這樣有助於解決發展經濟學中「為什麼窮國愈窮」的核心謎團。[66]

很多人開始研究輿論前，會思索民主制度無法完善運作的

原因，然而，熟悉公眾的系統性偏見後，大家會想到相反的問題：為什麼民主制度能夠像現在妥善運作？那些維持西方繁榮卻不受歡迎的政策是如何堅持下去的？選擇性參與很可能是答案中重要的一環。要批評中間選民的信念很容易，但是，至少中間選民不像不投票的中間選民那麼迷惘。

思想實驗四：政策大雜燴＆結果取向

現在我們要看看實證上的一個難題會引領我們到什麼地方。假設選民懷有跟經濟政策有效性的系統性偏見信念，對經濟現狀的認知卻沒有偏見，如果選民把「政策決定」和「經濟狀態」這兩件事情的責任，同時歸咎於政客，會有什麼樣的結果？[67]

希望保有權力的政客在這種誘因下，必須一直注意兩件事情。如果選民對有效政策的信念正確無誤，政策決定和經濟狀態會合而為一，對政客而言這沒有什麼難度。但是在現實世界裡，政策要面對一種視覺上的挑戰，即同時注意兩個不同方向的事情。如果領導人忽視大眾的政策偏好，不論經濟狀況多好，都會被趕下台，不過，如領導人完全推行大眾偏好的政策，卻會變成經濟表現差勁的代罪羔羊。

這種機制像政治學家所說的「回溯投票」（retrospective

voting）[68]，其中的新意在於政策和結果之間的反常交換。在大多數回溯投票模式中，選民不了解政策，完全根據經濟表現來評斷政客，如此，領導人只需要推動最有效的經濟政策即可。[69] 然而，如果選民「知道實情不是這樣」——如果他們希望特定的政策，卻討厭這些政策可以預見的後果，領導人的所作所為就不再可行了。

有趣的是，這些誘因會促使政客提出比公眾所期望還好的經濟政策。以美國前總統柯林頓對北美自由貿易區的支持為例[70]，他知道北美自由貿易區會提高美國的生活水準，但大多數美國人的看法卻正好相反。如果柯林頓的唯一目標是盡量提高自己競選連任的成功機率，那他應該怎麼辦？兩種方法都沒有吸引力，第一種做法是藐視大眾，希望在下次大選前，北美自由貿易區的經濟利益能夠消除傷害。第二種做法是配合大眾，保住大眾的信任，希望大眾忽略低迷的經濟。柯林頓選擇第一條路，這是個非常慎重的選擇。

如果選民有系統的誤解什麼政策有效，其中會有一種明顯的暗示：他們會不滿意自己選出的政客。如果政客忽視公眾的政策偏好，看來會像是特殊利益團體的貪腐工具，如果政客推動大眾偏好的政策，會因為成果不佳，而顯出無能的樣子。實證上，這種說法合乎實情，GSS顯示，只有25％的受訪者同意「我們選出的國會議員努力維持競選時的諾言」，只有20％的人同意「相信大部分部會首長會做對國家最有利的事情」。[71]

為什麼民主競爭產生的顧客滿意度這麼低？因為政客做或不做都會遭到責難，如果他們無法達成不可能的任務，民眾會說他們貪贓枉法。

跟結果有關的投票有一個問題，就是跟結果有關的判斷也可能發生偏差。「所信即所見」——如果大眾偏愛的政策當道，大家可能會戴著玫瑰色的眼鏡去看。[72] 1990年代，就業率升到三十年來罕見的最高峰，但是反對北美自由貿易區的人宣稱，大家都可以清楚看到此一協定的惡果。[73]

跟結果連結的投票還有一個缺點，就是選民可能為了領導人無法控制的問題，而懲罰領導人。[74] 就像艾琛和巴泰爾斯所說：

> 如果經濟衰退時，就業機會減少，表示有什麼地方出了問題，但這是總統的錯嗎？如果不是，那麼根據經濟成果投票，可能不會比因為尼羅河不氾濫，就殺死法老王還理性。[75]

在分立政府中，這一點令人特別困擾。如果公眾為了經濟動盪而怪罪總統，反對黨的國會議員可能會藉機興風作浪，阻止總統競選連任成功。甚至要點手段，國會可能推動深得民心、卻會產生反效果的政策，迫使總統否決（因為不順應輿論而喪失選票），或是簽署法案（因為差勁的經濟表現而喪失選票）。老布希擔任總統的1988年到1992年間，民主黨提出代價高昂卻深受歡迎的社會立法，就有人用這種方式解讀。[76]

不高估跟結果有關的投票有一個最後的理由，就是很多人對於什麼才算「成果」的門檻要求很低。社會科學家所設想的「成果」，是類似經濟成長、平均壽命、犯罪率或和平之類的東西，但政客習於把通過法案和動用支出視同「成果」。有多少選舉廣告，把「嚴格的槍械管制新法案」之類的東西，當成「成就」？如果槍械管制會提高謀殺率，卻還把這種法案稱為「成果」，豈不是很奇怪。

雖然有以上這些值得深思的問題，但把政策和結果混為一談的偏好，仍然可以當作民主制度為什麼沒有惡化的合理解釋。回答SAEE問題的受訪者，不只是跟政策有關的信念有偏見，跟結果有關的信念也有偏見，但是他們在結果的判斷上偏見程度比較低，而且他們對經濟現狀的認知相當精確。[77]除非經濟政策的未來成本不是太高，否則政客向流行的錯誤觀念屈服前，必須三思。

經濟學以外的偏見：跟毒物學有關的系統性偏見

我大部分的例子都取材自經濟學，這樣做很有道理，因為經濟學主導現代政府的工作議程。但是我的分析也可以運用在其他跟政治相關，而且大眾的信念具有系統性錯誤的其他領域。

毒物學攸關環境、衛生和安全政策，因此是引人注目的例

子。大眾對這種顯然枯燥無味的技術性領域有很多偏見。[78] 例如，克勞斯、孟姆佛斯和史洛維奇問大家，是否同意「就殺蟲劑而言，你應該擔心的不是暴露在多少化學物質中，而是你究竟是否暴露其中」這句話。[79]

表6.1　大眾和毒物學家對劑量的看法歧異

「就殺蟲劑而言，你應該擔心的不是暴露在多少化學物質中，而是你究竟是否暴露其中。」

	強烈不同意	不同意	同意	強烈同意	不知道
大眾	11.9%	47.3%	29.2%	6.9%	4.6%
毒物學家	61.5%	33.1%	1.8%	2.4%	1.2%

資料來源：克勞斯等人著作

　　毒物學家強調劑量了，而非毒物學家通常認為化學物質只有安全或危險兩種分別，甚至認為暴露在少量毒物或致癌化學物質中，都會造成若干傷害。[80]

　　就像在經濟學中一樣，一般人不只排斥細節，還排斥基礎知識。毒物學家遠比大眾更可能肯定「使用化學物質對生活的改善，超過所造成的傷害」，也更可能否認天然化學物質的傷害低於人造化學品，同時更可能拒斥「降低跟化學物質有關的風險，代價永遠不會太高」的看法。[81] 批評者雖然可能喜歡抨

擊毒物學家的客觀性，但我們很難把這種指控當真。大眾的看法經常都很愚蠢，而且業界、學界和主管機關的毒物學家看法大致都完全一致。[82]

大眾對劑量的誤解對政策有什麼影響？本章的思想實驗是有用的指引。在選民相同的情況下，未能認識劑量的重要性直接導致環保法規誤入歧途，政府沒有注重劑量方面的重大風險，反而把資源浪費在設法消除微小的危險上。[83]如果在其他方面都同質的選民，在劑量的重要性上產生意見分歧，而中間選民也懷疑「毒性與劑量有關」的常識，那麼環保法規會向浪費的方向傾斜。同樣地，如果選民不相同，卻追求社會福利最大化，可以預期會出現類似浪費的政策。

既然如此，為什麼環保政策會這麼強調劑量？選擇性參與很可能是原因之一。克勞斯、孟姆佛斯和史洛維奇在1992年的研究中，反映我的研究成果，發現教育使大家像毒物學家一樣思考。[84]不過大部分的解釋很可能是選民關心經濟福祉和安全，從低劑量變成零劑量代價太高，可能吃光所有的GDP。這種情形會造成民主領袖左支右絀，如果領袖擁抱重要的零劑量觀點，據此立法，就會引爆經濟災難。超過60％的民眾同意「降低跟化學物質有關的風險，代價永遠不會太高」的看法。[85]但是，一旦經濟土崩瓦解，遵照這種觀點施政的領袖，一定會變成大家痛恨的代罪羔羊。另一方面，把每一種低劑量恐懼都斥之為「不科學」和「偏執」的領袖，很快就會成為大

家辱罵的迂腐及遲鈍的象徵。政客在這種誘因左右下，不能不理會大眾的錯誤觀念，卻經常事事拖延。

結論

　　非理性信念會帶來愚蠢政策的主張大致正確，在合乎實際的假設下，非理性思想會帶來愚蠢的行動，認識自利選民假說在實證上的弱點，會消除所有沒有必要的複雜性。如果選民的目標是增進公益，而不是增進私利，就沒有必要建立一座不牢固的橋樑，從公益通往每一個人的私利，我們可以擺脫支持錯誤政策合乎公益的錯誤觀念。

　　主要的問題是：如果公眾正好得到自己要求的東西，政策會變得糟糕多了。研究美國人的經濟信念後，會發現美國人的期望似乎更符合裴隆（Juan Perón）之類的拉丁美洲民粹主義分子，你會發現，美國比你預期的更市場導向、對國際競爭更為開放。

　　進一步思考後，你會發現這種反差其實也不難想像。選擇性參與常常被指責為階級偏見的根源，它讓中間選民對經濟的了解，勝過中間公民。更重要的是，公眾有種無禮的傾向，會把最忠誠的代理人，當成代罪羔羊，這種傾向會鼓勵恰如其分的虛偽。政客會面對下述令人不安的困境：「一開始，毫不掩

飾的民粹主義績效很好，然而一旦不利結果出現，選民會指責我，不會指責自己。」這樣幾乎並非暗示採行民粹主義路線沒有好處，但是領導人在推動公眾認為有效和與確實有效的政策之間，必須再求得平衡。

——

技術面附錄：什麼東西讓大家的想法像經濟學家

從素質上而言，SAEE中有五個因素會讓大家「像經濟學家一樣思考」，就是教育、男性性別、過去的所得成長、預期所得成長和就業保障。[86] 他們經常像受過經濟學訓練那樣，推動方向相同的信念，幾乎沒有向相反方向推動。但是，這些因素和經濟思維之間的整體關係有多強烈？我在《法律與經濟學報》上發表的論文，利用下述技巧，把其間的關係量化。[87]

第一步是建立一個由三十七個等式構成的系統，一個等式對應SAEE中的每一個問題：

$$(1)\ 高稅負 = c(1) + w(1) \begin{bmatrix} e(1)教育 + e(2)男性 + e(3)你過去五年 + \\ e(4)你未來五年 + e(5)就業保障 + 經濟 \end{bmatrix} + \varepsilon$$

$$(2)\ 赤字 = c(1) + w(2) \begin{bmatrix} e(1)教育 + e(2)男性 + e(3)你過去五年 + \\ e(4)你未來五年 + e(5)就業保障 + 經濟 \end{bmatrix} + \varepsilon$$

$$(3) 援外 = c(3) + w(3) \begin{bmatrix} e(1) \text{教育} + e(2) \text{男性} + e(3) \text{你過去五年} + \\ e(4) \text{你未來五年} + e(5) \text{就業保障} + \text{經濟} \end{bmatrix} + \varepsilon$$

等式4到等式37也是這樣處理，括弧內的每個係數，亦即所有的e，在所有三十七個問題中必須相同，例如，教育方面的係數e（1）在等式1、等式2、等式3以下的等式中，數值都相同。相反地，每個等式中的常數和w係數會隨意變化。因此，這套經濟主義變數在某一個等式中的影響可以是正值、負值或0，因為每一個括弧前，都有一個專屬這個等式的係數w。憑直覺來看，e係數掌握了獨立變數有「多合乎經濟主義」的性質，w係數掌握了「依變數多合乎經濟主義」的特質。

第二步是用非線性最小平方法，估計整個系統的係數。結果完全符合定性化的外觀。雖然其中有強烈的共線性限制，w係數在統計和經濟方面，都具有高度的顯著性，經濟變數在三十七個等式中的三十四個等式中，經濟主義變數都具有5%的顯著水準。

此外，所有e係數都是正值，而且絕大部分具有統計上的顯著性，顯示這些係數確實會配合經濟方面的知識而升高。

表6.2　w係數

序號	變數	係數	t檢驗	序號	變數	係數	t檢驗
1	稅負過高	−0.51	−16.96	13	預期薪資	−0.63	−20.29
2	聯邦預算赤字過高	−0.14	−9.58	14	高階經理人薪資過高	0.11	3.95
3	援外太多	−0.88	−26.84	15	科技取代人工	0.70	−22.14
4	移民太多	−0.70	−22.34	16	企業工作委外	−0.71	−22.51
5	企業稅務優惠太多	−0.52	−17.12	17	企業精簡人力	−0.67	−21.37
6	教育訓練不足	−0.01	−0.24	18	企業教育訓練投資不足	−0.26	−8.71
7	社福太浮濫	−0.58	−18.85	19	減稅	−0.22	−7.32
8	過度扶助婦幼	−0.36	−12.29	20	女性勞動力增加	0.18	6.21
9	勤奮無用論	−0.37	−12.48	21	職場加強運用科技	0.31	10.38
10	政府管制太多	−0.18	−6.14	22	其他國家簽署貿易協定	0.43	14.15
11	儲蓄不足	0.07	2.26	23	大企業最近精簡人力	0.50	16.21
12	企業獲利太高	−0.77	−23.94	24	改革	0.56	18.15

（續表6.2）

序號	變數	係數	t檢驗	序號	變數	係數	t檢驗
25	貿易協定影響美國就業	0.58	18.88	32	工資變化速度	0.30	10.30
26	油價上漲原因	0.40	13.33	33	雙薪家庭增減	−0.11	−3.63
27	汽油價格	−0.69	−21.51	34	未來五年生活水準	0.34	11.44
28	總統改善經濟的能力	0.01	0.20	35	子女未來生活水準	0.12	4.17
29	新工作薪資高低	0.47	15.04	36	未成年子女未來生活水準	0.00	−0.04
30	貧富差距變化	0.06	2.21	37	國家經濟現況	0.43	13.97
31	家庭所得變化速度	0.49	16.24				

表6.3　e係數

變數	係數	t檢驗
教育	0.093	18.1
男性	0.157	11.3
過去五年生活水準	0.122	11.8
未來五年生活水準	0.099	10.1
就業保障	0.059	10.0

大家可以利用表6.3的資訊，把普羅大眾中不同次團體的經濟素養，以梯狀量表表示出來。擁有平常人普遍性格的非經濟學家和啟蒙大眾之間估計的信念缺口等於：教育係數e（1）乘以2.46（此一數值為理性大眾超越一般教育水準之值）加1（隱含的經濟係數）。這個式子可以寫成：0.093×2.16＋1＝1.229，接著以這個基準與人口中其他群體的信念缺口比較，如圖6.4所示。

例1：啟蒙大眾和教育水準最低的一般大眾之間，信念缺口為6×0.093＋1＝1.558。以百分率表示時，這樣表示人口中最低教育水準族群的信念缺口大約為1.5558/1.229＝127％，等於基準值的1.27倍大。

例2：啟蒙大眾和就業保障程度最高一般大眾之間的信念缺口，為e（五）乘以 1.12（一般與最高就業保障水準之間的差距）加1.229（正常差距），這樣可以簡化為1.163，大約為基準值的95％。

第七章

非理性與供給政治學

第一，即使沒有政治團體試圖影響民眾，
民眾在政治事務上，通常都會屈服於額外
的理性（extra-rational）或非理性偏見和衝
動。然而，第二，民眾思考過程中的愈缺
乏邏輯性、愈沒有批判能力……別有用心
的團體愈有機會介入。
——約瑟夫·熊彼得，《資本主義、社會
主義與民主》[1]

一　般選民的偏見是在我政治經濟學研究中最與眾不同的一項特點，但不是唯一的特點。與爭取理性選民相比，要爭取非理性選民的歡心，需要不同的戰術和才能。[2] 選民的非理性從領導、授權、宣傳到遊說各方面，重塑了整個政治天地。

候選人的理性

> 不論事實和邏輯怎麼說，成功的候選人憑著本能，可以感受到選民的感覺，他的指導原則既不是效率，也不是公正，而是當選的可能性，他對這點非常了解。——艾倫‧布蘭德，《死腦筋、活思路》[3]

如果完全理性的候選人們競相爭取非理性選民的選票，尤其是爭取對各種政策效果懷有非理性信念的選民，結果會如何？這種情形是通往謊言的大道，如果候選人了解自由貿易的好處，大眾卻忠誠地擁護保護主義，誠實的候選人不會有什麼前途。每一位認真的競爭者不但必須把自己對經濟的了解藏在心中，還要「迎合」大眾，熱心擁護自己明知不對的保護主義信徒。

馬基維利曾經露骨地建議他的讀者，如果毀棄承諾可以強

化政治生涯，要毀棄諾言，他說：「如果守信會違背自己的利益時，謹慎的君王不應該守信……如果所有的人都是好人，這句話就不是好準則，但是因為並非人人都是好人，不一定會信守對你的忠誠，因此你也不需要對他們忠誠。」[4]馬基維利的意思是，不管是道德還是不道德，說謊都是平衡的行為。在現代民主環境中，馬基維利可以輕易地寫出：「當推動對社會有利的政策會喪失選票時，慎重的君王就不該推動……如果所有的人都很理性，這種準則應該不是好準則，但是因為所有的人都不理性，傾向殺害通報壞消息的人，因此你不該挑戰他們的錯誤觀念。」

　　但候選人可能是與眾不同的理性典範嗎？這要看主題而定。[5]候選人偶爾跟一般選民不同，具有保持理性的強烈誘因。最重要的是，候選人了解：政策立場和其他行動會怎麼改變自己的選舉前途，進而對自己有益。候選人理性思考自己受歡迎程度的誘因，跟資本家理性思考自己利潤的誘因一樣強烈。

　　例如，候選人精確估計政治廣告的效果，也精確了解選舉捐款和選票之間的「交換率」。如果他們高估捐款為選票帶來的好處，就會分配太多時間在募款上，提出太多有害的承諾。反之如果他們低估了捐款為選票帶來的好處，就會分配太少時間在募款上，對回報捐款人的贊助會過度大驚小怪。

　　或者，請想一想理性思考跟媒體有關的誘因。政治人物經常會有一些不可外揚的家醜，每天還要面對家醜增加的誘惑。

對於祕密曝光的可能性或面臨嚴重反彈的衝擊有一個正確的概念，是政治人物安身立命的工具。但這並不表示政治人物把偷歡的價值當成零，但是我們應該預期他們會做出明智的交換，柯林頓和「那個女人，李文斯基小姐」的關係，最後吸引媒體極大的關注，但是柯林頓始終採取保護自己的措施。[6]

總之，政治人物和一般選民不同，會在系統性錯誤代價高昂時，做出政治選擇。在這種情況下，我們應該期望領袖精明能幹、頭腦清楚。選擇壓力會強化這一點，背離選民政治人物很快就會銷聲匿跡。[7]

然而，有一個重要領域的事情沒有那麼清楚，就是跟政策效果有關的信念。政治人物正確判斷政策是否有效會有好處嗎？如果選民只關心固守自己的政策偏好，答案就是否定的。對於追求選票最大化的候選人來說，大多數總是正確無誤，湯瑪斯‧索維爾解釋過：

> 大部分的選民不會思考第一步以外的事情，透過民選的政府領導人也沒有什麼動機去考慮下一步會如何；然而有很強的誘因促使這些政治人物避免與選民的想法背道而馳，免得競爭斷手有機會藉著迎合大眾的錯誤觀念，在自己和選民之間見縫插針。[8]

如果選民堅持保護主義，政治人物即便再有耐心地對選民

講解比較利益，也爭取不到他們的友誼。政治人物不但不會設法矯正民眾的錯誤，反而會迎合他們。就像亞歷山大・漢彌爾頓在《聯邦黨人文集》中說的一樣，政治人物會「奉承他們的偏見，背叛他們的利益」。[9]

特別高明的政治人物不只會迎合當前的錯誤觀念，還會引導滿懷感激的民眾，朝向明天「更好、更新穎」錯誤觀念去。他們會說出民眾想聽的話，甚至把民眾「以後」想聽的話也一併托出。油價突然上漲後，民眾很可能自動怪罪貪婪的石油公司，卻不會想到要物價管制。高明的政治人物會利用這種危機，提醒選民採用一種很有吸引力的解決之道：「實施物價管制啊！我們為什麼沒有想到這一點？」

對政治人物來說，理性評估政策是否有效的誘因不但很弱，還很不合常理。馬基維利勸告君王「做壞事要做得像是被迫這樣做一樣」，但同時「要非常小心，別說出滿口仁義道德的話，也不要洩漏任何事情」，君王可以盡情地扮演偽君子，因為「每個人都可以看到你的外表，感受到你真正樣子的人卻很少，而且這些少數人不敢對抗多數人」。[10]心理學家卻提出和馬基維利說法相反的道理，證明人類確實能從身體語言、聲音語調等方面，看出別人是否誠實以對，儘管這項能力並不突出。[11]喬治・柯士坦沙（George Costanza）告訴傑利・宋飛（Jerry Seinfeld）的話令人難忘，「請記住，如果你相信謊言，謊言就不是謊言。」[12]坦承錯誤的政治人物之所以看來更真

誠，原因在於他確實比較真誠，這點讓誠心分享選民政策觀點的政治人物，讓他比老謀深算的對手更具有優勢。[13]

前一章談過，有一種抗衡的力量存在。如果選民關心政策和結果，苦苦奮鬥的憤世嫉俗政治人物就有少許機會，可以對抗迷惘的理想主義者，憤世嫉俗者會碰到一個問題，就是選民內心深處會覺得不安，認為憤世嫉俗的政治人物跟自己不是同夥。但是憤世嫉俗者比理想主義者更善於避免慘劇，因為他能夠超然的評估民眾所喜愛政策的成本，真正擅於權謀的人會破壞和低調處理民眾最差的構想，從頭到尾都只會說好話。

要在政治上獲得成功，必須融合天真的民粹主義和務實的犬儒主義，難怪模範政治人物都有法學學位。湯瑪斯‧戴伊和哈蒙‧賽格勒指出，「美國70％的總統、副總統、內閣官員，以及超過一半的參議員和眾議員」都當過律師。[14]從新政時期以來，政府的經濟角色大為擴張，但受過經濟學訓練的國會議員所占比率，仍然寥寥無幾。[15]經濟議題對選民很重要，選民卻不想要在經濟上學有專精的民選官員，尤其不想要會教導他們、指出他們心中困惑的那種政治人物。

結果，選舉過程選出受過專業訓練、能說善道，卻誠心誠意不在乎實質的人。[16]很多政客會聘請經濟學家提供諮詢，但是雄辯大師卻主導其事，因為他們擁有最寶貴的政治技巧：知道他們會在正確和受歡迎之間，如何謀求最適當的平衡。

信念的政治經濟學

領導人一直都知道怎麼激發盲目的信心，羅伯特·米契爾斯提到「人民有一種極為常見的信念，認為他們的領導人比自己高人一等」，「唸偶像名字時語帶恭敬，敬謹膜拜、服從與偶像關係薄弱的蛛絲馬跡，聽到批評偶像人格的話語時憤慨非常」的情形都是證明。[17] 很多極權主義運動都堅持他們的領袖「絕對不會犯錯」，「領袖永遠是對的」是法西斯信徒間流行的口號。[18] 魯道夫·赫斯用下述詩意的說法，讚頌希特勒的完美判斷：

> 我們驕傲地看到有一個人超越所有的批評，那就是元首。這是因為每個人都可以感覺到並知道：他永遠正確。我們所有人的國家社會主義都植根於無盡無止的忠誠，不問個別原因的聽令於元首，默默執行他的命令。我們相信元首服從塑造日耳曼歷史的更高層命令，大家對這種信念絕沒有任何非難。[19]

很少有民選領導人能這麼恬不知恥地宣稱任何事，但是他們似乎享受著一種比較溫和又非理性的尊敬。[20] 最有魅力的總統不太可能將自己不會犯錯的訊息，強行加諸於其他人，但這無法阻止大家在沒有反面鐵證證明下，堅決相信他的誠實。克

魯曼憤怒地寫道：

> 布希先生找到了一個重要的政治發現，結果卻變成無法
> 有效挑戰的重大謊言，因為選民不能相信看來這麼可親的人
> 會做這種事。[21]

連平庸的政治人物都可能發現，頭銜會讓自己的話更容易
被採信，如果這種事情適用於教宗，在總統身上怎麼會不適用
呢？

非理性的尊敬有一個鮮明的例子，九一一恐怖攻擊後不
久，民意調查發現一件奇怪的事情，就是全美公民突然變成對
政府更有信心。[22] 當民調問及，能多大程度「信任美國政府會
做正確事情」？2000年時，大約只有30％的美國人說「總是」
或「大多數時候」，九一一恐怖攻擊發生兩週後，這樣回答的
比率增加一倍以上，達到64％。但我們卻很難看到，當通用
汽車因為重大事故，必須召回售出汽車後，消費者對該公司還
會有多大的信任。民眾的反應就像宗教教派預測世界末日錯誤
後，大家反而說「我們比以前更相信」一樣。

盲目的相信有一個近親，就是光靠雄辯就能改變大家心
意的能力。想一想下面的情形，大家修正自己的世界觀，是因
為一位抱負遠大的領導人重新描述了事實。在正常的信任下，
觀眾會說：「因為是他說的，所以我才相信。」因領導人辯才

無礙而激發的信任略微有不同：「我會相信，是因為他說得這麼好。」聶魯達（Pablo Neruda）之類大詩人的政治影響力，可能是最極端的事例。我們根據常識，會屬聲問道：「他懂什麼？他只是個詩人而已」，但是很多人寧可聽他的話，受他美麗的詞藻左右。

如果大眾對非理性信念孳生某種程度的信心，民主制度會產生什麼變化？最明顯的效果是讓領導人能夠鬆懈下來，或是擁有「彈性空間」。雖然他們必須順應民意，民意卻有點像變成了政客本身抉擇的函數。如果做第一件事會讓大眾對第一件事的智慧有信心，做第二件事會讓大眾對第二件事的智慧有信心，那麼政客或許可以安全地選擇任何一件事。政治人物會竊喜於「大家會思考我叫他們思考的東西」這種傲慢行為上，但他的判斷並沒有錯。

信任有助於說明政治人物用含糊答案閃躲尖銳問題的傾向。[23] 在戰略上，拒絕採取某個立場（或改變話題），怎麼可能勝過坦然支持溫和的立場呢？[24] 請換位思考一下選民的反應，他反對溫和的觀點，但對候選人有一定的信任，如果這位候選人宣布自己擁護這種溫和的觀點，大家對他的信任會冰消瓦解，但是只要這位候選人保持沉默或含糊其詞，你認為「他很正派，一定同意我的看法」的信任卻不會銷熔。從政治人物的觀點來看，關鍵事實是，在這個議題上，兩方面的選民都可以用相同的方式「推理」。

對當權派（或期望的當權派）懷抱近似宗教信仰的虔誠，有著很明顯的壞處，民選官員在大眾輕信的支撐下，可以逃避大眾對他們施加的傷害。[25] 請回想一下，要讓政治人物守規矩，最簡單的方法是你抓到他們的不當行為時，要嚴厲懲罰他們，對領袖有信心的選民會有姑息養奸之恨。

馬基維利曾經惡名昭彰地敦促領導人，要充分利用領袖崇拜：「變成善於做假的偽君子……確實有必要；人類極為簡單，極為樂於服從必要的事物，以致於騙子總是會發現願意受騙的人。」[26] 貪腐政客可以利用以信念為基礎的鬆懈，迎合特殊利益，思想家可以藉此推動自己的目標。不論大家對反恐戰爭做何感想，都很難否認如果小布希總統做了大不相同的抉擇，應該會贏得相當高的支持。如果他認定進攻伊拉克不值得，他的支持者當中，有多少人會退縮？因為布希的若干選擇方案對他的金主比較有利，也比較符合他的意識形態，他必須面對應該迴避的誘惑，唯一的問題是他是否曾經臣服在誘惑之下。

然而，我們不應該忽視政治信仰有一個好處，就是能夠中和群眾的非理性。如果了解自由貿易好處的領導人，知道群眾會支持他的任何決定，就可能忽視選民的保護主義信念。因為政治人物都受過良好教育，而且教育可以讓大家更像經濟學家一樣思考，因此其中還有一些希望。盲目信念不會創造明智抉擇的誘因，卻可以消除明智抉擇的限制因素，但是這樣會不會

比政治信念還危險，就是懸而未決的問題了。

迷信專家是類似的問題，專家面臨隨波逐流或堅持原則的選擇。隨波逐流意味著專家利用社會大眾的迷信，謀求個人利益，或兜售自己的意識形態；堅持己見的專家則會不顧群眾的態度，致力於協助群眾。假設群眾相信食品藥物管理局，食品藥物管理局的藥物政策專家可以順勢而為，告訴輕信自己的群眾，測試藥品的療效和安全性「符合公眾利益」，忽視長年延後上市造成的生命損失。[27] 但專家有時候會堅持原則，群眾可能認為沙利多邁（Thalidomide）應該完全禁用，卻因為食品藥物管理局批准用這種藥來治療痲瘋病，因而延後禁用。[28]

非理性與授權

> 君王應該把不受歡迎的職責交給別人執行，而把施惠於人的事情留給自己掌管。——馬基維利，《君王論》[29]

在複雜的現代政治制度中，領導人只能做少數重大決定，其他決定必須交付下屬。高層下屬也要面臨同樣的兩難，必須把明確的決定權，推到官僚體系的更下層，因而助長民選領導人沒有主持其事的感覺，大家認為，真正的權力理當握在「無

名官僚體系」手中。

研究委託—代理人關係的經濟學沖淡了這種本末倒置的現象。[30] 委託人交辦任務給下屬時，心照不宣的指令是「請你做好要是我有時間、一定會自己辦理的事情」，而不是「請你照你的意思去做」。前者不會演變成後者，常識告訴委託人，偶爾要考察下屬，看看下屬仿照他自己親自做決定的程度多高。[31]

不論是一位委託人面對一位代理人，還是委託人高高在上，底下是層層疊疊的官僚體系金字塔，兩者之間並沒有什麼不同，頂層的偏好會滲透到底層。想像有一座金字塔從A層到Z層、由上而下，由二十六層構成，如果Z層問：「我理當做什麼事？」答案是：「做Y層要你做的事情。」接著，如果Y層問：「我理當做什麼事？」答案是：「做X層要你做的事情。」對Z層的任何一個人來說，滿足他上一層Y層的期望，等於滿足他上兩層的X層的期望，這種原則讓我們爬上整座金字塔。

從深層意義來看，組織領導人要為組織的所有作為負責，領導人會出錯，但是他的職責之一是監督下屬，包括注意下屬是否監督好其下屬。如果超級市場的食物包裝員工對你無禮，這樣不只是個人的缺點，還反映整個體系組織不佳，看不出包裝員工的禮貌問題、並予以改正。

這種說法跟終身教職、最高法院大法官，和不能解雇的其他人有關。你不能懲罰別人的不服從行為時，要改為利用名聲

來施加懲罰，你必須選擇長期支持你的做法的候選人。如果大法官給任命他的總統扯後腿，理性的選民可以譴責總統缺乏知人之明，而且應該這樣譴責。

因此在第一階段，簡單的模型似乎就能掌握現代政府的複雜性，在政治機器中長久擔任齒輪的人經常傳遞出不同的想法，但是他們的反對意見相當膚淺。你對一個授權決定的表面細節擁有一些影響力，並不表示你（而不是你名目上的上司）能夠控制這個決定的實質內容。你的老闆很少複查或事後批評你，不表示你握有實權。比較可信的是，這樣表示你的上司理性地信任你，認為你會按照他的意圖處理事情。如果他認為你很健全，他會放手讓你去做，保留力量，監督更有問題的下屬。

非理性本身不會放大授權的重要性。如果選民相信保護主義會促進整體福祉，機會來臨時，他們希望提倡保護主義的領導人能更有貢獻，預期他們的領導人會把保護主義目標，強加在下屬身上，讓組織的所有層級都知道，所有決定都應該服膺保護主義的意圖。

然而，某些非理性會侵蝕標準的分析。假設選民低估政治人物控制手下的能力，會為他們創造奇怪的空間。政客自己可以採行群眾滿意的行動，卻容許或鼓勵手下做正好相反的事情。

美國的最高法院大法官由總統任命，再經過參議院同意。

理性來說，大法官的裁決會反映總統與參議院的意圖。如果有一位大法官藐視輿論，保護焚燒國旗的行為，任命他出任大法官的總統、同意他任命的參議院，聲望應該都會因為他的決定而減損。[32] 然而，這樣是假設一般選民正確看出其中的連帶責任。如果選民有系統的低估其中關聯的力量，認為是大法官破壞了民意。政治人物不得不指責焚燒國旗的行為，以便贏回選民的認可，但是另一方面，卻仍視其為合法行為，只要決定權仍在對此持反對立場的下屬手中。

能夠不管手下的行動，會讓領導人獲得額外的餘裕，如果他希望看到不受歡迎的事情發生，他不必讓自己站在眾矢之的位置。相反地，他可以公開跟大多數人站在一起，私下卻領導手下，自行削弱自己的立場。最極端的做法是，他可以在不列入記錄的情況下，告訴下屬，他的公開聲明跟他的真正心意正好相反。但比較容易的做法是，任命那些想做出不受歡迎的事情，然後再另謀高就的人

流行觀點和合理觀點重疊時，跟最後政治責任有關的系統性偏見就會變得非常糟糕。如果政客在下屬譴責「特權關說」時睜一隻眼、閉一隻眼，貪腐和徇私舞弊就會大行其道。在《辛普森家庭》（Simpsons）劇集經典的一集裡，霸子‧辛普森（Bart Simpson）因為用「我沒有做這件事」這句口號，為自己的品行不端開脫，因而變得很出名。[33]沒有人相信霸子，但是如果選民相信利用霸子所用策略的政治人物，那麼那些政治人

物等於拿到了盜竊的許可證。說得更精確一點，政治人物可以在沒有盜竊半樣東西的事實掩飾下，販售盜竊的執照。忠於意識形態的政治人物可以利用同樣的手段，為傳說中比較高貴的目的開脫，說出「資助尼加拉瓜反政府游擊隊嗎？我沒有做過這件事」。

但是把流行和合理等量齊觀，會不公平地把天平傾向反對政治疏漏的一端。像涂洛克在一則小寓言中說的，和政治責任有關的非理性，可能化解非理性對政策的影響：

> 想想一位經濟學教授和他班上最笨的學生，我們假設……這位笨學生變成了國王，經濟學教授變成了他的首席顧問……這位顧問開給國王三個行動方針：一是他可能辭職；二是他可以停止改善這個王國經濟狀況的做法，逕自推行國王愚蠢的經濟事務理念；三是可以設法欺騙國王，推行他認為明智、又得到國王在國務會議上同意的政策。[34]

如果選民關心政策和結果，跟誰為什麼事情負責的虛假信念會特別有影響，這時領導人會處在雙贏的局面中，可以公開支持民眾的看法，並突顯自己的意圖值得讚揚，同時促請下屬忽視輿論，追求繁榮，證明自己的能力。

我們可以說，跟政治責任有關的偏見，在促進自由貿易的進展上居功厥偉。國會和總統在貿易政策上擁有完整的授權，

隨時可以決定脫離世貿組織，然而，世貿組織推翻美國的保護主義措施時，我們的領導人譴責世貿組織，卻忘了世貿組織的權力是他們賦予的。[35]

無可否認的是，這樣正好落入葛萊德這種詆譭經濟學界的人手中：

> 貶抑輿論當然是忽視輿論的必要前提，菁英對公益的絕望語言是菁英政治中重要的一環，因為這樣可以創造另一種屏障，創造一種氣候，鼓勵政治領袖藉著違反選民明顯的意願，展現「負責任」的態度。[36]

但是他的慨嘆躲避了下述難題：如果輿論值得貶抑，又該怎麼辦？

另一件因為跟政治責任有關的誤解而出現的怪事是：領袖經常感受到群眾要求他針對某個問題「採取行動」的壓力，但是大家卻對每一個具體的解決方案吹毛求疵。解決之道是通過立意良善卻含糊其詞的立法。[37]然而，這樣會把艱難的決定，推到所謂立場超然的機構或法官手中。有人可能會反駁：「如果你創造這種機構，卻保留用多數決的方式改變或廢除這種機構的權力，它還有什麼『立場超然』可言？」但是嚴厲質疑的阻力很脆弱，假設大眾喜歡政治人物掛羊頭賣狗肉的說法，期望可能因為「確實有在做事」而提高，卻把勢在難免的失望，

丟給別人承受。

　　美國的「反托拉斯法」是很好的範例。我設法靠著字典的協助，解讀「意圖壟斷」或「限制交易」的意義。我現在是否「意圖壟斷」經濟學書籍的市場呢？這一點不重要。雖然反托拉斯法的條文跡近毫無意義，倡議立法的參議員謝曼（Sherman）和眾議員柯來頓（Clayton），卻因為「對抗托拉斯」而大獲好評。只有在法官和主管機關「解讀」該法時，才會看出他們的影響。從謝曼和柯來頓的觀點來看，這種情形使他們的立法行動更為美好，別人要負責做出艱難的決定、面對難堪的風險，要看穿這種花招，只需要靠著常識問一個問題：「起初到底是誰通過這種含糊不清的法律，讓別人可以做出差勁決定的？」如果常識不是這麼普遍化，這種招術就會發生效用。

　　如果經濟學家對民主制度毫無信心，就會強調選民多麼難以控制自己的「代表」。[38] 衛特曼之流為民主辯護的人淡化了政治鬆懈的角色。整體而言，衛特曼在理論之爭中占了上風：選民有很多可以控制領導人的輕鬆方法。但是，雙方通常都誤解了他們對餘裕所持立場中比較廣泛的意義，就我們對民主制度所知道的一切來說，代理人「問題」可能正是機構的「解決之道」。

　　主人不知道自己的最大利益是什麼時，不服從的僕人可能是好事，選民受到的誤導愈嚴重，政治人物愈不願意毫無異議地滿足選民的願望。如果選民希望實施物價管制，有餘裕的政

治人物可以為了選民的利益，不予理會，或可能從大石油公司手中收錢，以便反對管制，在眾所周知的情況下，把民間的罪惡，變成公眾的美德。其中的教訓是，代理人「問題」會調和多數人的極端，好結果會變得沒有那麼美好，因為貪腐政客會妨礙公眾的偉大設計。差勁的結果會變得沒有那麼糟糕，因為政治人物擁有能夠減輕壞處的彈性空間。

不過，奇怪的是，如果衛特曼對機構問題的看法正確，民主制度看來會更糟糕。前一章已經解釋過，無私的動機會放大非理性認知的風險，因此，選民非理性而無私時，或許你應該希望「代理人」問題會在選民想要和實際得到的東西之間，打開一個可以存活的缺口。如果政客別無選擇，只能執行選民的願望，民主制度就會失去一個主要的安全閥門。

非理性與宣傳

> 我相信選民偏好在政治行為中，經常不是重要而超然的力量，這種「偏好」可以透過利益壓力團體提供的資訊和錯誤資訊，加以操縱和創造，這種團體會藉改變夠多選民和政客已經曝光的「偏好」等多種方法，提高自己的政治影響力。——蓋瑞·貝克《壓力團體競爭政治影響力理論》[39]

媒體希望娛樂公民；政治人物希望影響選民，如果知情的選民達成這些目的，媒體和政治人物會得到流通免費資訊的誘因。很多社會學家認為，這些免費贈品有助於民主制度的運作，如果選民是理性的，他們的說法就正確無誤。[40] 但是如果選民達不到這種理想，會有什麼結果呢？

非理性與媒體

面對群眾系統性偏見的證據，最常見的反應或許是歸咎於媒體。保守派指責自由派要為節目中的偏見負責，自由派比較可能攻擊廣告主的偏見，這兩種情況所用的模式，都是透過重複、達成說服的目的，如果有人在電視上重複自己的話夠多次，觀眾最後還是會相信這些話。[41] 很多成功的宣傳家都沿用這種模式，但是沒有人像希特勒說得這麼坦率：

> 群眾的接受能力很有限，他們的智力不高，遺忘的能力卻很驚人。因此，所有有效的宣傳都必須精簡，而且必須不斷地用口號老調重談，直到群眾中的最後一位能夠從你的口號中，了解你要他了解的東西為止。[42]

把偏見歸咎於媒體，具有最深層的吸引力，記者經常支持經濟學上的謬誤，同業公會媒體把進口描繪成成本，財經新聞把就業視同繁榮發展，把貪婪跟高價和不誠實等量齊觀。把悲

觀偏見歸咎於媒體是最容易的事情，就像朱利安‧賽門說：

> 唯一可能的解釋是報紙和電視（在人們缺乏直接經驗的問題上，它們是相關觀念的主要來源），在有意、無意之間，有系統地誤導大眾。其中也有一個惡性循環：媒體傳播跟環境恐慌有關的故事，讓大家驚恐，然後民調揭露大眾的憂慮，憂慮被人引用，成為支持對想像中恐慌採取行動政策的依據，進而提高大眾的憂心。媒體驕傲地說：「我們沒有創造這則『新聞』，我們只是通風報信，傳達這則新聞。」資料顯示，事實正好相反。[43]

　　但是「歸咎媒體」的假說具有嚴重缺陷，第一，古典經濟學家的論著顯示，大部分的經濟偏見在群眾普遍閱讀報紙和期刊前，就已經很流行。[44] 大家不必記者的協助，就很容易形成跟經濟有關的愚蠢信念。第二、不能增長見識的內容無法影響理性的選民，他們會考量偏頗的資訊，不會天真地吞下記者告訴他們的東西——資訊過度依賴「靠著重複證明事理」之類的邏輯謬誤時，更是如此。因此，媒體頂多只能成為大眾既有認知缺陷的催化劑。

　　如果假資訊要想發揮預期的作用，選民不但必須非理性，還要以正確的方式表現非理性，其中最簡單的一種是過度信賴媒體的可靠性。想像聽眾盲目而無條件的相信電視節目名主持

人比爾‧歐雷利（Bill O'Reilly），觀眾容易受騙的特質讓歐雷利可以依照自己的形像，重新塑造觀眾，如果他希望把觀眾的信心，轉變成個人財富，他可以把追隨者的支持高價出租。[45]歐雷利的影響力自然沒有這麼極端，但是在完全理性到極度狂熱之間，還有一片廣闊的天地。

對媒體過度信任，可以合理化跟意識形態偏見有關的怨言。如果觀眾對記者有信心，同時大部分記者都是堅貞的自由派，記者可以游刃有餘地引導觀眾，朝向他們指引的方向前進。然而，這種巧妙的方法是沿著觀眾漠不關心的邊緣前進，在競爭激烈的新聞行業中尤其如此，如果有兩則同樣有趣的新聞同時出現，但是其中有一則帶有比較偏左派的意味，自由派媒體可以強調這則新聞，卻不會傷害到收視率。此外，新聞的娛樂價值很可能來自記者的魅力，不是來自新聞本身，如果「明星力量」像好萊塢所顯示的一樣，在政治光譜之間的分布並不平等，那麼我們應該期望這些新聞故事會帶有自由派的傾向。

如果大眾過度信任特定內容，而不是過度信任媒體本身，那麼媒體也可以塑造輿論。熊彼得說過，他擔心「政治問題中的資訊和論證，只有在跟公民先入為主的理念結合時，才會變成『永誌不忘』」。[46]保羅‧魯賓（Paul Rubin）的說法更明確，他說，跟經濟學有關的系統性偏見是「心靈固有的特性」，我們不應該從單獨監禁中，把這些信念找出來，但是我

們的心靈很容易消化這些信念。否則的話──

　　忘掉這些信念應該相當容易，我們沒有理由期望文化錯誤應該延續超過兩百年（大約十代人那麼久）──自亞當‧斯密初次指出市場經濟的好處至今。我們在相對短時間裡，輕易地學會並適應很多新科技，然而這些科技並沒有跟固有的心理模組衝突。[47]

　　或許我們天生樂於接受外國人是壞人的訊息，這點可能是我們過去進化時留下來的遺跡，當時不同團體之間的暴力衝突頻頻發生，使排外心理變成救命利器。[48]同樣地，賽門雖然不滿媒體製造恐慌的行為，卻也同樣指控觀眾心中的悲觀偏見：

　　我們總是會找到憂心忡忡的理由，顯然這是我們心智系統中內建的特性，因此，不管形勢多好，我們的願望水準都會向上衝，以致於我們的焦慮水準根本沒有下降，會關注愈來愈小的實質危險。[49]

　　如果大家對某些訊息的敏感度超過其他訊息，那麼暴露在報導平衡的媒體中，就能帶出大家「內心的保護主義」或「內心的悲觀主義」。符合我們偏見的報導會引起我們的共鳴，因此，即使是一連串的中立訊息，都會驅策我們進入更深層的錯

誤中。放任觀眾自由自在時，觀眾只會對自己親身碰到的證據反應過度，如果媒體神奇地消失，原來的觀眾應該會更努力尋找害怕外國人的理由，也可能出於懶惰的緣故，變得比較不排外。不論新聞事業多麼努力保持平衡，都無法阻止這種事情發生，它注定會讓大眾得到一系列讓自己反應過度的排外報導。[50] 缺少主動精神或創造力、不能自行產生錯誤觀念的人可以安下心來，任由媒體拖著前往目的地。

但如果是這樣，平衡新聞是最不能期望的東西，新聞是一種事業，如果消費者偏愛符合自己偏見的新聞，記者就有誘因要迎合他們。[51] 悲觀偏見很可能是最強而有力的例子，沒有人會自發性地擔心蘋果催熟劑阿拉爾（Alar）的問題，要等到媒體大肆報導，才會引發恐慌。[52] 但這不意味媒體就是單一的罪魁禍首，媒體並沒有把悲觀主義強行灌輸給群眾；群眾卻排著隊，取得每天應有的悲觀主義劑量。[53] 正面新聞網（PositivePress.com）每天提供好消息，卻不敵一向提供負面新聞的有線電視新聞網（CNN.com）。如果大眾不是先天傾向悲觀主義，有線電視新聞網的日子就屈指可數了。

非理性、政治廣告與特殊利益

下面這些話可能是最不滿現代民主制度的怨言：特殊利益團體從政客手中，收買反社會的的好處，政客再用這些錢，利用大量廣告，「收買選票」，結果最糟糕的候選人贏得了選

舉，就像庫特納感嘆的一樣：

　　最近金錢已經變成政治生活中新的影響力，隨著選戰變得愈來愈貴，金錢通常會趕走愈多的公民參與形式……靠金錢驅動的選舉，把普通選民排除在外，選民變成只是利用民意調查、焦點團體、巨量郵件和付費電視廣告等，所操縱的對象。[54]

　　衛特曼反對理性選民會徹底阻止這種不合理過程的說法。[55]理性選民應該會覺得奇怪，政客怎麼募到購買廣告時間所需的資金，如果候選人得到的資金，完全是靠著把對社會有害的好處，賣給特殊利益團體，那麼廣告應該會適得其反，民眾應該會推想：政客花在廣告上的錢愈多，就必須愈有錢，政客愈有錢，他販賣的非法好處就愈多。大量廣告等於嚴重貪腐，如果大眾像這樣思考，首先就不會有政客做廣告。不打廣告以免被人認為貪腐，勝過打廣告消除所有疑慮。

　　衛特曼的機制具有若干實證相關性，政客喜歡「揭發」對手接受香菸公司的資金，或其他罵名在外捐款者的資金。此外，大部分實證研究發現，金錢在政治中的影響力很弱，典型的研究指出，金錢對政客如何投票幾乎沒有影響，和GDP相比，捐款總額所占的比率很小。[56]

　　然而，認為選民對資金充足的競選活動產生消極的設想，

似乎有些牽強。理性選民會這樣做，但是真正的選民會這樣做嗎？要避免衛特曼奇怪的結論，答案就是適當的非理性。假設選民低估廣告與貪腐之間關係的力量，如果天真選民中，看重你的人數量超過看輕你的人，那麼對特殊利益團體販賣好處，以便支付電視廣告費的做法就會有用。

販賣適當的好處會有幫助，精明的政客像別有用心的記者一樣，是沿著選民漠不關心的邊緣前進，群眾贊成保護主義，但對哪些產業需要協助，卻難得有強烈的意見，從政客和艱困產業達成交易的角度來看，這種情形是大好良機，鋼鐵廠商可以付錢給政客，要政客採取（一）受歡迎的排外立場，加上（二）不受歡迎的支持美國鋼鐵的立場。把這一點寫成格言，就是：群眾關心時，做群眾希望做的事情，如果群眾冷漠，就接受利益團體的出價。不過，請記住，重要的事情不是讓步的負擔有多重，而是選民認定的負擔有多重。

結論

從政治學的需求面研究非理性後，轉為把希望寄託在供給上，的確是人之常情。和選民不同的是，供給的個體（不論是政治人物、公務員、媒體還是說客）都是專家。他們是否準備好，要清除業餘人士造成的亂局了呢？不幸的是，加重

選民的非理性，經常比化解選民的非理性更有好處。[57]政治專業知識主要包括了解大眾現在或將來的需要，再把他們需要的東西交給他們。矯正迂腐行為的需求小之又小，就像克魯曼說的：「選民對聰明人的厭惡發自內心，更討厭試圖叫選民計算的人。」[58]選民也不希望政治人物告訴他們，說他們所說跟精簡有關的怨言是無的放矢，或要他們看彈性勞動市場有什麼長期好處的新聞。

專家不是選民非理性的解毒劑，但是不論好壞，專家都鬆開了輿論和政策之間的關係。選民的盲點為政客、官僚和媒體打開了可以利用的漏洞，但是如果大眾從一開始就違背自身的利益，「利用」的益處就會隱晦不明。

信任領導人是最清楚的例子，其中的危險很明顯，想像一位魅力十足的反社會人士，或「團結在國旗四周」的情緒效應。但是政治信念也讓領導人——如果他們沒有這種傾向——規避支持者的誤解。信念會創造餘裕，「適當的人」掌握的餘裕會帶來更好的結果，你只需要多少有點善意，而且沒有追隨者那麼非理性就夠了，因為領導人都受過良好教育，教育會稀釋個人對流行誤解的認同，至少第二個條件不難滿足。

官僚體系也有好壞不一的影響，如果群眾容許官僚，政客就可以推卸責任，把自己的錯誤和惡行劣跡推給下屬。然而，在譴責推卸責任前，我們應該記住，大眾把多少好主意和對社會有益的行動，歸類為「錯誤」和「惡行劣跡」。

最後要考慮一下宣傳，我們通常認為，真理並非站在宏圖大業的一方時，這種宏圖大業會扭曲事實、訴諸情感。納粹主義和共產主義是明顯的例子，但是在理論上，宣傳也可以用來對抗錯誤。如果有人在證據之前仍執迷不悟堅持錯誤，非理性的勸說是說服他唯一的希望。

整體而言，大多數經濟學家低估了供給政治學的危險，但正統親選民的民主制度批評者高估了這種危險。經濟學家正確的推斷，只要一般大眾有理性，最能夠為選民利益服務的人會贏得選舉，這點使經濟學家不願意承認像盲目信念、推卸責任或宣傳之類的政治現象。「盲目信念」變成了「聲望」，「推卸責任」變成了「代理人成本」，「宣傳」變成了「資訊」。然而，如果選民並非完全理性，大家就不能不考慮這些問題。

相形之下，非經濟學家卻過於急切，想把民主制度的缺點歸咎於供給。供給的問題通常需要選民的非理性，才能順利解決，如果你承認選民的非理性，你會削弱不應阻礙他們意願的假設。如果委託人不知道自己的利益所在，他的代理人逃避責任時，可能同時造福委託人和代理人。在選民充分理性的條件沒有出現之前，供給的強辯只是確實有害的東西。

第八章

「市場基本教義派」
對比民主的宗教

這世上的麻煩之處在蠢人自以為是，
而智者滿是疑竇。

——羅素[1]

自由市場有多管用？經濟學家聚訟不休；他們必得踏出專業圈，才能猛然想起一切表象之下，大家的立場有多一致。[2] 對經濟學家來說，存心貪婪可不能推定為社會傷害。的確，他們的經驗法則就是在弄清楚出誰靠著解決問題而發財，而且還開始擔憂，會不會沒有人願意這麼做。大多數不研究經濟學的，會覺得人這麼治學很沒品，甚至令人作嘔。經濟學家之間的辯論，相形之下是為芝麻小事吵嘴。

除開異乎常人的觀點，經濟學家加深其他知識分子惡感之處，莫過於他們同情市場。誠如梅爾文・雷德的貼切評語，主流經濟學給人的感受，「是對自由放任的好處大加稱賞，即便稱賞沒能擴大到能接受的程度」。[3] 任由「正常」知識分子獨立治學的話，他們可以一輩子都用在列舉人性之貪，以及源自貪婪的邪惡。但經濟學家雜處於中間當第五縱隊，動心用智來保衛貪婪。

經濟學家挑起多大敵意，由那麼多叫罵指責就可見一斑。毒筆一流的馬克思就指責李嘉圖等古典經濟學同僚是「卑鄙詭辯之徒」，「執迷於資產階級生產，就是正宗生產，好比某人信仰一種特殊宗教，就認為它才是正信，除此之外都是偽宗教。」馬克思眼中，經濟學家是資產階級的辯士，「建立那種單一、沒良心的自由——自由貿易」，用「赤裸裸、恬不知恥、直接、野蠻的剝削」，來取代封建時代「遮掩在宗教及政治幻象的剝削」。[4] 羅莎・盧森堡在她的論文〈經濟學是啥？〉

語帶憎惡地寫道：

> 資產階級派的學者們奉上無滋無味的雜燴湯，其食材就
> 是殘羹狀的科學觀念及故意繞彎子──根本不打算探索資本
> 主義真正的傾向。他們反過來，只想祭起煙幕彈，目的在把
> 資本主義辯護成最棒且唯一可行的道理。[5]

現代的詆毀者依然擺盪於兩種做法，不是把經濟學家罵成
受僱於有錢人的代文槍手，就說他們是一窩思想保守者，聚起
來想搞邪法。只是較老成的批評家聲稱，自己反對的是某些品
牌的經濟學，而非整個學域。例如羅伯特‧庫特納便說，自己
「爭辯對象是烏托邦（實際上為反烏托邦）的市場觀點，而不
是針對全體經濟學家」。[6]可他出爾反爾，譴責「自己標榜的
自由派」經濟學家，肢解了混合經濟的理論體系。如果自由民
主派經濟學家都算離經叛道，還有誰不是呢？

對市場基本教義派的指責

「市場基本教義派」大概是近來對經濟學最流行的侮辱
詞。當億萬富翁索羅斯宣稱：「市場基本教義派……已經把全
球資本主義系統搞得靠不住、無法永續。」[7]此時全世界傾聽

著。庫特納有一套很巧妙的彙總，說市場基本教義派相當於：

在一切歌頌市場的核心，有句贅詞唸個不停。按照設想，如果我們以「幾乎一切都可以被理解為市場，而市場把成果放到最大」這個前提入手，那麼，接下來一切回到相同結論——市場化！照這麼看來，如果有特定市場沒有極大化，唯一可能的推論便是：它一定沒充分市場化。[8]

此外，他堅稱，犯這種錯誤的不僅是右翼極端人士；「今天，烏托邦派與主流派兩者間唯一差異，只是等級輕重。」的確，「隨著經濟學愈來愈走向基本教義派，版本最極端的市場模型，在政治、知識及經濟各界占有舉足輕重的地位。」[9]更糟糕的是，經濟學的基本教義派已經泛濫，流進政策競技場：

美國自由派及歐洲社會民主人士，似乎連提出更強於較溫和版的保守施政都辦不到——法規鬆綁、民營化、全球化、財政自律，只能較不狂熱、較不極端而已。願意挑戰幾乎什麼都回歸市場此一前提的人，少之又少。[10]

約瑟夫・史蒂格里茲也加入反基本教義派的大合唱，欣然揚棄令自己獲得諾貝爾獎的嚴謹學術著作：

對全球化的不滿，起因不僅僅是因為經濟學似乎被吹捧到壓倒了其他所有學科，還因為一種特定經濟學觀點——市場基本教義派——被推到壓倒其他所有觀點的地步。因此世上很多地方，反全球化倒不是針對全球化本身……而是針對一組特殊教條，也就是國際金融機構施加的華盛頓共識政策。[11]

　　市場基本教義派這個指控詞太強烈了。基督教基本教義派之惡名昭彰，是因為他們恪守聖經字面義，寧願肆無忌憚地無視或曲解地質學、生物學事實，來迎合自己的偏見。此一類比若要適用，那麼典型的經濟學家必須信仰市場的優越性，完全如此，毫無例外，不管任何證據，膽敢不從者，都得擔心被開除學術會籍。

　　由此觀之，「市場基本教義派」這個指控很可笑，即便用來挖苦，都不適合。若是你詢問典型的經濟學家，請他指出市場運作很糟的地方，他馬上可以給你一長串名單：公共財、外部性、壟斷、資訊不完整，不一而足。更重要的是，清單上的每一項，幾乎都可以回溯，與別的經濟學家有關。市場失靈這個概念，並非由外界強加給經濟學界，而是因學者們自我批判，由內生發的。經濟學家們先說市場通常運作順遂，但接下來覺得不對勁，認為有必要說明那些重大的例外。發現新型市場失靈的人，非但不會因為褻瀆市場聖潔，而被逐出學界，反

而能斬獲經濟學獎項。翻閱主要的經濟學期刊，會發現所刊文章，有好大一部分在指出市場失靈的理論或實務證據。

經濟學這一行裡，真正屬於市場基本教義派的人寥寥可數。他們不僅在學界中心無容身之地，連極端「右翼」都罕見蹤影。傳奇自由派學人米爾頓‧傅利曼指出太多例外，談論林林總總的一切，由金錢到福利到反壟斷都有。他說：

> 我們的原則，並不提供強硬迅捷的指南，言明在多廣的範圍，動用政府合作，來完成我們個別人等，透過嚴格自願的交易，很難達成甚或不可能的事功，可稱允當。我們提議政府干預的任何特殊案例，必得做出資產負債表，分別列出好處及壞處。[12]

傅利曼寧擇自由放任的時候，經常公開承認其缺陷。他沒有裝神弄鬼的必要，辯稱自由市場無懈可擊。舉個例子，他論及自然壟斷狀態時說：

> 似乎只有三種選項可供選擇：民間壟斷、公家壟斷或公家管制。三者都很糟糕，因此我們只能取其輕者……我心有不甘地結論說，若是忍得下來，民間壟斷禍害最小。[13]

傅利曼比一般經濟學家要傾向市場。但他是「市場基本教

義派」嗎？談不上。他承認有很多案例，市場表現很差，而且從沒有排斥沒那麼挺市場的同僚為邪說異端。

若是標準的經濟學家及傅利曼本人，都不夠格稱為「市場基本教義派」，那麼誰夠格？唯一說得通的人選，就是米塞斯的徒子徒孫，尤其是他的學生穆瑞·羅斯巴德。後者似乎連市場表現達不到最佳的觀念，都斷然拒絕接受：

> 此類看法，全然誤解經濟科學主張自由市場行動一向最好的前提。最好的前提不是源自經濟學家個人的道德觀點，而是來自參與市場的各方人馬，自願力挺自由的立場，還有滿足消費者自由表達的需求。因此，政府干預這種事，最好永遠都不會發生。[14]

米塞斯及羅斯巴德都已去世，但他們的見解，包括吃這套的博士們，還活在米塞斯研究所裡。但諸如此類的團體，基本上不再與主流經濟學打交道；成員大多只在自己的圈圈內交談，在他們自己的期刊發表論文。最靠近市場基本教義派的人，不僅沒打進經濟學界的主流，還離得遠遠的。

群眾對市場基本教義派的譴責，坦言之就是錯了。沒錯，經濟學家認為市場的功能，優於其他人願意承認的。可他們也承認規矩有例外，而且例外的範圍，隨著新證據的出現，有所變動。另外，率先發現例外的通常是經濟學家自己。

民主基本教義派

> 生活中的許多領域，多數只要有意願，就有權治
> 理，原因無他，就在他們是多數。——羅伯特·伯爾
> 克，《美國法律的政治誘惑》[15]

經濟學家心胸之開闊，與市場教義派所挨罵名，兩者間差異如此巨大，很難叫人不去揣測幕後動機。我感受到很強的投射元素：指控他人犯了跟自己一樣的認知錯誤。以「創世論科學家」為例好了。創世論研究所的教職員、研究員都遵循黨派路線：「無論是新約或舊約聖經，其中涉及的任何主題，永遠都不會出錯，因此應該用通常的、本來的意義接受並信奉。」[16] 不科學莫此為甚。然而創世論科學家有個標準的辯論技巧，便是堅稱「演化論及其盟友世俗人道主義，才是真正的宗教。」[17] 創世論科學家百般攻訐主流演化論學者的客觀性，似乎源自他們感受到自己在科學方面矮對手一等。

很相似地，叫罵市場教義派最大聲的對手，經常信仰可以準確說成「民主基本教義派」的東西。而它最精純、最傳情達意的表述是一句陳腔濫調，是1928年選總統落敗的阿爾·史密斯所說：「民主的諸般弊病，可由更加民主而矯治。」[18] 換句話說，無論發生什麼，挺民主的理由完好如初。維克多·坎伯有本書叫《別寄望民主》。[19] 書名在修辭上的雄辯力量，源

自廣泛的信念，認為答案必定是民主。你可以抱怨民主，但你無法不寄望於它。的確，很多人愛慕民主的瑕疵。誠如亞當·米奇尼克（Adam Michnik）宣稱，「民主是灰色的」，但「灰得很漂亮」。[20]

若有人說，「市場諸般弊病，可由更加市場化而矯治」，那麼這個人一定會被刺得體無完膚，被說成最爛的市場基本教義派人士。為什麼有雙重標準？原因在與市場基本教義派不同，民主基本教義派散播很廣。與斯文人為伍，你可以取笑宙斯的信徒，但基督徒或猶太教徒可不行。與此類似地，嘲笑市場基本教義派，社會可以接受，但對民主基本教義派可不成，原因只在市場基本教義派人數很少，而民主基本教義派信徒則到處都是。

打從記者、政客到實證派社會科學家、學院派哲學家，人人都願公開聲稱自己是民主基本教義派，而且一點都不覺得尷尬。威廉·格雷德著書列舉自己幾十年來對美國政治失望的事，但書尾還是歡欣地寫道：

> 任職記者三十年之後，我對自治政府令人失望的事實可謂瞭若指掌。由小鎮司法大樓，到聯邦最高等級機構，我觀察政治大小事，對政客的表裡不一，官僚的顢頇推托，還有輕信易騙的選民、卑劣易怒的公民，了解得算不少。只是很奇怪，這些見聞經歷，非但沒削弱我打小時候便對民主可能

性的信仰，反而進一步強化了我的信念。[21]

　　真不知有什麼可以削弱格雷德「自小的信仰」？按他看來，1992年以後的政治方向，稱不上大幅改善。但我們大可猜想，他的信仰鮮活一如既往。若是有個經濟學家，說自己從小就信仰自由市場，諛詞不斷，那麼他就會被貼上市場基本教義派標籤，公信力筆直下降。

　　或許我們對記者不該抱太高期望，不管他們文筆多有才華。但是對講實證的社會科學家而言，我們總該希望他們更賣力一點，追求客觀性，至少在堅持自己信仰時，能感受到社會壓力。只是，要在社會科學界發現民主基本教義派，倒也不難。隨手舉個例子吧。普拉納布・巴丹分析民主制度與經濟開發之間因果關係，治學謹嚴。[22]但還沒切到要點之前，巴丹不僅向民主基本教義派輸誠，還認定他的讀者也都是民主基本教義派！「我們大多數人，都是熱誠的民主信徒，誠願相信，民主不僅本身為善，對提升開發的過程，也極珍貴。」很不幸，用以測試這項主張的實證文獻不具說服力。不具說服利的原因在沒能證實有因果過程，而且結果南轅北轍。儘管欠缺實證來支持，巴丹還毫無理由地在結尾公開支持其信念，「民主長期下來有療癒的力量，對這一點，我依然樂觀得無可救藥。」[23]有多少學者願審度日益膨脹、討論市場表現的文獻，承認證據太混淆，無法導出任何結論，然後卻說「資本主義有長期療癒

力量」？他們會覺得很尷尬——也應該尷尬。

　　民主基本教義派在審慎質疑出名的分析哲學也很明顯。規範性政治理論家伊安・夏皮羅就是絕佳例子。他反對「有什麼『鳥瞰』觀點，先於且獨立於民主流程而存在，參照它，我們就能評價流程造出來的結果。」[24] 用白話文來講，民主按定義就是對的，原因是捨民主之外，別無對錯標準。

　　我承認，這樣解讀太刻薄了。跟大多數哲學家一樣，夏皮羅很快就修正他的立場，重申政治原則必得由「結果論根據」才能捍衛。可他接下來又修正他的修正，讓他的民主基本教義派毫髮無傷。「困難點接下來變成：這些設想的結果，是不是民之所欲，值得商榷，如此意味著它們必須與別的價值及政策，競逐支持。不管你喜不喜歡，民主具體表現在公平的定義之中。」[25] 這真是哲學史上最赤裸的偽審判之一：民主必得由其成果來評判，但要評判其結果，唯一之道便是民主投票！

　　唯恐有人膽敢聲稱政策的結果並非「值得商榷」，夏皮羅在別的地方又排除掉這種可能性。高技術性的事項，或許不在辯論範圍，但有實質民主興趣的問題可不一樣：

　　　某些情況（但不是全部）下，人可以明智地按客機機長、汽車技師、建築師或醫生的忠告去做，不必懂得其基本理由，甚至不必發生興趣。但是，要說有什麼可堪類比的政治專業，很合理地就令人懷疑。[26]

為什麼？

主張政治有專業之所以令人生疑，原因在於，沒什麼理
由相信去政治的專業性很高。在政治領域被標為知識的東西
似乎如此寒酸，而且如此慣常地被實事給削弱掉，以致於自
命政治專家的人，經常散發出江湖術士的氣味。[27]

迄今為止，我們對於專家意見遭通盤拒絕的現象，應該並
不陌生了，只是，一個著名的治政專家會藐視政治專業這個概
念，還是很奇怪。若是夏皮羅不認為自己是專家，那麼他為什
麼要費事寫書？任何替政治學課程期末考打分數的人，都能親
身瞧出政治知識的高低差異既真又廣。如果那還不夠格，還有
很多有關政治知識的實證證據，但哪一種，夏皮羅都不想耗神
去挑戰。[28]

但是，他談到專家「慣常地被實事給削弱」，說錯了嗎？
這要看你評比專家級數有多嚴厲。假如「專家們」沒那麼顯
眼，試著拿他們跟平常人比較一下。此外，政治專家挨批的原
因，很多可歸因於媒體的選擇：明智的專家，以及獲謹嚴回答
的政治問題，搏到的版面要比怪人跟爭議吵架來得少。

夏皮羅要通盤駁斥經濟學時，稍稍遲疑一下。但民主基本
教義派最後還是勝出：

舉個例子，蠢人才會不承認經濟學家經常擁有內行知識（可能少於他們認為自己擁有的），得悉經濟體的運作，與民主考量到經濟時，頗有關連。但是，因為決定市場範疇以及市場管理結構，與行使權力而有爭議，還是脫不了關係，所以那些決定免不了涉及政治；因此，制定經濟政策絕不能全交給專業經濟學家。若是我等必須受限於他們的建議，那麼他們必須不用術語就能說服外行的民意代表。[29]

這就邪門了，選民愈不理性，經濟學家的話語權就愈小。外行聽眾若願傾聽理性，經濟學家就能發揮一些影響力。但頭殼壞去而固執的外行民眾有權隨心所欲：「制定經濟政策絕不能全交給專業經濟學家。」[30]這若不是民主基本教義派，那什麼才是？

心理學家菲利浦·泰洛克研究「神聖價值」（sacred values）時評論說，「人們經常帶著很強的信念，堅持某些人際關係、諾言很神聖，以致於即便泛起念頭，想拿它們來換取世俗價值，比如金錢或者方便，都會強烈反感。」[31]現代世界裡，民主便是最好例子之一；虔信民主的人，將很小的偏差都視同全然背叛，小小思想不淨，被罵得像邪惡行徑一樣慘。

有個標準的強辯技巧，便是把輕微地限縮政府角色，等同於全面鏟除政府管制。庫特納對我們說，「比如航空法規這個象徵案例，一開始在卡特總統治下只是『法規改革』，很快

就演化成趕著全面解除法規。」[32] 顯然聯邦飛航管理局接下來的安全管制都不算數了。另有個類似花招，就是把談談限縮政府，等同於真那麼幹了。二十世紀基金的理查‧李昂宣稱，「太相信理想化的市場結構，還孵育出政戰聖戰，存心想把社會及政府之類的安全防護剝奪掉，而無法抵抗市場的橫虐與不完美……民主黨人及共和黨溫和派爭先恐後地想證明自己已改信，皈依唯一真教，即自由放任經濟學。」[33] 只是很奇怪，這個自由放任聖戰，卻沒能把聯邦開支壓低到占GDP的18％以下——而且，1990年代開支走跌，原因大致上很清楚，是歸功於冷戰結束。[34]

到最後，民主制度的辯士經常借助於邱吉爾的口號：「不跟所有其他問世過的體制比的話，民主是最糟的政體。」[35] 表面上，這句話聽來是很成熟的現實看法，而非民主基本教義派。但邱吉爾格言搞的是不通吃就通輸的詭辯伎倆。試想，若是有個經濟學家衝口而說：「自由市場之為經濟組織型態，是最爛的，但不能拿其他所有的來比。」而想駁倒對自由市場所發的牢騷。用這樣子來反對共產主義，做得不錯，但只有市場基本教義派才會認帳，說這個論調可以抵禦適度的政府干預。邱吉爾的口號同樣沒有說服力。只因為獨裁政體糟糕到不行，不見得就意味民主必然自由無節制。跟市場一樣，民主制度也可以設限、受管制或被否決。反多數決的做法如司法審查，可與民主流程並行不悖。絕對多數決規定，允許少數人阻撓多數

意志得逞。把微小的讓步，曲解成非此即彼的選擇，根本是基本教義派想讓自己聽來很合理。

能請真正基本教義派站起來嗎？
政策分析市場的案例

有件大事發生在2003年7月28日。[36] 榮恩‧魏登（Ron Wyden）及拜倫‧多爾甘（Byron Dorgan）兩位參議員要求國防部終止晦澀的專案「政策分析市場」（the Policy Analysis Market，以下簡稱PAM），別再挹注資金。那項專案還在最初階段，宗旨在創出線上賭博市場，以國家安全問題來下注。PAM的交易者可以藉著準確預測恐怖攻擊案當中，西方軍民死傷人數之類的數據而獲利。批評家很快就貼標籤說它是「恐怖市場」陰謀。魏登及多爾甘毫不留情地譴責它是：

> 花納稅人的錢，創設恐怖活動的下注間，既浪費又噁心。美國人民要聯邦政府做的，是用其資源來厚實國家安全，而非拿國安來賭博。[37]

電視及報紙報導時，幾乎一面倒地不支持。PAM的支持者是眼睛脫窗到看不出它會提供金錢誘因給恐怖主義嗎？天

底下還有更惡劣的市場基本教義派案例嗎？國防部長於7月29日就砍了那個專案，距公關造勢展開僅一天。「資訊意識辦公室」（the Information Awareness Office）主任約翰·彭德克斯特（John Poindexter）翌日不得不提出辭呈。兩個月後，辦公室一切資金全被砍掉。對於懶惰成性的官僚體系來說，上述舉動實在太雷厲風行了。

接下發生一件趣事。出刊沒那麼頻繁、且受眾讀者群更有見識的媒體深入採訪恐怖市場新聞內幕，探索專案的理論基礎，與創設人談論其設計時可能的瑕疵。幾點教訓馬上浮現。[38]

首先，有一大堆實證據證，談及投機市場預測時有多準，範圍林林總總，由賽馬、選舉到侵略他國。「押寶在自己說的話」經證實是很棒的方法，讓消息靈通人士透露他們知道什麼，而消息不靈者閉嘴。沒有什麼系統是完美的，但賭市要預測範圍很廣的狀況，表現優於其他辦法。PAM的靈感並非取自象牙塔的理論，而來自賭市就其他領域而言，既經證實很成功。

第二，堆到PAM桌上的錢，數額很少。個人下注限制在幾十美元。以為這麼微不足道的金額，可以激勵更多恐怖行為發生，未免可笑。打算由自己的恐怖攻擊而獲利的人，可藉著操作正常的金融市場而賺更多錢，比如放空航空類股……等等。順帶提一下，九一一事件委員會也沒發現有那種現象。[39]第三，那個專案被關閉得太快，以致於沒時間檢驗外界的指

控。據我同事兼PAM幕後發想人之一的漢森表示:「在最關鍵的那天,沒有半個官方人員詢問PAM團隊,外界指控是否屬實,或者是否能把哪個比較遭人嫌惡的特點拿掉。」[40] 專案創造人早預料也已解決那些很明顯的反對聲浪,但反對的人就是火冒三丈,聽不進去;目標就是宰了那個專案,而非改善它。

最後,PAM事件的經驗,叫那些「擁抱群眾智慧」的人進退維谷。索羅維基強力捍衛預測交易市場如PAM的優點。但他斷言:「沒有理由相信,群眾碰到大多數場合有智慧,但來到政治領域突然就變成笨蛋。」只要還有正確答案,「民主採用好政策之機率還是很高。」[41] 那麼,索羅維基該怎麼解釋大眾對PAM的敵意那麼極端?若預測交易市場及民主都管用,那麼PAM應該受歡迎才對。[42]

假如開罵的人有徹底地研究PAM,他們應該會更憤怒。PAM有個關鍵特色,在能夠按不同的前提條件來下注。舉個例子,你可以押寶在若是美國入侵伊拉克,西方死於恐怖攻擊的人數,還有假如沒入侵的人數。對比兩種打賭的價格,可以得知這個賭市是否認為,入侵能讓國人或多或少免於恐怖攻擊。簡言之,賭博市場可以事後批評的,不限於政治領袖,連輿論本身都行。這就注定無意間惹惱了民主基本教義派。

整體而言,創造PAM的人遠遠不是市場基本教義派。他們創建專案,地基是牢固的大量證據,仔細思索過可能的麻煩,而且對批評很開放。他們計畫先以小規模測驗本專案,找

出缺陷，再逐步擴大。

而反對方幾乎相反。他們對預測交易市場的過往記錄沒查詢過。顯然他們對這玩意兒一無所知，也無心去學。儘管近些年傳統情報界顯然失敗連連，他們還是相信，最棒的情報政策還不都一樣。聽聽魏登及多爾甘怎麼說：

> 爾等報告中所提供範例，會讓參與者賭這樣的問題，「恐怖分子翌年會用生物武器攻擊以色列嗎？」可以打包票地說，這一類威脅，可以由最高品質的情報蒐集來因應——但是把問題貼上網站，供個別人等賭博則辦不到。[43]

他們可以打包票嗎？何以見得？至少，PAM計畫可以使用預測未來賭市，與舊式情報蒐集，來比個高低。但是民主基本教義派可不想把他們反市場的信條，拿出來測驗一下。

私人抉擇作為民主及獨裁以外的替代選項

非民主政治倒不是民主政治的唯一替代選項。生活有很多方面，與政治領域或「集體抉擇」（collective choice）毫不相干。不需法律吱聲的時候，決定則「歸個人去做」或「留給市場」。「私人抉擇」（private choice）這個詞彙如果沒被預先占

用，或許可以稱為「第三條道路」（the Third Way），當成民主與獨裁兩種體制以外的選項。

縱觀人類大部分歷史，宗教是國家責任。認為政府沒有公認的宗教還能辦事，倒是匪夷所思了。今天這一點已經變了；個人可以決定奉行哪種宗教（如果有的話）。雖然還是假大空話，但這種去政治化不必民主費心。今天多數人對我信什麼教，能置喙的分量，跟在獨裁政體底下是一樣的小；兩種狀況當中，法律都不理睬公共意見。與此類似的是1930年代以前，美國經濟生活的很多方面，都不講民主，不受聯邦及各州法規騷擾。[44] 由最低工資到國家復興局，林林總總的一切，市場都定期擊敗民主。除非你是民主基本教義派，不然你得敞開心胸，認為那樣可能對大家最好。

狂熱的民主信徒經常同意民主與市場可以互相取代。誠如庫特納所述，「民主國家依然是平衡市場的主要砝碼。」[45] 大家的抱怨點，在於民眾對自己的命運，發言權愈來愈小，原因在大企業的發言權愈來愈說了算。為了「拯救民主」，人民必得重申自己的權威。

這麼說來不無道理。雖然他們的對手過度誇大民營化及解除管制的程度，但這些政策把決定權，由多數派的手中奪走，塞進企業主的手裡。但是以批評為業的人，卻很少思忖，這樣的轉移是不是大家想要的。他們把減少依賴民主，看作需要反對的。

這是民主基本教義派的另一個癥候。假使有位經濟學家，要反對一項政府干預，只說「那是政府干預。政府正要取代市場」，他會被視為市場基本教義派，被先擱置起來，再被邊緣化。只是，當一句同樣簡化的呼號，以民主為名而喊出來，可是會有一群人同情支持的。企業精明而貪婪，卻做出比糊塗無私選民更好的決策，邏輯上是有可能的。那麼，何不至少比較一下兩者的表現，不要未審先判？

只要我們銘記在心，問題不是在無限民主及全然自由放任做個二選一，說我們正「喪失民主」這種訴苦，聽來就格外軟弱。只因一定程度的民主有好處、有其必要，不見得就意味我們不能再減少民主。想想電視及廣告解除管制好了。民主基本教義派覺得想到這就嘔吐，原因在於這麼做，民主監督就終結了。[46] 只是在娛樂產業，很難瞧出民主的價值。付費收視節目網如HBO證明，牟利動機沒被多數偏好所制約，才是高品質、有創意節目的製作竅門。民主基本教義派還拖累娛樂產業的其他部分。

大多數熱衷民主人士承認，自由市場可取代民主——但不喜歡這個代替品，倒是不驗自明。少數人採取較極端立場，認為這個去政治化的抉擇不合邏輯。[47] 這種立場，在夏皮羅的作品裡表達得最好。他批評說：「這個觀念很荒謬，集體行動這個方案，竟是私人行動方案的代替品。」[48]「若不知社會可以『不執行』集體行動，那麼集體決策中的瑕疵，就『等同』初

步論據，可反對一切集體行動。」[49]但事實上，私人行動是寄生在集體行動的：

> 私有財產、契約以及有強制力的公家壟斷等制度……是由政府創造及維繫；部分營運資金是向那些寧選另類替代系統的人，課徵隱性稅收而取得的。對民主人士來說，真正的問題，不在它『是不是集體行動？』，而在管理它的民主方法，是否優於現行的替代方案。」[50]

這個論據有嚴重瑕疵。

首先，即便私人行動以集體行動為前提，它還是可以在某些或大部分領域，避開集體行動。只因某個醫生的處方，讓你活了下來，不見得就意味你必須賦予絕對權威給他，控制你的一生。若你的生死端賴他的忠告，你得聽他的，不然你可以隨心所欲。與此類似的是，假設我們同意，私人行動是寄生在政府身體上，倒也不意味必須通盤由宿主說了算數。的確，反集體行動的前提，與私人行動仰賴政府的觀點，卻也相容：還有什麼更好的理由，比起私人行動捨此之外無法生存，更能否決這個前提？

第二，夏皮羅的論據可以輕易倒轉過來。集體決策「寄生」在市場經濟造出來的財富上。若是企業沒能讓選民及候選人食衣住行無虞，要辦理有秩序的投票，應該很難。這就揭示

每條法規有內在衝突嗎？絕非如此。

最後，說私人行動本質上寄生或仰賴於集體行動，這話不對。黑市的存在，證實財產權及契約沒有政府批准，也辦得到。正因如此，一位毒販才能有意義地對另一個說，「你偷了我的快克」或「我們說定了啊」。沒錯，黑市不僅指出，財產及契約沒有政府支持仍能持續不輟，而且面對政府堅決制止，照樣活得下去。

建議多仰賴私人決定，少仰賴集體決定，與唱衰者所述剛好相反，在概念上並無瑕疵。這個提議淺顯易懂。事實上，相反論據是如此薄弱，以致於它們能受到歡迎，似乎又是民主基本教義派的另一個癥候。人們想除掉民主的替代選項，以避免自己的信念受到檢驗。

選民的非理性、市場及民主

責備經濟學專業的人有件事倒說對了。經濟學家真的很相信一串不受歡迎、甚至是惱人的觀點。或許最叫人冒火的是經濟學家判定，市場運作之佳，遠超過一般大眾所想。經濟學家抱持挺市場觀點，其根源正是出自那種判斷，也就是通稱華盛頓公約的東西。

有人花好大心血想削弱經濟學這一行的客觀性，本書雖已

拆穿他們，但是對市場優點的爭辯，則增益無多。拙作側重在秤桿的另一端。市場與政府之間的最佳混合，看的不是市場的絕對優點，而是市場相形於政府的優點。不論你認為市場運作有多好，唯有你對民主漸感失望之際，更仰賴市場才有意義。假如你的車交給兩位技師修過，後來發現技師A工作時喝酒，那麼很自然的反應便是把某些生意移給技師B，而不管早先你怎麼抱怨過技師B。

這本書是叫你對民主轉趨悲觀嗎？沒錯。畢竟我強調選民是不理性的。可是我也接受熱情支持民主人士當中，兩種常見觀點：其一，選民大致上不自私，而政治人物通常會遵循輿論。其二，以下三者——認知不講理性、動機不自私及政客有彈性空間——結合起來，卻反直覺地「能多糟就多糟」。[51]

假如公共意見很明智，自私及偷閒卻阻撓民主，讓它無法充分實踐其潛力。但若是公共意見不明智，自私及偷閒倒也可預防民主遂行它全部的危害。自私與偷閒像是水，而非毒酒。它們倒不是本質上無傷無害；它們會把受影響系統的特質，給稀釋掉。故此，當大眾系統性地誤解該怎麼把社會福利放到最大（經常如此），它就點燃附裝在相應偏差政策的快熔引信。這種現象應該會讓幾乎任何人對民主更為悲觀。

此間驚人的含意，是叫經濟學家，即使目前已廣被罵成市場基本教義派，也應該比現在還要挺市場。經濟學家目前視為市場與政府間最佳平衡的東西，仰仗的是高估民主的好處。

在許多案例中，經濟學家應該擁抱自由市場，即便它有不少缺陷，原因在自由市場依然比民主替換方案要優越得多。

想想被稱為「逆向選擇」的保險市場失靈。若是想買保險的人知道自己的風險等級，而保險公司只曉得平均風險等級，那麼保險市場往往會萎縮。低風險的人退出，消費者的平均風險等級升高，繼而保費調高，導致更多低風險的消費者退出。[52] 最糟糕的狀況就是市場「解體」。保費如此之高，以至沒人要買保險，而且消費者風險如此之大，保險公司不敢以較低價承接。

經濟學家經常援引有逆向選擇這麼回事，視其為扎實理由，而離棄其自由放任的前提。[53] 只是，鑑於民主體制真正運作之道，就那麼改換前提，也未免太倉促。考量到輿論，民主政體可能執行哪種法規？逆向選擇這個問題的要點，在於保險公司懂得不夠，沒有向風險最高的消費者收取最高保費。只是，有反市場偏見的人，會怎麼看待事情？他心中最不會想到的是：「但願保險公司能找得出風險最高的顧客，循此向他們收費。」由反市場偏見哈哈鏡照映出來，該矯正的「明顯」問題，是向風險較高的人收較高保費，而非風險與保費不能完美匹配。

因此，法規可以出力矯正逆向選擇問題，例如規定人人都買保險。事實上矯正逆向選擇問題要用來相挺法規，論據薄弱。考量到大眾的反市場偏見，民主政體較可能做的是強迫保

險公司向高風險客戶收取跟大家一樣的保費。保險業的基本經濟學跟我們講，這麼幹會鼓勵低風險消費者選擇出走，而讓逆向選擇雪上加霜。但基本經濟學這玩意兒，大眾拒絕接受。它沒讓市場基本教義派人士察覺出，將就一下自由市場的不盡完美，而不要去問選民對它的意見，或許更明哲保身。

　　即使經濟學家之中，市場取向的建議經常被視為太教條、太不願意把自由市場的瑕疵納入考量。[54] 很多人偏愛較「世故」的立場：因為我們講解市場優點已經過多，故此且讓我們別忘了該強調政府干預的好處。我則主張，修飾還要再修飾，界定還要再界定：在我們強調政府干預的好處之前，且容我們區分一下，由立意良善經濟學家設計的干預，跟投合非經濟學人還反映他們優勢的干預，兩者有差別。你倒不必師心自用，就知道該採支持市場的強硬立場。你必須注意到，「世故地」強調干預之好處，會讓人誤以為理論上有可能，現實上也有可能。

　　1970年代，芝加哥學派因為「市場好，政府糟」的觀點，而臭名昭彰。讀者或許會把我的作品，詮釋為想振興芝加哥派傳統。該學派很多論據有瑕疵，甚至是自相矛盾。假使眾人真的像芝加哥學派學者所假設的那麼理性，政府政策錯誤就不會拖那麼久了。喬治‧斯蒂格勒最後這麼說，等於是突然給傅利曼帶來很大麻煩。[55] 只是，有缺陷的論據還是能導引出正確結論；斯蒂格勒邏輯方面更強，但傅利曼洞察力更高。傅利曼激

發的芝加哥學術研究，要是以理性的非理性來當基石，可能還會重生。

矯正民主？

　　我分析研究民主體制的主要結論是：側重私人抉擇及自由市場，這個點子真好。但是，若以民主優於市場為定數，還能做什麼（幾乎想不出來）來改善結果呢？答案要看你定義「民主」得多有彈性。假如你得通過經濟學力考試，才能投票，那我們還有「民主」嗎？若必須有大學學位呢？這兩種手段，都可以提升尋常選民對經濟的理解，導出更賢明的政策。歷史上，選舉權限制是用來遂行歧視，但那並不意味不管什麼理由，它都不能再度動用。測驗選民的能力，不會比考駕照更令人反對。車開得爛跟投票爛一樣危險，不僅對行為人如此，對無辜旁觀者亦然。巴斯夏主張，「有無投票權，要看能力的推定」：

　　為什麼缺乏能力，可以成為將部分群眾排除在外的原因？原因在要承受投票結果的，不光那個投票人自己；原因在每張票都牽涉到、影響到整個社會；原因在社會顯然有權利，要求福祉、生存依賴其上的（投票）行為，有些擔保

品。[56]

　　要提升一般投票人經濟學力，較可接受的辦法乃是把額外選票，授與擁有較高經濟學力的個人或團體。值得稱道的是，直到1949年《人民代表法》通過之前，英國還保留複數票給菁英大學畢業生以及企業主。誠如史別克解釋，「大學畢業生除了投給自己選區的候選人，還能投十二所大學的，而生意人的生產場所與其居住地選舉區不同者，得在兩區都投票。」[57]原因在受教育程度更高的選民，思想時更像經濟學家，此類加權方案有其道理。1948年英國是否算作民主，我留給讀者去決定。

　　我的分析提出溫和改革，是想減少甚至根除呼喚更多選民出來投票（催票）所耗的心血。教育及年齡是投票率最好的兩個指標。因為前者是經濟學素養的最強指標，而後者跟經濟學素養幾無關連，所以中段投票人的經濟學素養要高於中段公民。假如「催票」攻勢真能導致選民百分之百出來投票，政治人物就必須競逐偏見選民的青睞，超過今日所做程度。[58]

　　太多的操心，生怕參與投票會發生法律上或實質上的變化，是把已遭實證打折扣的自利選民假說，視為理所當然。[59]假使選民的目標，是想提高其個人利益，那麼不投票的人就變成活靶。有權投票的人，會聰明地選擇有利於自己的政策，而無視任何其他人的利益。然而，很多證據都反對自利選民假

說，以致於毋需這麼害怕。最懂事的選民，並不想占他們腦袋較不靈光同胞的便宜。跟其他選民一樣，他們的目標在把社會福祉放到最大，只是湊巧更懂得如何達成目標罷了。

因為教育良好的人投票更良善，所以另一種誘人、改善民主的做法，是提供選民更多教育。這個方法或許會管用，但開銷很大，而且，誠如前一章所述，教育只是理解力或好奇心的代理物。更省錢的策略，也是因果效應更可靠的做法，便是改變學校課程。史蒂芬・平克主張，學校應該「提供最重要的認知技巧，憑以領略現代世界，而那些跟學生與生俱來的認知工具大不相同」[60]，也就是重視經濟學、演化生物學、或然率及統計學。扼要言之，平克想給學校新的任務，便是根除學生歸結出來的偏差信念，尤其是妨礙政府政策的信念。[61]那麼該砍掉哪些以便容納新教材？

一天只有二十四小時，決定教某一科目，就是決定不教另一個科目。問題不在三角數學重不重要，而在它是不是比統計學重要；問題也不在受過教育的人該不該懂得古典文學，而在受過教育的人懂得古典文學，是否比懂得基本經濟學更重要。[62]

設想方法讓民主運作得更好，方法清單上最後但也很重要的一項是：讓有經濟學素養的人，享受某些政治餘裕，利用它來改進政策。你若是在法制局工作，起草法條，給政治人物忠

告，或者掌理官署，請斟酌你有多大的自由裁量權，利用它來改善政策。[63] 搞掉爛點子，幫一下好的。誠如隆納德·寇斯所說：「經濟學家透過他的努力，能把一項每年浪費1億美元的政府施政，拖延上一個星期……藉著這麼做，就已賺到他終生的薪水了。」[64] 也如巴斯夏強調，依自己歧見行事的選民，傷害的不僅是他自己而已。假如你動用自己的政治迴旋餘地來改進政策，你就是在盡一己之力，為民除害。

經濟學：為什麼它有好處？

> 我們的主要職責，應是替我國大學生的心靈打預防針，抵禦那些在專業討論國際貿易中過關，而如此盛行的誤解。——保羅·克魯曼，〈大學生對貿易，該了解什麼？〉[65]

前述的救方，大多受苦於進退兩難。一旦你用光自己的政治餘裕，要想遏制經濟文盲的政治影響，唯一之道便是說服他們這麼想才好。然而，如果你說服力夠強，辦得到，那麼就能「省略仲介」，直接說服他們投票時，開始更為明智。說服力是珍稀資源。能做些什麼，能把經濟學這門學問的說服力資源還有「盟軍」，控制為常數嗎？[66] 有沒有什麼辦法，讓他們更

能妥善運用時間？我相信有。

　　經濟學家給人的印象，就是不願給確定的答案，還有無法達成共識。杜魯門（Harry Truman）總統講過名言，說他渴望找個「只講一方面的經濟學家」，而那人不會講，「一方面如此，而另一方面怎樣」。保羅・薩繆森也說：「江湖有個傳說，經濟學家按理是絕不會達成共識的。英國國會若是向六個經濟學家徵詢意見，會有七種答案送回來──其中兩種，別懷疑，來自善變的凱因斯先生！」[67]

　　經濟學家及醜詆他們的人都知道，這些刻板描述錯得離譜。然而，只有一條誤解，經濟學人該為它負責。叫經濟學家做選擇題，A是什麼都沒傳達，B是傳達簡化但大致準確的結論，很奇怪，經濟學家似乎偏愛A。你一整學期帶一群學生，他們除了要點，其他都忘了。如果你無法把一些基本定理敲入學生腦中，那麼有很大的機率，他們修課完畢會什麼都沒學到。然而，在我修過的幾十門經濟學課程裡，教授們認真看待其局限者很少。很多偏好巴著全國收入會計帳的細節，或者數學精妙之處，或最新的學術時尚。

　　我由經驗得知，教授們有海量的空暇。他們可以用很低的成本，大幅改善課程的形式與內容。因此對「經濟學老師如何能把自己時間運用得更好」這個問題，我的答案是，他們應該奮力把原始只講一方面經濟學家巴斯夏的精神，給導引進來。

　　假如你的職務被稱為為「經濟學教師」，那別無出奇之

處。人人都懂點經濟學，諸如：教授、政策面專家、記者、學生、關心經濟學的公民……等等，有的是機會開班授課。我們做老師的，人人都該學巴斯夏，開始把某個主題的流行觀點，拿來跟經濟學的觀點比較。說清楚，經濟學家想的是一件事，而非經濟學家想的是不一樣的東西。挑一些有深遠政策影響的結論，例如比較優勢、價格控制的影響、創新而節省勞力的長期益處，把它們說完道盡。誠如巴斯夏所建議：「我們必得透徹地提出我們的結論，讓真理與謬誤自行顯現；如此便一勞永逸，勝利不是走向保護主義，就是歸給自由貿易。」[68]

遵循巴斯夏忠告的經濟學家還可以幫到同僚。刻板說經濟學家給不出定論，叫他們辦事很棘手。一反刻板，不僅讓你個人更有說服力、影響力，也就削弱刻板，讓經濟學這一行更有說服力、影響力。

一開始，很多人做「一方面」經濟學家，覺得不安。但任何人都能那麼做。少花點時間在修訂一般原則。除開在頂尖學院，入門課幾乎應該不去設定門檻──把時間浪費在標準結論不適用的罕見案例，實在愚蠢至極。在入門課程教的例外，大多可以挪到中級課程才教，更為有利；而在中級課程教的例外，延到研究所去更好。以最傑出的學生而言，若你對他們說：「那些問題會在進階課程加以解決。」他們會懂的。其他學生呢，你必須尊重學習方面的「拉弗曲線」（Laffer Curve）；你想教他們更多，他們反而學到更少。

舉個可能惹爭議的例子。經濟學家傳授「競爭」概念給學生時，就做得很糟。[69] 教科書通常說：「只要如何如何……競爭很管用。」接下來列出很多有力的完美競爭假設。很多教科書就技術理由來說出了錯：完美競爭假設是效率的充足條件，而不是必要條件。[70] 教科書該罵的地方還有沒強調：就算不完美競爭，都能打敗「企業隨心所欲叫價」這句陳腔濫調。的確，學生們才學到貪婪動機與不良結果的因果等式，就開始討論壟斷事業，也太誇大了。壟斷事業一如有競爭力的公司，也有削減成本的動機，當成本跌時降價，不只看眼前而放眼未來可能的競爭。讓學生懂得自利經常激勵出有益合群的行為，要比讓學生學懂這套機制無法達到完美，來得更為重要。反市場的偏見，幾乎保證學生們不會忘記市場的缺點。

　　到這個關節點，該提出一個合宜的挑戰，那便是「要是人們對經濟學的觀點如此不理性，那怎麼可能說服得了？」我給的答案是：「不理性不是無法說服的障礙，反而可以讓你展現雄辯技巧。」這麼想好了，假如信仰「被消費掉」，是因為它們有直接的心理好處，那麼為了競逐思想市場，你必須把信仰跟對的情緒內容捆綁在一起。要讓經濟學「很酷」，方法不只一種，但我喜歡把它跟叛逆而發現、傲慢的常理……等等弦外之音打包在一起。誰不想跟安徒生童話中，那個呼喊「國王沒有穿衣服！」的孩子站在同一邊呢？你或許害怕疏離聽眾，但事情靠的是你如何界定。「你錯了，我才對」這種表述方式無

法服眾，但「我不會有錯，可這教室以外的人錯了，想必各位不想跟他們一樣，對吧？」這句話，依我的經驗，相當管用。

沒錯，這些技巧可以用在諄諄教誨洞見，教謬論亦然。只是它與真理本質上並無衝突。事實上你可以讓學生興奮起來，自己思索社會反對的命題，一如愛默生在其論文《靠自己》所述。他把尋覓真理描繪成不僅是責任，還是英雄的舉動：

孩子們有飯吃而不必愁，有如貴族般不屑說或做什麼來撫慰人，正是人類本質的健康狀態。孩子多像社會的主人啊，獨立、不扛責任，由自己視角打量人與事，一如過客，他依他們的特色來審判他們，以迅捷、乾脆的男孩方式，給他們好、壞、有趣、蠢、口才好、叫人討厭等評語。他不考慮後果及利害關係，給出獨立、真誠的判決。[71]

與此類似地，巴斯夏把邏輯與常理心描述得很有趣，方法是嘲笑那些欠缺這兩種品質的人。以他著名的《蠟燭生產者之訴願》來談：

吾人正受苦於某外國競爭者毀滅式的競爭。對手顯然就生產光明，其條件顯然遠優於我們的，於是他憑此橫掃國內市場，價錢低得不可思議。他出現那個瞬間，我等就賣不出去，消費者全轉去他那兒……這個對手不會正是太陽。若是

你盡可能把接觸自然光的一切管道封堵起來，由此造出人造光的需求，法國產業最後怎麼可能不被培植、鼓勵起來？[72]

這份請願書教的不只是經濟學。它還把保護主義轉化成笑話。巴斯夏沒把經濟學家描述成賣弄知識的人，而是「知識分子黨」的活力、熱情。不必對自己的知識人格打折讓步，巴斯夏讓讀者們自覺良好，所以支持他。

若是你沒一整學期來教育你的學生，那麼我的忠告就變得更合用了。你的時間愈少，三件事就愈重要：第一，用清晰的語彙，點明通俗觀點與基本經濟學的差異；第二，解釋何以後者為非而前者為真；第三，教得有趣。

媒體把幾秒鐘聚焦在其他專家身上，讓他們講出所思所想，他們通常會奮力傳達一或兩樣簡化的結論。他們曉得，以分配給他們的時間，能做得最好，就是那樣了。但經濟學家不願用這種策略。雖然市場規定如此，但他們認為那樣似乎無法表達出定論。但鉅細靡遺地把想法論述出來，保證完全沒有人會理睬。[73] 眾聲喧嘩，每個人都想突顯自己，你只是其中之一，若有機會講話，最好講得清晰。

我承認，經濟學家上電視，自由發揮的權力要比在課堂來得小。若是有記者請你談貿易赤字，你卻一直改變主題去講比較優勢，採訪恐怕不會播出來，而且你下次受訪的機會也變小了。但測一下媒體的容忍極限倒也值得。每次談到貿易赤字，

用以下簡短免責聲明起頭，也不是那麼討人嫌：「與流行見解相反的是：貿易赤字可不是壞事。每次貿易赤字上升，人們總是要求『想個辦法』，但他們搞錯了。國際貿易跟別的一切貿易相同，都是互惠的，不管有沒有赤字。」或許你還可附加個有趣例子：「我跟威格曼斯超市做生意，貿易赤字巨大——我向它買幾千美元的果菜，但威格曼斯沒向我買任何東西——沒什麼值得操心的。」若是你無法把談話由最新赤字帶開，那麼至少偷點時間，把數字用大局來看。

報紙專欄及網路部落格之類的管道，則介於電視政治口水節目及維時一學期的課程之間。比起電視，你在平面媒體或線上較有餘裕。但是，你仍得大力精簡。我認識一位經濟學家，他寫專欄時存心寫得比編輯要求的字數來得少。他解釋說，那樣子報紙要刪他最愛的段句就難了——他會這麼說，顯然懷疑編審人員可能最討人厭。

巴斯夏的經濟學教育手法，可學的還真多，但那只是開頭。[74] 他把經濟學教育用更廣背景來看。經濟學家鑽研世界，而也是世界的一部分。他們適合哪個位子？巴斯夏給的答案是：「批駁常見的偏見」。用現代的經濟行話來講，經濟學家提供公共財，以矯正系統性的偏差信念。他們的主要任務，「為真理清出道路，打理人類心靈以便理解真理，矯正輿論……破壞被誤用者握在手上的危險武器。」[75]

經濟學家出於本能，已經做了某些這類工作。事情很難確

定，但鑑於我們沒有經濟教育已有幾個世代，一些變革如降低
關稅及民營化可能做得幅度較小，甚至完全沒有。[76] 只是經濟
學家身處特殊狀況：他們矯正公眾意見，不是因為市場力量驅
使他們去做，而是因為市場力量給他們彈性空間去執行這項功
能，若是他們也有意如此。這意味著很多東西要看這一行的士
氣，在接受責任時，有多熱情。

近幾十年削弱經濟學界士氣的主要因素之一，是在大家認
為談到經濟學，由系統產生的歧視信念已經邊緣化了。事情若
真是如此，也就是平均而言，選民不必受教就能正確了解經濟
學，那誰還需要經濟學家？有什麼社會功能還要他們做呢？

這倒不是不可能作答的問題。職業經濟學家可以獻身在
減少輿論的差異程度，限縮偶發錯誤的散布。這麼做的時候，
他們倒是達成凱因斯的野心：叫經濟學家變成「謙卑、有用的
人，一如牙醫師」。[77]

這樣的專業謙卑很危險。自比成牙醫師的經濟學家基本上
會接受現今的社會。假如經濟學家唯一任務，只在減少輿論差
異，那麼還行。但是在真實世界裡，系統出錯是很多糟糕政策
的源頭，經濟學家則是中堅對抗力量。假如他們不那麼看待自
己，那些出錯大致上不會有人察覺。天下再沒比被引入歧途的
謙卑，更能叫經濟學家拋棄自己崗位，妨礙他們執行關鍵功能
的事了。

經濟學家不該忘記過去他們犯過錯，未來也會。我們都該

承認我們有時會有局限性。但有兩種錯誤該避免。鼻孔朝天是一種，自慚自抑是另一種。第一種會叫專家們自不量力；第二種則叫專家們碰到錯誤橫行時袖手旁觀。

結論

除了市場基本教義派以外，經濟學家經常被指責為傲慢。就此，我向批評者讓步好了。我既不推動市場基本教義派，也不傲慢，但我們真不該一直竭力避免留給人什麼印象。光守不攻，這沒有什麼道理。在人類歷史上，經濟學家創造並普及好多最有益於合群的思想，也與很多最惡毒的觀念交戰過。若是他們對自己在世上的角色有自知的話，那麼可以做得更多。

大讚愚行研究

要宣稱同一個人,在作為經濟行為體
時,前瞻而理性,但在投票時卻變成傻
瓜⋯⋯真的很難。
──托斯坦・裴爾松、基多・坦貝利尼,
《政治經濟學》[1]

民主政體有一大堆明顯反生產力的政策。經濟學家強調，保護及價格管制都很蠢。其他領域的專家有他們想講的話。這些政策如何成為可能？有三種基本回應。

回應一：為挨罵政策的優點進行辯護。
回應二：主張政客及特殊利益團體想破壞民主。
回應三：解釋政策怎麼能既受歡迎又反生產力。

回應一幾乎沒說服力。若是一個教授細細閱讀一張蠟筆塗鴉的不及格試卷，找看看有沒渺茫的智慧，會叫我們發笑的。我們幹嘛要花力氣，認真地合理化被誤導的政策？支持那些政策的人，一般沒有精妙的反論據。大多數人連經濟學家主要的反對意見都說不出來，遑論做出回應。

回應二在知識方面較令人滿意。[2] 一條雖有整體負面效應的政策，依然可以對極少數人好處甚大。但是，儘管這種回應受到近幾十年來學術界的關注，還是受困於兩大缺陷。第一，理論上多數人有很多種方法，可以輕易地重申其支配權。[3] 第二，實證輿論研究指出，現況（包括那些格外反生產力的政策）享有廣大民意支持，故此政治人物順應輿論的變化。[4]

這些事實引領我提出回應三。沒錯，政策受歡迎而反生產力，似乎很弔詭。常理告訴我們，眾人應該喜歡最管用的政策。[5] 經濟學訓練把民主參與類比成市場消費，更強化以下推

測，如果政策這麼糟糕，選民為何一直買它的帳？

但細細檢查之下，弔詭褪色了。投票類比為購物不對：民主制度是公用土地，不是市場。個別選民不是用選票來「買」政策。相形之下，他們把票丟進大型的公共池塘。社會結果端賴池塘平均收容什麼東西。

碰到公共池，經濟學家通常擔心出現最糟狀況。人們不在乎總計效應，會把池水弄髒。我猜，他們對民主感到自在的主要理由，在汙染很難看得見。它又不是普通有形的汙染。民主受苦於更抽象的外部性，來自系統性偏差信念的心理汙染。

經濟學很少論及信念的消費價值，但這件事想起來直覺上說得通，理論上也無法反對。就經濟理論範圍所及，任何東西都可以成為「商品」。日常經驗跟我們講，人們在乎這類商品之一，是他們的世界觀。然而發現我們的宗教或政治信念有錯，很少人會很高興。

你若是接納這一點，只消再結合一些初級消費者理論，就能懂我的理性的非理性模型。好比梨子的需求量，不理性的需求量會隨著其物質價格走高而減少。然而，一如經濟學經常碰到的狀況，這麼世俗的假設會挑起不快的問題。日常生活中，現實給出具體的動機，要我們節制不理性。但有什麼動機叫我們思索政治時要理性？

幾乎沒有。威脅「除非你很理性，不然惡劣政策會叫你吃不消」，則是合成謬誤。民主讓個人享受不理性信念的心理好

處，不必他付任何代價。此說當然不否認心理好處有其價值。但要付出的代價，便是社會不能極佳化；民主過度強調公民的心理高潮，而代價是他們的物質生活水準。

移民模式可提供不錯例證。窮國公民經常渴望移居富國。但他們很少投票支持保證照抄富國政策的政黨。假如印度人極想搬去美國，但無法取得簽證，那麼投票讓印度變得更像美國，似乎是第二棒的事。只是這兩種行動有個關鍵差異，離鄉的移民得放棄心理好處，比如放棄信仰自己國家是全世界最好，以交換物質生活水準大大提高。而一個背棄祖國政治傳統的選民，選擇放棄心理好處，卻因為政策不是他能掌控的，所以財富沒增加一毛錢。

改弦易轍

西方經濟學這一行已經被慣壞、腐爛了，其因之一乃是理性期盼這種思惟，其二乃是我們的注意力被差開了，沒留神每次重大危機中，必然會有的深遠誤解。
——傑弗瑞·薩克斯〈經濟急診室的生活〉[6]

我肯定不是第一位把政策受歡迎度與其結果脫鉤的社會科學家。各式各樣的思想家做過相同的事。名單方面，經濟學

家有亞當・斯密、巴斯夏、紐康、米塞斯、奈特、熊彼得、舒茲、索維爾、布蘭德及克魯曼；政治理論家如馬基維利、勒龐、米契爾斯、莫斯卡、賀佛爾；甚至小說家如歐威爾及蘭德。但我的立場反切現代社會科學紋理。要是我對了，很多已出版的研究就錯了。

這一點對形式政治理論格外真實，一如政、經兩門科學實際上都那麼做。政治學模型假設，一般選民了解政經系統怎麼運作，故有些襯托價值沒錯。但是，要加蓋更複雜的變數。[7] 在理性投票這個主題上，實在沒什麼意義。所有的模型都搞簡化，但憑此就習慣性假設有我等所知的對立面，理由很差。

理論家不願撒手，丟掉理性期盼假設，逼得他們去捏製冗長費解的模型。[8] 費南德茲與羅德里克著名論文〈改革的阻力〉就是上好例子。[9] 在開發中國家推出經濟改革經常不受歡迎。依我看來，最簡單又最好的解釋便是大多數人低估經改的好處。[10] 但羅德里克用方法論的理由，反對這個解釋。[11] 取而代之地，費南德茲與羅德里克指出，有種特殊的不穩定，會導致多數反對可望造福多數的政策。舉個例子，設若40％的選民曉得改革可以讓他們多取得1千美元；剩下來的選民，有25％的機率可得到1千美元，但有75％的機率上會損失1千美元。也就是說55％（40％＋0.25×60％）的選民因此可得到1千美元。但60％的選民因為預期可能損失500美元，所以在改革沒發生前就投票反對。

跟大多數形式政治模型一樣，費南德茲、羅德里克的模型，內部很連貫一致。[12] 其結論「大多數理性選民會投票，反對採用那些肯定會讓多數人更好過的改革」，是嚴格遵守前提而推導出來的。但是，要把它當成真實民眾反對改革的理由，還滿困難的。因為沒有專業忌諱對抗選民不理性，費南德茲及羅德里克根本不用費神搞他們的模型的。當你已經知道，選民不理性很常見，幹嘛還絞盡腦汁去解釋何以理性選民會做些顯然不理性的事？

　　考量到我們已有那麼多理性投票的模型，它們的邊際科學價值已跌到近乎於零。理論學家現在可以探索不理性的不同形式結果，而教我們懂得更多。有個傑出例子是庫蘭與桑斯坦的「可用性疊層」（availability cascades）模型。[13] 兩人由微層級證據入手，指出人類會高估值得一記的事件的或然率。他們問道，假如媒體碰到生動而驚悚的個別事件，會發生什麼事？為了收視率，他們會撲上去。他們的報導協助民眾記住那件事，還放大事件的風險估算，這麼做增加對類似故事的需求量。驚恐一旦散布開來，政治人物便矢言解決那個問題，再度提升其分量、地位。庫蘭及桑斯坦主張，兩人發現的機制，實在是一連串恐慌事件的潛因，如愛河事件（Love Canal）、阿拉爾蘋果催熟劑事件及環球航空編號 800 班機（TWA Flight 800）空中爆炸事件。它也有助於解釋歇斯底里現象，為何國情大不同。幾件核電事件在美國愈滾愈大，群眾歇斯底里，但在歐洲沒什

麼動靜；而基改食品則顛倒過來。即便庫蘭及桑斯坦最後都被證明是錯的，但他們也在運用現實主義的假設來談人們怎麼想，還煞費苦心想把政治做成模型。

若是形式的政治理論如我宣稱那般出錯，那麼實證方面的成績又如何？好多對我的批評倒是免疫。舉例來說，輿論研究就不必向理性選擇理論屈膝。這領域的專家不但一直發表研究成果，還讓形式理論家傷透腦筋，無法接受；席爾斯（David Sears）之類的學者還披露理性選擇理論的重大漏洞——最可觀的便是選民自私假設。而且，選民若是像我形容的一半自私，我們就該向證據開放心胸，肯定政治人物頗有漏洞可鑽，而且上下其手。[14]

但並非所有實證研究成果都安然脫逃，毫髮無傷。有些調查研究自我設限，拿理性選擇解釋法來彼此「競賽」。假如某係數為肯定，那它就佐證A型理性選擇理論；如果為否定，那它就支持B型理性選擇理論。假如收入較高，就是支持自由貿易的前兆，那就「指出」，它有助於劫貧濟富；若是收入較低，可預測會支持自由貿易，那則「指出」相反現象。

由理論驅動的實證研究，全都值得懷疑。儘管佯裝開放接納證據，答案總是支持理性選擇理論。當然，假如這種手法比起替代方法，經得起廣泛考驗，一切都沒問題。可理性選擇論不僅經不起這種挑剔，只要批判檢查一下，它就窘態百出。

只是，即便是理論驅動的實證研究，有些部分還可以拯

救。理性選擇理論影響人們發問的問題，而且歪曲他們的詮釋。但只要研究誠實報告其發現，我們還是可以從中學習。在理性選擇的框架裡，人幾乎是自動把較高收入者比較沒保護主義傾向這項事實，處理成證明保護主義造福窮人更甚富人。但我們可以只收事實而不必對解釋先入為主。或許，有錢人較不走保護主義的原因，在他們較為理性；又或許收入可當教育、智力的代理指標，而這些能讓人們更為理性。很多實證發現，掙脫了無新意的理論氛圍之後，就有可能指引出新方向。

人不禁想說，社會科學家浪費那麼多心血，原因在經濟學傳太廣太開，超越其適切的範疇。但真正的問題乃是，經濟學這箱強大的分析工具，被人用錯了。市場是經濟學家最早研習的東西，但他們還有好多其他方法，可以檢視人類行為。然而，一旦幾位先驅人士拿政治來類比市場，卻出現很不幸的羊群效應（bandwagon effect）。現在該是跳脫這種流行的時候了。

寫作的人結尾時經常呼籲要進一步研究，我也一樣。政治有很多要學的，也有很多該丟的。社會科學走過很多不通的死巷，無視很多有希望的道路，原因在被誤導且堅持：每個治學模型都是「沒有傻瓜的故事」，即使在蠢事居中心如政治之類的領域亦然。有句格言跟我們講，「智者由愚人學到的東西，多於愚人由智者所習。」社會科學的智者閉上眼睛，不看傻瓜愚行，就會做作地束縛自己學問的進展。

注釋

前言　為非理性選民開立藥方

1. "Vote for Me, Dimwit," *Economist*, June 16, 2007, 42; Kristof, Nicholas. "The Voters Speak: Baaa!" *New York Times*, July 30, 2007, A19.
2. "Vote for Me, Dimwit."
3. Menand, Louis. "Fractured Franchise," *New Yorker*, July 9 & 16, 2007, 91.
4. Hayes, Christopher. "Who's Afraid of Democracy?" *In These Times*, May 25, 2007, 40.
5. Casse, Daniel. "Casting a Ballot With a Certain Cast of Mind," *Wall Street Journal*, July 10, 2007, D5.
6. 另外，民意在過去三十年，傾向貿易保守主義的比例已明顯降低，若自由貿易的支持度停留在18％，自由貿易的趨勢還有可能發生嗎？

序章　民主的悖論

1. Simon (2000).
2. 關於獨裁政治的經濟學與政治學研究，參見 Wintrobe (1998).
3. 關於透過民主方式採納有害政策的研究，參見 Friedman (2002)、Krugman (1998)、Olson (1996), and Blinder (1987)。Irwin (1996) 總結經濟學家關於貿易保護主義觀點的歷史沿革。
4. 以下文獻對多數控制其政治代表的能力提出質疑：Grossman and Helpman (2001, 1996, 1994), Rowley, Tollison, and Tullock (1988), Becker (1983), and Brennan and Buchanan (1980)。探討選民無知與政客違背公眾利益的能力之間的關係的文獻有：Somin (2004), Magee, Brock, and Young (1989), Weingast, Shepsle, and Johnson (1981), and Downs (1957).
5. 參見 especially Wittman (1995, 1989), and Stigler (1986).
6. 資訊處理方面的經濟學家和認知心理學家，參見 Sheffrin (1996)、Kahneman, Slovic and Tversky (1982)，與 Nisbett and Ross (1980)。兩個學門的主要差別在於，認知心理學家遠比經濟學家，更有機會做出民眾的最佳資訊處理沒那麼糟的結論。
7. 關於有趣的實驗證明，參見 Tetlock (2003).
8. 例如，參見 Applebaum (2003), Courtois et al. (1999), Becker (1996), Payne (1995), Drèze and Sen (1990), and Conquest (1986).
9. 有關批判民主政治的廣泛調查。參見 Dahl (1989).
10. Eigen and Siegel (1993: 109).

11. 例如，參見MacEwan (1999), Soros (1998), Kuttner (1997, 1991, 1984), and Greider (1997, 1992).

12. 例如，參見Caplan (2002a), Alston, Kearl, and Vaughn (1992), Blinder (1987), and Schultze (1977).

第一章　超越集體的奇蹟

1. Mencken (1995: 375).

2. Olson (1971)與Downs (1957)闡述出為何無知選民會做出最適的自私行為。至於關於選民決策的機率很低，參見Edlin, Gelman, and Kaplan, Gelman, Katz and Bafumi (2004), Fedderson (2004), Mulligan and Hunter (2003)、Gelman, King, and Boscardin (1998), and Meehl (1977), and Boscardin (1998), and Meehl (1977).

3. Kuttner (1996: xi).

4. 例如，參見Kelman (1988), and Rhoads (1985).

5. 這些術語的意義差不多，但背景涵義稍有差別。追隨布坎南與圖洛克的經濟學家，偏好公共選擇，否則就是採用政治經濟學或實證政治經濟；而理性選擇理論在政治學界更為常見（Green and Shapiro 1994）。

6. 參見Quirk (1990, 1988).

7. Surowiecki (2004: 11).

8. 關於系統性錯誤的問題，參見Surowiecki (2004), Austen-Smith and Banks (1996), Wittman (1995, 1989), Page and Shapiro (1993, 1992),Levy (1989), and Muth (1961).

9. 關於此一問題的洞見研究，參見Hoffman (1998).

10. Page and Shapiro (1993: 41).

11. Converse (1990: 383).

12. Brainy Quote (2005b).

13. Surowiecki (2004).

14. Surowiecki (2004: xi–xiii, 3–4, 7–11, 11–15, 17–22).

15. Page and Shapiro (1993: 41).

16. 關於此一方面較佳的論述，參見Somin (2004, 2000, 1999, 1998), Delli Carpini and Keeter (1996), Dye and Zeigler (1996), Bennett (1996), Smith (1989), Neuman (1986), and Converse (1964).

17. Delli Carpini and Keeter (1996: 117).

18. Dye and Zeigler (1992: 206).

19. Delli Carpini and Keeter (1996: 116–22; 89–92).

20. Lecky (1981: 22).

21. 重要的特例，參見Althaus (2003, 1998, 1996), Bartels (2004, 1996), Gilens (2001), Wolfers (2001), and Delli Carpini and Keeter (1996).

22. 關於此一方面較佳的論述，參見Rabin (1998) Thaler (1992), Quattrone and Tversky (1988, 1984), Simon (1985), Kahneman, Slovic, and Tversky (1982), and Nisbett and

Ross (1980).

23. 例如，參見 Smith (2003, 1991), Cosmides and Tooby (1996), Barkow, Cosmides, and Tooby (1992), and Cosmides (1989).

24. For my earlier research on this point, 參見 Caplan (2002a, 2002b, 2001d).

25. 簡化起見，假設選民偏好對稱，故中位數偏好也是最大效率的結果（Cooter 2000: 32-35）。

26. 更多例證, 參見 Sowell (2004a, 2004b).

27. 例如，參見 Krugman (1998) and Siebert (1997).

28. McCloskey (1985: 5).

29. 參見 Sheffrin (1996).

30. Newcomb (1893: 375).

31. Smith (1981: 488–89).

32. Smith (1981: 493).

33. Smith (1981: 796).

34. Bastiat (1964a: 123).

35. Knight (1960: 19).

36. 例如，參見 Drazen (2000), Persson and Tabellini (2000), and Rodrik (1996). For an important recent exception, 參見 Romer (2003).

37. Stigler (1986: 309)。不過斯蒂格勒早期似乎抱持這項「異常混淆視聽」的觀念（Stigler 1959）。

38. Skousen (1997: 150).

39. Krugman (1996: 5).

40. 更多討論, 參見 Caplan (2003b).

41. Shermer (2002: 82).

42. 持此觀點的文獻，還包括 Caplan (2001a), Akerlof (1989), and Akerlof and Dickens (1982).

43. Rand (1957: 944).

44. Locke (1977: 570; emphasis added).

45. Locke (1977: 571).

46. Locke (1977: 571).

47. Nietzsche (1954: 635).

48. Le Bon (1960: 73).

49. Hoffer (1951: 26).

50. 有件事讓宗教與政治信徒沒那麼難搞，就是兩者對教義的了解大多馬馬虎虎（Converse 1964）。

51. 關於極權主義的經典論述，參見 Arendt (1973), and Friedrich and Brzezinski (1965).

52. Hoffer (1951: 27).

53. Crossman (1949: 203).

54. Orwell (1983).

55. 賀佛爾一般會在群眾運動的生命週期，區分革命或「行動」與制度建立或「鞏固」二個階段。前期的極端不理性，到了後期會消退減弱。「過往翻騰血氣的慣性結晶——正式稱呼——是宗教的保守主義。」（Hoffer 1951:14）。

56. Shermer (2002)討論了主要的案例。

57. Bastiat (1964a: 84).

58. 關於正式的分析，參見Spence (1977).

59. Akerlof (1989) is, to the best of my knowledge, the first economist to clearly make this point.

60. Andrews (1993: 229).

61. 關於自利選民假設的經驗證據概述，參見Mansbridge (1990), Sears and Funk (1990), Citrin and Green (1990), and Sears et al. (1980)。關於收入與黨派認同問題，參見Gelman et al. (2005), Luttbeg and Martinez (1990), and Kamieniecki (1985)。關於收入與政策偏好問題，參見Gelman et al. (2005), Luttbeg and Martinez (1990), and Kamieniecki (1985)。關於性別與墮胎問題的民意調查，參見Shapiro and Mahajan (1986).

62. Blinder (1987: 89).

63. Le Bon (1960: 110).

64. 例如，參見Jacobs and Shapiro (2000) and Bender and Lott (1996).

65. Merriam-Webster's Collegiate Dictionary (2003: 330).

66. 參見Fremling and Lott (1996, 1989).

67. 關於選舉並非完美的紀律手段，參見Matsusaka (2005), Persson and Tabellini (2004, 2000), Gerber and Lewis (2004), Besley and Case (2003), Persson (2002), Besley and Coate (2000), and Levitt (1996).

68. 坦白說，選民可能對眾多政策漠不關心，導致政客高度怠惰，關於這個觀點要感謝Ilya Somin。

69. Sutter (2006) 針對媒體的流行偏見，提出很出色的經濟批評。另外對媒體的資訊作用的典型理性選擇分析，見Wittman (2005b)；持懷疑態度者見Mullainathan and Shleifer (2005)。

70. Abramson, Aldrich, and Rohde (2002: 131).

第二章　經濟學的系統性偏見

1. Le Bon(1960: 114).

2. Becker(1976b: 246).

3. 例如，參見Austen-Smith(1991) "outs" Magee et al.(1989).

4. Coate and Morris(1995: 1212).

5. Rodrik(1996: 38).

6. 例如，參見Kruger and Dunning(1999), Camerer(1995), Taylor(1989), Hogarth and Reder (1987), Gigerenzer and Murray(1987), Kahneman, Slovic,and Tversky(1982), Tversky

and Kahneman(1982a), Lichtenstein, Fischhoff, and Phillips(1982), and Nisbett and Ross(1980).

7. 關於高估新鮮刺激，記憶深刻事件的機率問題，參見Tversky and Kahneman(1982b) and Slovic, Fischhoff, and Lichtenstein(1980). On people's tendency to overestimate themselves, 參見Kruger and Dunning(1999), and Gilovich(1991).

8. 例如，參見Sunstein(2000), Rabin(1998), Babcock and Loewenstein(1997), and Thaler (1992).

9. 參見Harrison and List(2004) and List(2003).

10. 所以，反向抵押貸款在現實世界不普及的事實，與實驗室做出「心理預算」會影響人的行為的結果(Thaler 1992:107-21)，前者讓我更有感。

11. 例如，參見Smith(2003), Goldstein and Gigerenzer(2002), Gigerenzer (2001, 2000), and Cosmides and Tooby(1996).

12. 參見Bartels(2004, 1996), Althaus(2003, 1998, 1996), Gilens(2001), Duch, Palmer, and Anderson(2000), Kuklinski et al.(2000), Krause and Granato (1998), Krause(1997), and Delli Carpini and Keeter(1996). For a somewhat contrary result, 參見Lau and Redlawsk(1997).

13. Kaiser Family Foundation and Harvard University School of Public Health(1995).

14. Economics and Statistics Administration(2004).

15. 關於「知情偏好」的例子，參見 Bartels (2004, 1996), Althaus(2003, 1998, 1996), Gilens(2001), and Delli Carpini and Keeter(1996).

16. Althaus(2003: 60).

17. Althaus(2003: 128–30).

18. Althaus(2003: 130).

19. Althaus(2003: 131, 111).

20. Althaus(2003: 115, 109).

21. Krugman (1996:118)。克魯曼特指對國際貿易的誤解。

22. 關於現代經濟學家對思想史的漠視, 參見Blaug(2001).

23. 當然，這麼分類仍有疏漏，而且有的觀念可能跨類型。

24. Herman(1997: 48).

25. 例如，參見Sowell(2004a, 2004b), Caplan and Cowen(2004), Mueller(1999), Klein(1999), Shleifer(1998), Cowen(1998), Mises(1998, 1996, 1966), Shiller(1997), Sachs and Warner(1995), Blinder(1987), Henderson(1986), Rhoads(1985), Smith(1981), and Schultze(1977).

26. Schumpeter(1950: 144).

27. Schumpeter(1954: 234).

28. 魯賓(Rubin 2003)對此問題有詳盡的描述。

29. Schultze(1977: 18, 47).

30. Mises(1981a: 325).

31. Mises(1966: 854).

32. 這大約等同於索維爾(Thomas Sowell 2004a: 4-13)所說的「一段式思考」，即只考慮到顯而易見，忽略間接與較不明顯的政策效果。

33. Smith(1981: 454).

34. Smith(1981: 456).

35. 關於高利貸，參見Houkes(2004), and Böhm-Bawerk(1959).

36. Böhm-Bawerk(1959: 10).

37. Kuran(2004: 39).

38. Kuran(2004: 57).

39. Blinder(1987: 136–59).

40. Blinder(1987: 137); for the original study, 參見Kelman(1981: 98–99).

41. 例如，參見Knight(1960: 98–99).

42. 例如，參見Scherer and Ross(1990: 208–20).

43. Bastiat(1964b: 19–20).

44. 例如，參見Stiglitz(2002b).

45. 「也許有吧，但我們很少聽說僱主聯盟，反之，卻很常聽到工人結盟，但憑這說法，就以為僱主很少結盟，是對世界以及學術同樣的無知。僱主隨時隨地都懷有某種默契──而非固定且制式的結盟──不會讓勞工工資高於現實費率。不會有人樂見任何人違反這項盟約，而且會讓僱主在鄰里與同行間蒙羞。」(Smith 1981: 84)

46. 例如，Krugman (1998)。這不是要否認低生產力可能主要是因為本國政策差勁的關係，何況第一世界還有移民限制。

47. Mueller(1999: 5).

48. Boublil, Kretzmer, and Natel(1990: 36).

49. Mueller(1999).

50. Krugman(2003); Stiglitz(2003).

51. Greider(1992: 395).

52. 例如，參見Hainmueller and Hiscox(forthcoming, 2005a), Poole(2004),Bhagwati(2002), Roberts(2001), Krugman(1996), Irwin(1996), Phelps(1993), Blinder(1987), Henderson(1986), and Taussig(1905).

53. Newcomb(1893: 379).

54. Blinder(1987: 111).

55. Smith(1981: 457).

56. Newcomb(1893: 377).

57. 參見Irwin(1996).

58. Krugman(1996: 124–25).

59. Landsburg(1993: 197)，藍思博(Landsburg 1993: 197) 從傅利曼(Friedman 1996: 119–20)處援引了這個觀點，而克魯曼(Krugman 1996: 119–20)則從英格拉姆

(Ingram 1983)的教科書援引類似觀念。

60. 例如，參見Bhagwati(2002) and Irwin(1996).

61. Smith(1981: 429).

62. 反傾銷法是另一種有意思的猜忌外國人的表達方式。控訴外國廠商「售價低於成本」的難度，遠低於把相同的帽子，扣在本國廠商頭上。史迪格里茲(Stiglitz 2002a:173-174)解釋：「美國是用奇怪的方法在估計生產成本，以致同法用在自己人的話，結果八成是多數美國廠商也是在傾銷。」

63. 參見William J. Clinton Foundation(2005).

64. GSS變數識別碼日本、英格蘭，與加拿大。

65. U.S. Census Bureau(2005a, 2005b). 我要感謝伊利亞‧索敏(Ilya Somin)的提醒，使我注意到這個事實。

66. Bureau of Economic Analysis(2005).

67. Krugman(1996: 84).

68. Bastiat(1964a: 26–27).

69. 例如，參見Cox and Alm(1999), Krugman(1998), Davis, Haltiwanger, and Schuh(1996), Henderson(1986), and Bastiat(1964a, 1964b).

70. Blinder(1987: 17).

71. Bastiat(1964a: 20).

72. Bastiat(1964a: 20).

73. Newcomb(1893: 380).

74. Schlesinger(1957: 462).

75. Cox and Alm (1999: 116)。注意與熊彼得(Schumpeter 1950: 81-86)「創造性的破壞」概念的相似性。

76. Cox and Alm(1999: 128).

77. Blinder (1987: 124)。布蘭德是指工人遭國際競爭取代，但這論點輕易就能延伸到遭技術進步取代。

78. Cox and Alm(1999: 133).

79. Cox and Alm(1999: 111).

80. Bastiat(1964a: 10).

81. Bastiat(1964a: 10).

82. Herman(1997: 173).

83. 例如，參見Kling(2004), Easterbrook(2003), Lomborg(2001), Cox and Alm(1999), Mueller (1999), Whitman(1998), Simon(1996, 1995b), Samuelson(1995), and McCloskey (1993).

84. Rae(1965: 343).

85. 例如，參見Krugman(1998, 1996) and Blinder(1987).

86. 例如，參見Johnson(2000), Fogel(1999), and Lucas(1993).

87. Herman(1997: 13).

88. Lovejoy and Boas(1965:7)。洛夫喬伊與波亞士考察歷史，驚訝於悲觀論的理由多變，遠比悲觀論本身更精采。現代的悲觀論者強調物質繁榮稍縱即逝，古代悲觀論者的著眼點，並非豐饒的無常，而是對道德與公眾的負面影響。

89. Smith(1981: 343; emphasis added).

90. Smith(1981: 343–44; emphasis added).

91. Hume(1987: 464).

92. Hume(1987: 73–74).

93. 例如，參見Mises(1981b).

94. Herman(1997: 65).

95. Spencer(1981: 3).

96. Spencer(1981: 6).

97. Herman(1997: 297, 1).

98. 關於嘗試回答這個問題的文獻，參見Easterbrook(2003), Cox and Alm(1999), Mueller (1999), and Whitman(1998).

99. 例如，參見Pew Research Center(1997).

100. Easterbrook(2003: 119).

101. Cox and Alm(1999: 200, 44).

102. Cox and Alm(1999: 197).

103. Krugman(1996: 48).

104. 參見Krueger and Solow(2001).

105. Krugman(1996: 214).

106. 例如，Starke(2004)。此外，普遍認為，生活惡化是因為文化／社會素質下降。對文化／社會素質悲觀論的批判，見Whitman(1998)。

107. Erlich(1968).

108. Simon(1996, 1995a).

109. Simon(1995a: 642–43).

110. 例如，Dasgupta et al. (2002)、Freeman (2002)、Lomborg(2001)，與Johnson(2000)。即使科爾(Cole 2003)是在批判隆伯格(Lomborg)，並強調不贊同環境樂觀論，但承認現實是有許多正面趨勢。

111. Kremer (1993)。賈德‧戴蒙的得獎之作《槍炮、病菌與鋼鐵》，連結人口與創新的方式本質上相同，只是沒招搖。

112. 悲觀論者有兩種，一種是認為壞事很可能發生，另一種則是認為壞事不太可能發生，別把這兩種悲觀論者混為一談。包含我在內，沒有什麼經濟學家會強力反對第二種悲觀論。推託核子武器沒人會用，就當作沒有核能氾濫這回事，可說非常愚蠢。感謝Andrew Gelman指出這項分別。

113. Kirchgässner(2005).

第三章　來自美國公眾與經濟學家經濟調查的證據

1. Krugman(1996: 78).
2. 其中較為重要的有：Blinder and Krueger(2004), Chicago Council on Foreign Relations(2004), Fuller and Geide-Stevenson(2003), Chicago Council on Foreign Relations and the German Marshall Fund of the United States(2002a, 2002b, 2002c), Walstad and Rebeck(2002), Scheve and Slaughter(2001a, 2001b), Fuchs, Krueger, and Poterba(1998), Walsta(1997, 1992), Frey and Eichenberger(1993, 1992), Walstad and Larsen(1992), Alston, Kearl, and Vaughn(1992), Ricketts and Shoesmith(1990), Conover, Feldman, and Knight(1987), Conover and Feldman(1986), Rhoads(1985),Pommerehne et al.(1984),McClosky and Zaller(1984), Chong,McClosky, and Zaller(1983), and Kearl et al.(1979).
3. 參見Fuller and Geide-Stevenson(2003), Alston, Kearl, and Vaughn(1992), and Kearl et al. (1979).
4. Chicago Council on Foreign Relations and the German Marshall Fund of the United States(2002a).
5. Question 765.
6. 「芝加哥外交關係學會」(Chicago Council on Foreign Relations)與「德國馬歇爾基金會」(the German Marshall Fund)美國辦事處都強調，2002年世界觀點發現，自由貿易易若是與協助失去工作的勞工結合，那麼絕大多數人都會支持。談到問題770，受訪人的三項選擇為「自由貿易加勞工濟助」、「自由貿易而無勞工濟助」及「我不支持自由貿易」。選擇第一項的幾乎達75％。依我判斷，這大致上是受問題措詞所影響。在「自由貿易」與「不挺自由貿易」做個二選一，可能把民眾偏好中間政策給遮蓋掉了。此外，自由貿易的替代項，應該更正面地標寫成「公平貿易」。最後，第三個選項應該切分成「不挺自由貿易＋勞工濟助」及「不挺自由貿易＋不給勞工濟助」。另值得一提的是：美國人壓倒性(達93％)要求自由貿易協定要規範最低勞動條件——對大多數低收入國家，這是破局與否的因素(問題775)。欲了解調查貿易態度時，問題措詞的強力影響，其證據見諸 Hiscox 2006。
7. Kearl et al.(1979: 30).
8. GSS variable identifier PRICECON(General Social Survey 1998).
9. Washington Post, Kaiser Family Foundation, and Harvard University Survey Project (1996).
10. 更多SAEE的資訊, 參見Blendon et al.(1997).
11. 問題總數事實上超過三十七個。為了防止比較，有些問題並沒提出供兩組受訪人回答。我省略幾道問題，原因是冗贅多餘。
12. Kahneman and Tversky(1982: 493).
13. Greider(1992: 36).
14. Andrews(1993: 262).
15. Kelman(1981: 7).
16. Kelman(1981: 7).

17. 例如，參見Dahl and Ransom(1999) and Babcock and Loewenstein(1997).

18. Marx(1965: 609).

19. Mises(1962: 86).

20. Brossard and Pearlstein(1996: A6).

21. 例如，參見Soros(1998), Kuttner(1997, 1991, 1984), Greider(1997, 1992), and Lazonick (1991).

22. Kuttner(1997: 3–4).

23. 想進一步討論者，請參見本章的技術面附錄。

24. 加添統計學控制項，有可能讓信念落差消失，唯一原因可不是專家偏見。假如正確了解經濟，可以讓人時運極旺，那麼有錢的非經濟學家，就會在不計營逐私利偏見時，與職業經濟學家意見相同。不然，假設學懂經濟學導致人們變得更保守。那麼保守人士在沒有意識形態偏見時，應該常常與經濟學家會心合意。

25. 這個問題，我的本能反應是與普羅大眾站同一邊。但我沒明講的假設是：降稅可以用民營化及削減受歡迎的施政如社會安全及健保經濟，來加以平衡。若是砍經費僅限於「浪費」及不受歡迎的施政，那我的經濟學家同儕可能正確無誤。

26. 例如，參見Easterly(2001).

27. Kaiser Family Foundation and Harvard University School of Public Health(1995).

28. On immigration and population growth, 參見Borjas(1994: 1668); on immigration and wages, 參見Borjas(1994: 1695–1700); on immigration's net effect on the budget, 參見 Lee and Miller(2000) and Simon(1999: 112–52, 313–21).

29. 例如，參見Gruber(2005: 509–10).

30. 有鑒於經濟學家與普羅大眾意見一致的情況如此罕見，我懷疑他們能會心贊同，透露出來的是經濟學家未能擺脫流行的偏見。就算教育有重大的外部性，那麼為何現有的補貼如此之小，不足以充分幫它矯正過來？從更根本談起，教育替勞工帶來的益處，看來幾乎全部內化了——你取得更多技術，就賺更多錢。所以，對任何補貼來說，效率的道理並不大，遑論提高補貼。事實上在教育產業擔了數十年的經驗讓我深信，教育經常只在跳火圈——或用行話，是在「信號傳遞」(signaling)。補助跳火圈就是在浪費，原因是它只增加你按設想該跳的火圈數目。

31. Kaiser Family Foundation and Harvard University School of Public Health(1995).

32. Equal Employment Opportunity Commission(2005).

33. 另一種可能是經濟學家把這種現象，解釋為「偷懶」的問題，或者用更廣的術語來說，是「社會資本」的問題。當老闆沒注意時就不幹活的工人愈多，那麼必須浪費在監看的資源就愈多。強大的工作倫理——反偷懶準則已內化——因此就成其為正面的外部性。

34. 在此我發現，自己又與我們這一行共識有所齟齬。有個經濟學說法支持管制如空汙等第三方效應，好像說得通。但很多管制的設計，只是強迫消費者買更多安全、衛生及其他政治正確的產品，多過所需。安全可不是免費的。勞工總是可以提議減薪工作，以換取在職的安全。安全法規因此讓勞工比其需要更為安全。有

鑑於法規的估計成本，標準上要每年幾千億美元(管理與預算辦公室，1997年統計數字)，而理論上的結論說，很多管制根本不值其成本，我的確把管制過度視為重大問題。

35. 關於最低工資的公眾觀點，參見Gallup Organization(2005)；關於農場補貼，參見PIPA–Knowledge Networks Poll(2004); 關於藥物測試，參見Kaiser Family Foundation(2005).

36. GSS variable identifier SETPRICE.

37. 例如，參見Rowley, Tollison, and Tullock(1988), and Weiss and Klass (1986).

38. Washington Post, Kaiser Family Foundation, and Harvard University Survey Project (1996: 4); Walstad and Larsen(1992: 48).

39. 公司高層薪酬相形於其表現其實算很低，有沒有這個可能，經濟學家實應更為開放。高薪不是問題，無差別高薪倒是。

40. 例如，參見Krugman(1998, 1996) and Blinder(1987).

41. 例如，參見Cox and Alm(1999).

42. 例如，參見Krugman(1998: 62–65), and Kaiser Family Foundation and Harvard University School of Public Health(1995).

43. 參見Kull(2000) on the public's lukewarmsupport for trade agreements, and Bhagwati (2002) on economists' support for unilateral free trade.

44. Schumpeter(1950: 145).

45. 依我看來，預測就業機會增加的經濟學家過頭了。貿易自由化增加國外需求，但抑制國內需求。所以沒什麼道理指望能造福短期就業。長期效應甚至更渺茫；總體經濟學家質疑需求衝擊對就業有所影響。理論上明智的回應，則是把焦點放在生活水準，而非就業。

46. 注意，「兩者皆是」代碼為1；「兩者皆非」代碼為0。

47. 例如，參見Blinder(1987).

48. 例如，參見Cox and Alm(1999: 139–56).

49. 參見Gottschalk(1997).

50. 例如，參見Cox and Alm(1999: 17–22).

51. 例如，參見Fogel(1999), Lucas(1993), and Lebergott(1993).

52. 這項結果進一步削弱語言學派對外行－專家意見不同的看法。假如經濟學家與非經濟學家定義的「經濟表現良好」並不一樣，你就能預料他們對經濟的「現況」意見不一，而不光指過去及未來。

53. Kaiser Family Foundation and Harvard University School of Public Health (1995)。類似的結果出現在《美國人有關權利之認知與態度調查》(Survey of Americans' Knowledge and Attitudes about Entitlements)(華盛頓郵報、凱撒家庭基金會及哈佛大學調查專案，1997年)。

54. 凱撒基金會料想「福利」這個項目有其含糊不清，向受訪人詢問哪些施政被定義為「福利」。大多數美國人把醫療補助計畫、食物券、對單親家庭補助、兒童

營養計畫及公共住宅濟助等，歸於此類。以1993年聯邦預算，這些項目加總占10.2%。（凱撒家庭基金會及哈佛大學公共衛生學院，1995年）

55. 要替普羅大眾的良知辯護，很自然的做法便是訴諸定義之含糊。事實上，表3.1最後一欄的數字，便存心偏向大眾。表3.1把援外定義得廣到含括一切國際事務的開支；若定義較嚴，則把其在預算之占比，由1.2%拉到區區0.4%。與此類似的則是省略醫療補助（它已經被算在「福利」項下）後的衛生開支。假如把醫療補助算進來，那麼衛生開支將上升到占預算的16.3%。管理與預算辦公室，2005年）

56. Tullock(1987: 28).

57. Blendon et al.(1997: 112–13).

58. 我承認，這樣挑選問題的流程並不正式，端賴作者們的主觀判斷。假如他們想提升公信力，應該做兩階段調查；其一選擇問題，其次收集答案。但這種疑慮，並不足以叫我們暫停宣判，一直等到有人執行過那種流程。

59. Cerf and Navasky(1998).

60. 參見Klein and Stern(forthcoming).

61. 意識形態偏見之源起，原因可能在信奉某一極右觀點的人，通常也信奉很多其他極右的觀點。所以，當經濟學家斷然駁斥大眾對市場之常見抱怨時，人們就推論，整套保守派觀點，他們一律買帳。

62. Caplan(2001d: 417).

63. Delli Carpini, and Keeter(1996).

64. Kraus, Malmfors, and Slovic(1992).

65. Caplan(2002a, 2001d).

66. 嚴格說來，我們假說的學生完成其博士學位，年紀也變大一些，因此年齡上的變化，必須計列進結果。

第四章　古典公共選擇與理性無知的失靈

1. Edgerton (1992: 197).

2. Tullock (1967: 102)。感謝查爾斯・羅利（Charles Rowley）告訴我此一術語最早的出處。

3. Downs (1957: 259).

4. 相關的經典論述，參見Stigler (1961).

5. 例如，參見Edlin, Gelman, and Kaplan (forthcoming), Gelman, Katz, and Bafumi (2004), Fedderson (2004), Mulligan and Hunter (2003), Gelman, King, and Boscardin (1998), Brennan and Lomasky (1993, 1989), and Meehl (1977).

6. 例如，參見Stiglitz (2002b).

7. 例如，參見Somin (2004), and Bennett (1996).

8. 參見Somin (2004, 2000, 1999, 1998), Delli Carpini and Keeter (1996), Dye and Zeigler (1996), Bennett (1996), Smith (1989), and Neuman (1986).

9. Delli Carpini and Keeter (1996: 117).

10. 參見Dye and Zeigler (1992: 206)。實際情況更糟糕，說得出本州參議員名字的人理當知道答案，卻隨機猜測參議員所屬政黨，最後，只有四分之一的機會說出兩項正確的答案。

11. Delli Carpini and Keeter (1996: 70–71).

12. Delli Carpini and Keeter (1996: 101).

13. 參見Olson (1982).

14. 關於理性無知導致政治失靈的分析，參見Coursey and Roberts (1991), Magee, Brock, and Young (1989), Rowley, Tollison, and Tullock (1988), Blinder (1987), Rhoads (1985), Buchanan and Tollison (1984), Weingast, Shepsle, and Johnson (1981), and Olson (1971).

15. Olson (1971: 29).

16. 例如，參見Persson and Tabellini (2000), Drazen (2000), Rodrik (1996), Wittman (1995, 1989), Coate and Morris (1999, 1995), Austen-Smith (1991), and Coursey and Roberts (1991).

17. Downs (1957: 10).

18. 例如，參見Wittman (2005c).

19. 例如，參見Sheffrin (1996), Pesaran (1987), Maddock and Carter (1982), Lucas (1973), and Muth (1961).

20. Downs (1957: 5).

21. Downs (1957: 4).

22. 關於經濟學家對理性的各種解釋，參見Cowen (2001)。關於貝氏主義，參見Hanson (2002), Howson and Urbach (1989), and Aumann (1976).關於反對貝氏主義的實驗證明，參見Rabin (1998) and Kahneman and Tversky (1982).

23. 參見Cowen and Hanson (forthcoming), Cowen (2003), and Mele (2001, 1987).

24. 第二常見的回答是，訴諸個人與社會不理性的差異。據說囚徒困境中的叛變屬於「社會性」非理性，因為所有參與者都合作的話，會得到比較好的結果，但是從個人的角度來說，仍屬理性，因為每位參與者在別人行為的影響下，都盡量做到最好的程度。

25. 情感承諾驅動的錯誤也叫做「動機偏見」。「認知偏見」的文獻極多，進一步證明如果大家連對過去沒有情感承諾的問題都答錯，無知並非其中唯一的原因 (Gilovich 1991; Nisbett and Ross 1980)。我獨鍾動機偏見，是因為這種偏見比較直覺、跟政策的關係比較明顯。

26. McCloskey (1985: 177).

27. Crossman (1949: 23).

28. Chambers (1952: 196).

29. 有關進化論的實驗證明的調查, 參見Bell (1997).

30. Lott (2000).

31. Aristotle (1941: 689).

32. 例如，參見Murphy and Shleifer (2004), Mele (2004, 2001, 1987), Tetlock (2003), Redlawsk (2002), Shermer (2002), Taylor (1989), Locke (1977), Hoffer (1951), and Mosca (1939).

33. 例如，參見MacEwan (1999), Kuttner (1997, 1996), Hauptmann (1996), and Greider (1992).

34. 例如，參見Surowiecki (2004), Wittman (1995), and Page and Shapiro (1992).

35. 例如，參見Sutter (2006), Frank (2004), Herman and Chomsky (2002), Murray, Schwartz, and Lichter (2001), Lichter and Rothman (1999), Simon (1996), Kuran (1995), Page and Shapiro (1992), and Geddes and Zaller (1989).

36. Wittman (1995: 15).

37. Johnson (1991: 550).

38. 例如，參見Eichenberger and Serna (1996), Wittman (1995, 1989), and Gilovich (1991).

39. 例如，參見Posner (2002) and Becker (1968).

40. Becker (1976a: 54).

41. 有關資訊不對等，參見Stiglitz (2003, 2002b) and Akerlof (1970).

42. 例如，參見Banks and Weingast (1992), Crew and Twight (1990), Magee, Brock, and Young (1989), and Rowley, Tollison, and Tullock (1988).

43. Akerlof (1970).

44. 有些人反對二手車和政府計畫的比喻，因為「你不一定要買車，卻總是會獲得一位領導人。」然而，重點是選民可以拒絕支持提出的計畫價值可疑的候選人，藉以因應資訊不對稱的情況。

45. 參見Caplan (2001c), Wittman (1995: 107), and Breton and Wintrobe (1982).

46. 關於認知捷徑，參見Lee (1989).

47. On cognitive shortcuts, 例如，參見Somin (2004), Cutler (2002), Kuklinski et al. (2001), Lau and Redlawsk (2001), Lupia and McCubbins (1998), Hoffman (1998), Lupia (1994), and Popkin (1991).

48. Lupia and McCubbins (1998: 7).

49. Lupia and McCubbins (1998: 37).

50. 例如，參見Nadeau and Lewis-Beck (2001), Lanoue (1994), Lockerbie (199), and Fiorina (1981).

51. 參見Achen and Bartels (2004), Somin (2004), and Rudolph (2003).

52. 然而，有些實證研究也發現，捷徑可能引導不聰明的選民，做出更差的決定（Lau and Redlawsk 2001）。

53. Althaus (2003: 143).

54. Wittman (1989: 1421).

55. 對惠特曼的批判，參見Lott (1997), Rowley (1997), and Boudreaux (1996), 與在《經濟學期刊觀察》(*Econ Journal Watch*) 上的論戰 (Caplan 2005a, 2005b; Wittman 2005c, 2005d).

56. 我多次在研討會上，看過博弈理論專家，努力比對惠特曼所說選民最低水準的認知能力到底有多低！

57. 關於政治中的壟斷權力，參見Fiorina (1989), Anderson and Tollison (1988), Brennan and Buchanan (1980), Crain (1977), and Tullock (1965). Posner (2002: 295–347)討論了很多質疑壟斷造成危害的理由。

58. Wittman (1995: 25).

59. 例如，參見Holcombe (1985) and Shepsle and Weingast (1981).

60. Wittman (1995, 1989).

61. 例如，參見Matsusaka (2005), Persson and Tabellini (2004, 2000), Gerber and Lewis (2004), Besley and Case (2003), Persson (2002), Besley and Coate (2000), and Levitt (1996).

62. 關於直接民主與間接民主問題，參見Matsusaka (2005)。關於議員間分歧，參見Levitt (1996)。關於公開初選、重畫選區、競選資助規則以及政黨競爭的影響，參見Besley and Case (2003)。

63. Besley and Case (2003: 68).

64. Besley and Case (2003: 40).

65. 例如，參見Alesina and Rosenthal (1994).

66. Wittman (1995: 10–15).

67. 更多討論，參見Caplan (2003b, 2001a, 2001c).

68. 有關人們不能對訊息來源可靠性作出充分調整的討論，參見Gilovich (1991).

69. Thaler (1992: 198).

第五章　理性的非理性

1. Descartes (1999: 6).

2. 惠特曼（Wittman 1995:16-17）認為，民主要比市場更能保護非理性少數者的境遇。市場會讓一個非理性的邊緣人隨著自我毀滅的偏好而沉淪，而民主卻能保護少數人的利益。「錯誤的政治宣傳或許愚弄了少數人，但它不會產生有害的影響，因為少數人的選票不會轉化為政治權力。相反地，市場上的事業無須說服大多數消費者，只要有少數人認可，就可以把東西賣出去。「換句話說，如果中間選民比平均選民更理性，那麼民主將會比市場更有效。相反地，如第三章所提到的，若中間選民比平均選民更不理性，則市場將比民主更有效。

3. 參見Austen-Smith (1991)and Coursey and Roberts (1991).

4. Carroll (1999: 184).

5. Dasgupta and Stiglitz (1988: 570).

6. 例如，參見Kuran (1995)and Gilovich (1991).

7. 例如，參見Caplan (2001a)and Ainslie (1992).

8. Le Bon (1960: 109).

9. 不可否認地，社會壓力也經常發揮其效用；信奉同一宗教者（通常包括家人），很少會認同那些拋棄宗教的人（Iannaccone, 1998）。另一方面，儘管存在試圖改變他們的社會壓力，仍有很多人堅持自己的宗教觀，表明他們的確非常重視自己的信念。

10. Mosca (1939: 176–77).

11. Mosca (1939: 175).

12. Helliwell (2003); Donovan and Halpern (2002).

13. Jost et al. (2003: 340).

14. 參見Stigler and Becker (1977) and Friedman (1953). For a critique, 參見Caplan (2003a).

15. 更詳細的論述，參見Caplan (2001e, 1999).

16. 例如，參見Bertrand and Mullainathan (2001), Kahneman, Ritov, and Schkade (1999), Boulier and Goldfarb (1998), Harrison and Kriström (1995), and LaPiere (1934).

17. 例如，參見Vrij (2000) and Frank (1988).

18. Shermer (2002: 82).

19. Samuelson (1946: 187).

20. Chambers (1952: 444).

21. Chambers (1952: 15).

22. Crossman (1949: 23, 56, 162).

23. Caplan (forthcoming a).

24. Nasar (1998: 335).

25. Nasar (1998: 295).

26. Böhm-Bawerk (1959: 320; emphasis added).

27. Mosca (1939: 166).

28. Knox (1967).

29. 因此，社會壓力可以使非理性的成本變成負的。如果錯誤信念（如過度自信或過份樂觀）因為幫助你減輕壓力的緣故，而使你的能力增強了，那麼也可能出現負成本的現象。有關過度自信的理性模型，參見Van Den Steen (2004)。

30. 例如，參見Landsburg (1993) and Olson (1971).

31. 當然，汙染的負作用不一定是線性的。

32. 需要注意的是，錯誤信念造成的私人與社會成本之間的差異，在概念上不同於大家更為熟知的因團體決策引發的陷阱——衝突偏好。我在這裡所討論的機制，即便在人們想要同一結果的情況下也能發揮作用。

33. Schumpeter (1950: 262).

34. 關於重要的例外情況，參見Rabin (1998), Thaler (1992), Akerlof (1989), and Akerlof and Dickens (1984, 1982).

35. 例如，參見Glaeser (2003) and Caplan (2001a, 2000).

36. 卡普蘭（Caplan, 2000）創造了這個詞彙，但是米爾（Mele, 2004）和蒂羅爾（Tirole, 2002）最近也用略為不同的方式使用這個詞彙。米爾和我的論點相似，他在某種程度上認為，若為了變得完全理性而必須做出極大的物質犧牲，這麼做是不合乎理性的。蒂羅爾證實，在不完全的自我認識、不完全的自制以及／或者不完全記憶等情況下，顯然地非理性可以使人們更為成功。還有一位觀點看似與我相近的是謝林（Schelling, 1980），他強調為了加強談判能力，替自己建立一個非理性的名聲形象，這種做法可能是理性的。

37. 蘆皮亞和麥克庫賓斯（Lupia and McCubbins, 1998:23）認為理性就等於「所有意圖追求快樂並避免痛苦的人類行為」。有趣的是，這看法和理性的非理性是相符的。不過，根據我的理解，選民關心的是接受不同信念所帶來的快樂與痛苦，而非處於不同政策下所帶來的快樂與痛苦。如果你想要多點快樂、少點痛苦，那麼將行為精力放在自己能控制的事情上（例如你的信念），會比將精力放在無法控制的事上（例如政策）來得有效的多。

38. 需注意的是，若想畫一條水準的價格線，我們必須假設非理性的物質成本與所消費的非理性數量，是成比例的。

39. 當然，在十分罕見的情況下，需求曲線是可以向上傾斜的。

40. 儘管如此，如同其他彈性一樣，人們仍然可以預期對誘因的理性回應，從長期觀點來看會大於從短期來看。

41. Edgerton (1992: 196).

42. 例如，參見Mele (2001, 1987).

43. Orwell (1983: 177).

44. Noss (1974: 114–16).

45. Mosca (1939: 181–82).

46. 卡普蘭（Caplan forthcoming c）對此做過詳細討論。

47. Edgerton (1992: 137).

48. Edgerton (1992: 137).

49. Holloway (1994: 208, 209, 22).

50. Holloway (1994: 208).

51. Becker (1996).

52. Holloway (1994: 211).

53. Holloway (1994: 140).

54. 例如，參見Conquest (1991), Bullock (1991), and Tucker (1990, 1973).

55. Holloway (1994: 211–12).

56. Holloway (1994: 148).

57. Holloway (1994: 148).

58. Holloway (1994: 149, 218).

59. Hanson (1995).

60. Hoelzl and Rustichini (2005).

61. Tocqueville (1969: 442).

62. 例如，參見Mulligan and Hunter (2003), Brennan and Lomasky (1993: 54–61), and Meehl (1977)。如果選民投票時，是將重點放在選擇人而非選擇政策，則選民的決定性影響力會更加下降。就算某場選舉真的誇張到由一張選票就決定結果，勝出的那位政治人物仍然可能違背當初為了贏得選舉而作出的承諾。

63. 關於重新計票事件，參見Ceaser and Busch (2001).

64. 例如，參見Weissberg (2002).

65. Highton (2004); Lott and Kenny (1999); Filer, Kenny, andMorton (1993).

66. 此外，與金融和投注市場不同的是，民主允許帶有強烈偏見的人，仍能繼續參與其中，且無需支付任何額外費用。

67. Le Bon (1960: 175).

68. Tyler and Weber (1982); Lord, Ross, and Lepper (1979).

69. Orwell (1968: 252).

70. For a more detailed discussion, 參見Caplan (2000).

71. 參見Prisching (1995).

72. Schumpeter (1950: 258).

73. Schumpeter (1950: 258–59).

74. Bastiat (1964a: 21).

75. 例如，參見Kirchgässner and Pommerehne (1993), Kirchgässner (1992), and Akerlof and Yellen (1985).

76. 例如，參見Smith and Walker (1993).

77. 當時，我們倆都在由安德雷·施雷弗（Andrei Shleifer）組成的競爭小組裡。為了說明自己的觀點，泰勒針對他在瑞典社會保障方面所做的研究（Cronqvist and Thaler 2004），做了重點說明。在可選擇的情況下，大多數瑞典人會選擇從預設基金（default fund）（由政府人員所設計的基金）轉向由私人部門提供的較差的基金（高管理費、高風險、低收益）。儘管一般市場參與者應該有強烈的財務方面的誘因，會促使他保持理性才對，但政府卻總是能做出比一般市場參與者更好的決定。這一研究有個重要問題是，它把私人選擇與世界上最完善的政府退休金方案做比較，而不是與一般水準的政府退休金方案作比較。

78. Camerer and Hogarth (1999: 7).

79. Harrison and Rutström (forthcoming).

80. Camerer and Hogarth (1999: 34).

81. Hoelzl and Rustichini (2005).

82. Camerer and Hogarth (1999: 35).

83. Camerer and Hogarth (1999: 10).

84. Harrison and List (2004); List (2003).

85. Camerer and Hogarth (1999: 23).

86. Glucksberg (1962)；另一個常見的警告是，高誘因會因為「增加人們的壓力」而使其表現變差。在這裡，常識再次強調短時間和長時間的差異。在特定情形下，高誘因可能會因增加壓力而使其表現變差。但是從較長遠的觀點來看，人們因為預見高誘因／高壓力的存在，會變得更努力工作以面對挑戰。

87. Einhorn and Hogarth (1987: 63)。埃因霍恩和霍格思所討論的實驗結果，是關於效用理論（utility theory）而非理性預期（rational expectations）。在同一卷文獻中，霍格思和雷德則在更廣泛運用這一觀點。

88. Brennan and Lomasky (1993, 1989)。對表達性投票的另一應用，參見Schuessler

(2000a, 2000b)。與布倫南和羅瑪斯基觀點相衝突的實驗性測試，參見 Tyran (2004)。

89. 例如，參見 Sowell (2004b), Landsburg (1997), and Becker (1971).

90. Brennan and Lomasky (1993: 48).

91. Brennan and Lomasky (1993: 25; emphasis added).

92. Brennan and Lomasky (1993: 16).

93. 這並不是認為，一廂情願與漠不關心永遠不會同時存在：一個人常常會同時有這兩種想法：「柯林頓沒有與陸文斯基發生性關係」和「我才不在乎克林頓是否和陸文斯基發生性關係。」（Posner 1999）。

94. Brennan and Lomasky (1993: 50).

95. Brennan and Lomasky (1993: 51; emphasis added)。布倫南和羅瑪斯基也承認，在他們提出的戰爭案例中，「認為選民『理性』的假設，似乎顯得很牽強」。不過，他們是對表達性投票模型是否適用這一案例仍持保留態度，而非對表達性偏好與非理性信念之間的概念性差異提出質疑。

96. Fleming (1939).

97. Brennan and Lomasky (1993: 35–36).

98. 例如，參見 Barber (1993) and Mansbridge (1990).

第六章　非理性行為與政策的制定

1. Greider (1992: 16).

2. 例如，參見 Glaeser (2005).

3. 例如，參見 Greider (1992).

4. Hitler (1943)。經濟蕭條顯然增加了德國人對希特勒的支持，但德國當時仍然是世界最富裕的國家之一。

5. 關於伊底帕斯困境，參見 Searle (1983).

6. Böhm-Bawerk (1959: 10).

7. Wittman (1989: 1402).

8. 例如，參見 Camerer (1987).

9. Krugman (1998: 18).

10. Krugman (1998: 19).

11. 更多討論，參見 Caplan (2003b).

12. 對於該問題的一個較早的回答，參見 Becker (1958)。

13. 天賦不只包括現有和預期擁有的東西，也包括現有和預期會有市場的技術。

14. 如果進口貨的稅捐稽徵成本和國產品一樣，或是比較低，選民可能希望正值的關稅，然而，沒有人會認為減少進口是利益。

15. 參見 Brennan and Lomasky (1993).

16. 例如，參見 Easterbrook (2003), Lichter and Rothman (1999), Whitman (1998), Keeter (1996), and Simon (1996).

17. 即使在這種情況下都讓人悲觀的原因在於，可以對不同的國家施行不同的關稅。

18. 例如，參見Cooter (2000).

19. 例如，參見Meltzer and Richard (1981).

20. 更準確地說，從傳統追求個人財富或所得最大化的觀點來看，他們並不自私，我的分析並未假設大家選擇自己的政策信念時，會根據自己的心理益處，忽視社會成本。因此，我的論點是：從不尋常但不重複申論的世界觀角度來看，選民並不自私。我要感謝哲學家麥克‧胡摩（Michael Huemer）強調這種隱晦不明的地方。

21. 參見Caplan (2001b).

22. 有關重要的例外，參見Peltzman (1990, 1985, 1984).

23. 例如，參見Funk (2000), Miller (1999), Funk and García-Monet (1997), Mutz and Mondak (1997), Holbrook and Garand (1996), Mutz (1993, 1992), Mansbridge (1990), Sears and Funk (1990), Citrin and Green (1990), Sears and Lau (1983), Feldman (1982), Sears et al. (1980), Sears, Hensler, and Speer (1979), and Sears et al. (1978).

24. 例如，參見Gelman et al. (2005), Manza and Brooks (1999), Luttbeg and Martinez (1990), and Kamieniecki (1985).

25. Caplan (2001b).

26. 也有大量文獻發現，選民對國家經濟成功的關心，比對本身經濟成就的關心高多了（參見Funk and García-Monet 1997; Markus 1988; Conover, Feldman, and Knight, 1987; Kinder and Kiewiet 1981, 1979）。但是有些人（例如，Kramer, 1983）反駁說，這種情形十分符合自利投票，因為個人經濟成就和國家經濟成功不同，含有大量隨機因素（參見Kinder and Kiewiet, 1981: 132。兩位作者也承認這種可能性。）這點導致選民自私的偏愛對整個國家有益的候選人。因為這種含糊不明的問題，我注重的是：對於個人與國家利益差異比較明確的特定政策，選民偏好的情況如何。

27. 例如，參見Huddy, Jones, and Chard (2001), Rhodebeck (1993), Sears and Funk (1990), and Ponza et al. (1988).

28. 例如，參見Sears and Huddy (1990), and Shapiro and Mahajan (1986).

29. Sears et al. (1980).

30. 例如，參見Blinder and Krueger (2004).

31. Sears and Funk (1990); Lau, Brown, and Sears (1978).

32. 例如，參見Wolpert and Gimpel (1998), and Sears and Citrin (1985).

33. Green and Gerken (1989).

34. 「大家都自私」的確實意義是「所有的人百分之百自私」。如果我們把「大家都自私」解讀為「大部分人都非常自私」（Caplan 2001b）矛盾就會消失。

35. 預期民主制度中會有更多利他主義的原因，在於慈善捐贈也會面臨囚徒困境（Wittman 2005a）。

36. Brennan and Lomasky (1993); Tullock (1981a, 1971).

37. 例如，參見Kliemt (1986).

38. 針對我的觀點：大眾因為猶豫不決、因而投票時違背本身利益。我同事泰勒‧柯

文（Tyler Cowen）對此提出有趣的質疑，他問道：奧斯卡金像獎怎麼說呢？如果有一位投票者具有決定性，會什麼改變嗎？會的，要是影藝學院有一位會員具有決定性，他投票給自己或朋友擁有大筆財務利益的計畫，可能性應該高多了，藝術價值的問題會退居幕後。

39. 更多的討論，參見Caplan (2002b)。一些社會導向投票模型的支持將自己與利他主義投票模式區分開來（Kinder and Kiewiet, 1981），但目前絕大多數政治文獻則將兩者等同視之，我遵循目前的用法。

40. Held (1990: 303).

41. 更多討論，參見Caplan (2002b).

42. 關於中間選民定理不成立的討論，參見McLean (2002) and Riker (1988). On the puzzle of stability, 參見Tullock (1981b).

43. 例如，參見Lakoff (2002), Hinich and Munger (1994), Jennings (1992), and Feldman (1988).

44. 例如，參見Levitt (1996), Kalt and Zupan (1990, 1984), and Kau and Rubin (1979).

45. 例如，參見the seminal work by Poole and Rosenthal (1997, 1991).

46. 關於政黨投票，例如，參見Bartels (2000) and Miller (1991).

47. 例如，參見Blinder and Krueger (2004) and Caplan (2002a)。然而，我們可以確定的主張：SAEE顯示，經濟信念是平面的東西，可想而知，「讓大家像經濟學家一樣思考」的變數很有力，卻和左右派意識形態成直角（Caplan, 2001d）。

48. 參見Poole and Rosenthal (1997: 86–114).

49. 關於多維性證明，參見Besley and Coate (2000) and Koford (1994).

50. 更多討論，參見Caplan (2001d).

51. 圖6.4的推導過程，請見第六章「技術性附錄」。

52. 例如，參見Hainmueller and Hiscox (forthcoming, 2005b), Walstad and Rebeck (2002), and Walstad (1997).

53. 例如，參見Benjamin and Shapiro (2005) and Frey, Pommerehne, and Gygi (1993)。關於智商與經濟觀念的影響研究，參見Caplan and Miller (2006).

54. 關於政治，參見Delli Carpini and Keeter (1996: 203–9); on toxicology, 參見Kraus, Malmfors, and Slovic (1992).

55. 要知道一個特別有趣、跟自由貿易和保護主義有關的性別鴻溝理論，參見Burgoon and Hiscox (2006).

56. Verba et al. (1993); Leighley and Nagler (1992a, 1992b).

57. 例如，參見Meltzer and Richard (1981).

58. Sears and Funk (1990).

59. Mueller and Stratmann (2003)認為，有一些實證證據對兩個假說都贊成。

60. 從SAEE的隨機樣本的經濟信念，推斷自我選擇選民的經濟信念，是否合理？答案是合理，前提是選民登記使結果幾乎毫無變化（Caplan 2002b: 429）。

61. Surowiecki (2004).

62. Dee (2004).

63. 假設催票運動對教育程度較低的選民，會造成不成比例的影響，確實有理，獨立選民的知識不如有政黨傾向的選民豐富（Delli Carpini and Keeter 1996: 172-73）。Gerber and Green (2000)所做的田野調查發現，溫和的催票運動，對登記為民主黨或共和黨員的選民投票率沒有影響，卻讓獨立選民的投票率提高7%。

64. Delli Carpini and Keeter (1996: 199).

65. Caplan (2003c).

66. 例如，參見Olson (1996).

67. 進一步討論，參見Zaller (2003).

68. 例如，參見Achen and Bartels (2004), Francis et al. (1994), MacKuen, Erikson, and Stimson (1992), and Fiorina (1981).

69. 如果選民了解哪些政策有效，也就不存在政策與結果間的權衡。事實上，如果選民知道哪些政策有效，就可以區分惡運和惡劣領袖造成的惡劣結果有什麼不同，讓選民重懲無能和貪腐，卻不至於嚇跑合格的候選人（Wolfers 2001）。

70. 進一步討論，參見Caplan (2003b).

71. GSS的變數標示符為POLLEFF16與POLLEFF17。

72. 例如，參見Duch, Palmer, and Anderson (2000).

73. 例如，參見Buchanan (1998).

74. 相反地，選民或許不會為自己無法控制的問題而懲罰領袖。最明顯的是，選民可能為了短期效益而獎勵政客，卻不會因其帶來的長期代價譴責政客。(Achen and Bartels 2004).

75. Achen and Bartels (2004: 6).

76. 相異觀點，參見Groseclose and McCarty (2001).

77. Caplan (forthcoming b; 2002a).

78. 例如，參見Gold et al. (2002), Lichter and Rothman (1999), and Kraus, Malmfors, and Slovic (1992).

79. Kraus, Malmfors, and Slovic (1992).

80. Kraus, Malmfors, and Slovic (1992: 228).

81. Kraus, Malmfors, and Slovic (1992: 220–21).

82. Lichter and Rothman (1999)。兩人同樣記錄了研究專家的意識形態互相抵銷，對他們的科學判斷幾乎沒有影響。自由派抵銷了不在民間部門服務的研究專家，卻仍然擁抱他們的專業反派意見。就整個團體而言，不論團體屬於保守、自由、民主還是共和黨派，都認為抵銷風險大致會沿著相同的界線發展，因此，他們的在這個主題所抱持的觀點，似乎沒有受到狹隘的自利或比較寬廣的意識形態承諾「汙染」（1999: 116）。

83. 例如，參見Viscusi (1996).

84. Kraus, Malmfors, and Slovic (1992).

85. Kraus, Malmfors, and Slovic (1992: 221).

86. Caplan (2001d).

87. Caplan (2001d). 感謝羅賓‧漢森（Robin Hanson）的建議。

第七章　非理性與供給政治學

1. Schumpeter (1950: 262–63).
2. 參見Frey and Eichenberger (1991, 1989).
3. Blinder (1987: 196).
4. Machiavelli (1952: 92–93).
5. 進一步討論，參見Caplan (2003b).
6. Posner (1999).
7. 例如，參見Lee, Moretti, and Butler (2004).
8. Sowell (2004a: 1–2).
9. Madison, Hamilton, and Jay (1966: 432).
10. Machiavelli (1952: 93–94).
11. 相關論述，參見Vrij (2000).
12. IMDB (2005).
13. 例如，參見Klein (1994).
14. Dye and Zeigler (1996: 295).
15. 參見Amer (1998).
16. 司法答辯和政策答辯有一個主要差別，就是律師可以靠著替不受歡迎的當事人辯護，賺到大錢，但是，靠力挺不受歡迎重大目標而成功的政客很少。
17. Michels (1962: 93).
18. Gregor (1969: 120).
19. Modern History Project (2005).
20. 參見Zaller (1992).
21. Krugman (2003: 196).
22. Langer (2002).
23. 對此及相關現象的一個理性模型，參見Alesina and Cukierman (1990).
24. 說選民只是偏愛冒險的人，在邏輯上說得通，卻不合情理，選民寧可選適度期望值的賭博，也不願接受結果確定的適度期望值。Howitt 與 Wintrobe (1995)曾利用相反的假設，解釋政客為什麼避免先提出議題，政客偏愛確定的現狀，不愛跟新鮮政治爭議有關的賭博。
25. 例如，參見Burstein (2003), Bender and Lott (1996), and Bernstein (1989).
26. Machiavelli (1952: 93).
27. 例如，參見Klein and Tabarrok (2001) and Tabarrok (2000).
28. Food and Drug Administration (1997).
29. Machiavelli (1952: 98).
30. 相關論述，參見Sappington (1991).
31. 關於選民事實上喜歡不做回應的政客的理性模型，參見Maskin and Tirole (2004).

32. 任命大法官的總統去職很久以後，大法官仍然在任的事實，只能稍稍改變事態。你可以這樣想，總統退休後，任命他當總統的人，很難為了他不受歡迎的統治而處罰他。但是如果群眾知道這一點，對自己任命的總統仍然在位時不受歡迎的統治，應該高度敏感。現在不受歡迎的決定——仍然可以懲罰負責任命的總統時——告訴大家預期將來會有一系列不受歡迎的決定——到時候大眾要表達不滿已經來不及。我們只要靠常識，就可以得到下述結論：「任何時間都不如現在！」現在正是處罰總統的時候——不但要為總統手下當前不受歡迎的抉擇懲罰總統，也要為他的手下在任期中可望做出的一系列不受歡迎抉擇，而懲罰總統。

33. Richmond (1997: 133).

34. Tullock (1987: 74).

35. Siprut (2004).

36. Greider (1992: 89).

37. 進一步討論，參見Caplan (2001c).

38. 例如，參見Matsusaka (2005), Besley and Case (2003), Besley and Coate (2000), Levitt (1996), Rowley, Tollison, and Tullock (1988), Buchanan and Tollison (1984), Brennan and Buchanan (1980), Olson (1971), Tullock (1967), and Downs (1957)。更樂觀的觀點，參見Burstein (2003), Cannes-Wrone, Brady, and Cogan (2002), and Jacobs and Shapiro (2000).

39. Becker (1983: 392).

40. Wittman (1995, 1989).

41. 關於媒體偏見的經濟學，參見Sutter (2006)。關於通過反覆宣傳達到說服目的，參見DeMarzo, Vayanos, and Zweibel (2003).

42. Hitler (1943: 180–81).

43. Simon (1996: 220).

44. 關於出版業的歷史，參見Encyclopedia Britannica (2005).

45. Murphy and Shleifer (2004: 7–8).

46. Schumpeter (1950: 263).

47. Rubin (2003: 164).

48. 有關仇外心理的演變，參見Reynolds, Falger, and Vine (1987)。有關把現代經濟偏見跟我們的進化傳統連結在一起的廣泛嘗試，參見Rubin (2003)。

49. Simon (1995a: 655).

50. 就此過程所做的一個尤其有洞察力的模型，參見Kuran and Sunstein (1999).

51. 例如，參見Mullainathan and Shleifer (2005) and Glaeser (2003).

52. On the Alar scare, 參見Kuran and Sunstein (1999).

53. 例如，參見Murray, Schwartz, and Lichter (2001).

54. Kuttner (1997: 345).

55. Wittman (2005b).

56. 例如，參見Stratmann (2005), and Ansolabehere, de Figueiredo, and Snyder (2002).

57. 例如，參見Glaeser (2003).
58. Krugman (2003: 145).

第八章 「市場基本教義派」對比民主的宗教

1. Brainy Quote (2005a).
2. Colander (2005)證實，新一代經濟學家之間的的彼此認同程度已經大大提高了。
3. Reder (1999: 236).
4. Tucker (1978: 461; 460; 475).
5. Waters (1970: 249).
6. Kuttner (1997: 37).
7. Soros (1998: 20).
8. Kuttner (1997: 6).
9. Kuttner (1997: 6, 9; emphasis added).
10. Kuttner (1997: 7; emphasis added).
11. Stiglitz (2002a: 221).
12. Friedman (2002: 32).
13. Friedman (2002: 28).
14. Rothbard (1962: 887).然而，即使在經濟學界極端自由派那一邊，「市場基本教義派」的罪名事實上也不適用。再仔細閱讀，會發現羅斯巴德只口伐不可知論一般的言論，指稱政府干預社會福利的效應很模糊，原因在政府每一舉措，至少都傷害一個人。(Caplan 1999: 833–35).
15. Bork (1990: 139).
16. Shermer (2002: 142).
17. Shermer (2002: 143).
18. Eigen and Siegel (1993: 115).
19. Kamber (1995).
20. Bardhan (1999: 109).
21. Greider (1992: 407).
22. Bardhan (1999).
23. Bardhan (1999: 93; 109).
24. Shapiro (1996: 9).
25. Shapiro (1996: 9; emphasis added).
26. Shapiro (1996: 128).
27. Shapiro (1996: 128).
28. 例如，參見Somin (2004), Delli Carpini and Keeter (1996), Dye and Zeigler (1996), Bennett (1996), Smith (1989), and Neuman (1986).
29. Shapiro (1996: 129).
30. Robert Bork (1990: 36–58)的立場，事實上比夏皮羅還要基本教義派。伯爾克大致

上接受經濟學家的世界觀。但假如經濟學與大眾意見不睦，他堅稱「裁決者」仍應與大眾站同一邊。

31. Tetlock (2003: 320; emphasis added).
32. Kuttner (1997: 37).
33. Kuttner (1997: xi–xii).
34. Council of Economic Advisers (2005: 304).
35. Eigen and Siegel (1993: 109).
36. 更深層的討論，參見Hanson (2005).
37. Wyden (2003).
38. 進一步討論，參見Hanson (2006), and Wolfers and Zitzewitz (2004).
39. National Commission on Terrorist Attacks Upon the United States (2004: 171–72, 499).
40. Hanson (2006).
41. Surowiecki (2004: 270).
42. 我想指出，決策市場要比輿論可靠得多，原因在市場會叫帶偏見的信念付錢，而民主倒不會。索羅維基講得有趣，他說虛擬貨幣市場沒真金白銀市場那麼準確，但還是很管用，原因在「地位與聲譽提供足夠的誘因，投勵認真投資時間、精力下去。」（Surowiecki, 2004: 20）但假如地位及聲譽仰仗的，是一個人信念之「政治正確」，而不是「評估精準」，那麼這類市場能多管用？
43. Wyden (2003).
44. 例如，參見Gillman (1993).
45. Kuttner (1997: 7).
46. 例如，參見McChesney (1999).
47. 例如，參見Shapiro and Hacker-Cordón (1999), Shapiro (1999, 1996), and Holmes and Sunstein (1999).
48. Shapiro (1996: 8).
49. Shapiro (1996: 37)。夏皮羅在此回應的，是芮克及韋恩加斯特對循環及戰略式投票的顧慮，但他反對的東西顯然更廣上許多。
50. Shapiro and Hacker-Cordón (1999: 6).
51. 進一步討論，參見Caplan (2002b).
52. Akerlof (1970).
53. 有關逆向選擇在保憲史場中作用的質疑，參見Chiappori and Salanie (2000), Cawley and Philipson (1999), and Hemenway (1990).
54. 例如，參見Stiglitz (2003, 2002a).
55. Stigler (1986).
56. Bastiat (1964b: 57–58).
57. Speck (1993: 175).
58. 席特林、施克勒及塞德斯歸結說（Citrin, Schickler, and Sides, 2003），100％的投票率幫忙民主黨的程度，至多只算輕微。

59. 例如，參見Caplan (2001b), Sears and Funk (1990), and Citrin and Green (1990).
60. Pinker (2002: 235).
61. 關於去除偏見，參見Fischhoff (1982).
62. Pinker (2002: 236).
63. 參見Tullock (1999) and Harberger (1993).
64. Coase (1999: 44).
65. Krugman (1996: 118).
66. 進一步討論，參見Tollison and Wagner (1991).
67. Samuelson (1966: 1628).
68. Bastiat (1964a: 5).
69. 進一步討論，參見Pashigian (2000).
70. 舉例來說，價格可以因伯川德競爭（Bertrand competition）及壟斷競爭而降到邊際成本，不光完全競爭才辦得到。
71. Emerson (n.d.: 42).
72. Bastiat (1964a: 56–57).
73. 進一步討論，參見Caplan (2002c).
74. 對巴斯夏的政經濟學評論，參見Caplan and Stringham (2005).
75. Bastiat (1964a: 121).
76. 關於這個問題，參見Frey (2002, 2000).
77. Keynes (1963: 373).

結語　大讚愚行研究

1. Persson and Tabellini (2000: 419).
2. 相關論述，參見Grossman and Helpman (2001).
3. Wittman (1995, 1989).
4. 例如，參見Caplan and Stringham (2005), Althaus (2003), Monroe (1998, 1983), Page and Shapiro (1992, 1983), Erikson,Wright, andMcIver (1989), and Wright, Erikson, and McIver (1987).
5. 進一步討論，參見Wintrobe (1987).
6. Sachs (1994: 507).
7. 例如，參見Friedman (1996) and Green and Shapiro (1994).
8. 進一步討論，參見Saint-Paul (2000).
9. Fernandez and Rodrik (1991).
10. 例如，參見Caplan (2003c, 2001c) and Sachs and Warner (1995).
11. Rodrik (1996).
12. Fernandez and Rodrik (1991).
13. Kuran and Sunstein (1999).
14. 相關論述，參見Besley and Case (2003).

參考書目

Abramson, Paul, John Aldrich, and David Rohde. 2002. *Change and Continuity in the 2000 Elections*. Washington, DC: CQ Press.

Achen, Christopher, and Larry Bartels. 2004. "Musical Chairs: Pocketbook Voting and the Limits of Democratic Accountability." URL http://www.princeton.edu/~bartels/chairs. pdf.

Ainslie, George. 1992. *Piconomics*. Cambridge: Cambridge University Press. Akerlof, George. 1970. "The Market for 'Lemons': Quality Uncertainty and the Market Mechanism." *Quarterly Journal of Economics* 84(3): 488–500.

——. 1989. "The Economics of Illusion." *Economics and Politics* 1(1): 1–15.

Akerlof, George, and William Dickens. 1982. "The Economic Consequences of Cognitive Dissonance." *American Economic Review* 72(3): 307–19.

——. 1984. "The Economic Consequences of Cognitive Dissonance." In George Akerlof. *An Economic Theorist's Book of Tales*. Cambridge: Cambridge University Press: 123–44.

Akerlof, George, and Janet Yellen. 1985. "Can Small Deviations from Rationality Make Significant Differences to Economic Equilibria?" *American Economic Review* 75(4): 708–20.

Alesina, Alberto, and Alex Cukierman. 1990. "The Politics of Ambiguity." *Quarterly Journal of Economics* 105(4): 829–50.

Alesina, Alberto, and Howard Rosenthal. 1994. *Partisan Politics, Divided Government, and the Economy*. Cambridge: Cambridge University Press.

Alston, Richard, J. R. Kearl, and Michael Vaughan. 1992. "Is There a Consensus Among Economists in the 1990's?" *American Economic Review* 82(2): 203–9.

Althaus, Scott. 1996. "Opinion Polls, Information Effects, and Political Equality: Exploring Ideological Biases in Collective Opinion." *Political Communication* 13(1): 3–21.

——. 1998. "Information Effects in Collective Preferences." *American Political Science Review* 92(2): 545–58.

——. 2003. *Collective Preferences in Democratic Politics: Opinion Surveys and the Will of the People*. Cambridge: Cambridge University Press.

Amer, Mildred. 1998. "Membership of the 105th Congress: A Profile." Government Division. Order No. 97–37 GOV, July 17.

Anderson, Gary, and Robert Tollison. 1988. "Legislative Monopoly and the Size of Government." *Southern Economic Journal* 54(3): 529–45.

Andrews, Robert, ed. 1993. *The Columbia Dictionary of Quotations*. New York: Columbia University Press.

Ansolabehere, Stephen, John de Figueiredo, and James Snyder. 2002. "Why Is There So Little Money in U.S. Politics?" NBER Working Paper No. 9409.

Applebaum, Anne. 2003. *Gulag: A History*. New York: Doubleday.

Arendt, Hannah. 1973. *The Origins of Totalitarianism*. New York: Harcourt, Brace & World.

Aristotle. 1941. *The Basics Works of Aristotle*. Ed. Richard McKeon. New York: Random House.

Aumann, Robert. 1976. "Agreeing to Disagree." *Annals of Statistics* 4(6): 1236–39.

Austen-Smith, David. 1991. "Rational Consumers and Irrational Voters: A Review Essay on *Black Hole Tariffs and Endogenous Policy Theory*." Economics *and Politics* 3(1): 73–92.

Austen-Smith, David, and Jeffrey Banks. 1996. "Information Aggregation, Rationality, and the Condorcet Jury Theorem." *American Political Science Review* 90(1): 34–45.

Babcock, Linda, and George Loewenstein. 1997. "Explaining Bargaining Impasse: The Role of Self-Serving Biases." *Journal of Economic Perspectives* 11(1): 109–26.

Banks, Jeffrey, and Barry Weingast. 1992. "The Political Control of Bureaucracies under Asymmetric Information." *American Journal of Political Science* 36(2): 509–24.

Barber, Benjamin. 1993. "Reductionist Political Science and Democracy." In George Marcus and Russell Hanson, eds., *Reconsidering the Democratic Public*. University Park: Pennsylvania State University Press: 65–72.

Bardhan, Pranab. 1999. "Democracy and Development: A Complex Relationship." In Ian Shapiro and Casiano Hacker-Cordón, eds., *Democracy's Value*. Cambridge: Cambridge University Press: 93–111.

Barkow, Jerome, Leda Cosmides, and John Tooby, eds.1992. *The Adapted Mind*. New York: Oxford University Press.

Bartels, Larry. 1996. "Uninformed Voters: Information Effects in Presidential Elections." *American Journal of Political Science* 40(1): 194–230.

——. 2000. "Partisanship and Voting Behavior, 1952–1996." *American Journal of Political*

Science 44(1): 35–50.

——. 2004. "Homer Gets a Tax Cut: Inequality and Public Policy in the American Mind." URL http://www.princeton.edu/~bartels/homer.pdf.

Bastiat, Frédéric. 1964a. *Economic Sophisms*. Irvington-on-Hudson, NY: Foundation for Economic Education.

——. 1964b. *Selected Essays on Political Economy*. Irvington-on-Hudson, NY: Foundation for Economic Education.

Becker, Gary. 1958. "Competition and Democracy." *Journal of Law and Economics* 1: 105–9.

——. 1968. "Crime and Punishment: An Economic Approach." *Journal of Political Economy* 76(2): 169–217.

——. 1971. *The Economics of Discrimination*. Chicago: University of Chicago Press.

——. 1976a. *The Economic Approach to Human Behavior*. Chicago: University of Chicago Press.

——. 1976b. "Toward a More General Theory of Regulation: Comment." *Journal of Law and Economics* 19(2): 245–48.

——. 1983. "A Theory of Competition Among Pressure Groups for Political Influence." *Quarterly Journal of Economics* 98(3): 371–400.

——. 1985. "Public Policies, Pressure Groups, and Dead Weight Costs." *Journal of Public Economics* 28(3): 329–47.

Becker, Jasper. 1996. *Hungry Ghosts: Mao's Secret Famine*. New York: Free Press.

Bell, Graham. 1997. *Selection: The Mechanism of Evolution*. New York: Chapman and Hall.

Bender, Bruce, and John Lott. 1996. "Legislator Voting and Shirking: A Critical Review of the Literature." *Public Choice* 87(1–2): 67–100.

Benjamin, Daniel, and Jesse Shapiro. 2005. "Does Cognitive Ability Reduce Psychological Bias?" URL http://home.uchicago.edu/~jmshapir/ iq022605.pdf.

Bennett, Stephen. 1996. "'Know-Nothings' Revisited Again." *Political Behavior* 18(3): 219–33.

Bernstein, Robert. 1989. *Elections, Representation, and Congressional Voting Behavior: The Myth of Constituency Control*. Englewood Cliffs, NJ: Prentice Hall.

Bertrand, Marianne, and Sendhil Mullainathan. 2001. "Do People Mean What They Say? Implications for Subjective Survey Data." *American Economic Review* 91(2): 67–72.

Besley, Timothy, and Anne Case. 2003. "Political Institutions and Policy Choices: Evidence from the United States." *Journal of Economic Literature* 41(1): 7–73.

Besley, Timothy, and Stephen Coate. 2000. "Issue Unbundling Via Citizens' Initiatives." NBER Working Paper No. 8036.

Bhagwati, Jagdish. 2002. *Free Trade Today*. Princeton, NJ: Princeton University Press.

Blaug, Mark. 2001. "No History of Ideas, Please, We're Economists." *Journal of Economic Perspectives* 15(1): 145–64.

Blendon, Robert, John Benson, Mollyann Brodie, Richard Morin, Drew Altman, Daniel Gitterman, Mario Brossard, and Matt James. 1997. "Bridging the Gap Between the Public's and Economists' Views of the Economy." *Journal of Economic Perspectives* 11(3): 105–88.

Blinder, Alan. 1987. *Hard Heads, Soft Hearts: Tough-Minded Economics for a Just Society*. Reading, MA: Addison-Wesley.

Blinder, Alan, and Alan Krueger. 2004. "What Does the Public Know about Economic Policy, and How Does It Know It?" *Brookings Papers on Economic Activity* 1: 327–87.

Bö hm-Bawerk, Eugen von. 1959. *Capital and Interest*. South Holland, IL: Libertarian Press.

Borjas, George. 1994. "The Economics of Immigration." *Journal of Economic Literature* 32(4): 1667–1717.

Bork, Robert. 1990. *The Tempting of America*. New York: Free Press.

Boublil, Alain, Herbert Kretzmer, and Jean-Marc Natel. 1990. *Les Misérables: The Complete Symphonic Recording*. N.P.: Alain Boublil Music.

Boudreaux, Donald. 1996. "Was Your High-School Civics Teacher Right After All? Donald Wittman's *The Myth of Democratic Failure*." *Independent Review* 1(1): 111–28.

Boulier, Bryan, and Robert Goldfarb. 1998. "On the Use and Nonuse of Surveys in Economics." *Journal of Economic Methodology* 5(1): 1–21.

Brainy Quote. 2005a. "Bertrand Russell Quotes." URL http://www.brainyquote.com/quotes/authors/b/bertrand_russell.html.

——. 2005b. "H. L. Mencken Quotes." URL http://www.brainyquote.com/quotes/authors/h/h_l_mencken.html.

Brennan, Geoffrey, and James Buchanan. 1980. *The Power to Tax: Analytical Foundations of a Fiscal Constitution*. Cambridge: Cambridge University Press.

Brennan, Geoffrey, and Loren Lomasky. 1989. "Large Numbers, Small Costs: The Uneasy Foundations of Democratic Rule." In Geoffrey Brennan and Loren Lomasky, eds.,

Politics and Process: New Essays in Democratic Thought. Cambridge: Cambridge University Press: 42–59.

——. 1993. *Democracy and Decision: The Pure Theory of Electoral Preference*. Cambridge: Cambridge University Press.

Breton, Albert, and Ronald Wintrobe. 1982. *The Logic of Bureaucratic Conduct: An Economic Analysis of Competition, Exchange, and Efficiency in Private and Public Organizations*. New York: Cambridge University Press.

Brossard, Mario, and Steven Pearlstein. 1996. "Great Divide: Economists vs. Public: Data and Daily Life Tell Different Stories." *Washington Post*, October 15, A1.

Buchanan, James, and Robert Tollison, eds. 1984. *The Theory of Public Choice II*. Ann Arbor: University of Michigan Press.

Buchanan, Patrick. 1998. *The Great Betrayal: How American Sovereignty and Social Justice are Being Sacrificed to the Gods of the Global Economy*. Boston: Little, Brown.

Bullock, Alan. 1991. *Hitler and Stalin: Parallel Lives*. New York: Vintage Books.

Bureau of Economic Analysis. 2005. "Foreign Direct Investment in the U.S." URL http://www.bea.doc.gov/bea/di/di1fdibal.htm.

Burgoon, Brian, and Michael Hiscox. 2006. "The Mysterious Case of Female Protectionism: Gender Bias in Attitudes Toward International Trade." URL http://www.people.fas.harvard.edu/~hiscox/FemaleProtectionism.pdf.

Burstein, Paul. 2003. "The Impact of Public Opinion on Public Policy: A Review and an Agenda." *Political Research Quarterly* 56(1): 29–40.

Camerer, Colin. 1987. "Do Biases in Probability Judgment Matter in Markets? Experimental Evidence." *American Economic Review* 77(5): 981–97.

——. 1995. "Individual Decision Making." In John Kagel and Alvin Roth, eds., *The Handbook of Experimental Economics*. Princeton, NJ: Princeton University Press: 587–703.

Camerer, Colin, and Robin Hogarth. 1999. "The Effects of Financial Incentives in Experiments: A Review and Capital-Labor-Production Framework." *Journal of Risk and Uncertainty* 19(1–3): 7–42.

Cannes-Wrone, Brandice, David Brady, and John Cogan. 2002. "Out of Step, Out of Office: Electoral Accountability and House Member Voting." *American Political Science Review* 96(1): 127–40.

Caplan, Bryan. 1999. "The Austrian Search for Realistic Foundations." *Southern Economic Journal* 65(4): 823–38.

———. 2000. "Rational Irrationality: A Framework for the Neoclassical-Behavioral Debate." *Eastern Economic Journal* 26(2): 191–211.

———. 2001a. "Rational Ignorance versus Rational Irrationality." *Kyklos* 54(1): 3–26.

———. 2001b. "Libertarianism Against Economism: How Economists Misunderstand Voters and Why Libertarians Should Care." *Independent Review* 5(4): 539–63.

———. 2001c. "Rational Irrationality and the Microfoundations of Political Failure." *Public Choice* 107 (3–4): 311–31.

———. 2001d. "What Makes People Think Like Economists? Evidence on Economic Cognition from the Survey of Americans and Economists on the Economy." *Journal of Law and Economics* 44(2): 395–426.

———. 2001e. "Probability, Common Sense, and Realism: A Reply to Hülsmann and Block." *Quarterly Journal of Austrian Economics* 4(2): 69–86.

———. 2002a. "Systematically Biased Beliefs About Economics: Robust Evidence of Judgemental Anomalies from the Survey of Americans and Economists on the Economy." *Economic Journal* 112(479): 433–58.

———. 2002b. "Sociotropes, Systematic Bias, and Political Failure: Reflections on the Survey of Americans and Economists on the Economy." *Social Science Quarterly*, 83(2): 416–35.

———. 2002c. "Economic Illiteracy: A Modest Plea Against Humility." *Royal Economic Society Newsletter* 119:9–10.

———. 2003a. "Stigler-Becker versus Myers-Briggs: Why Preference-Based Explanations Are Scientifically Meaningful and Empirically Important." *Journal of Economic Behavior and Organization* 50(4): 391–405.

———. 2003b. "The Logic of Collective Belief." *Rationality and Society* 15(2): 218–42.

———. 2003c. "The Idea Trap: The Political Economy of Growth Divergence." *European Journal of Political Economy* 19(2): 183–203.

———. 2005a. "From Friedman to Wittman: The Transformation of Chicago Political Economy." *Econ Journal Watch* 2(1): 1–21.

———. 2005b. "Rejoinder to Wittman: True Myths." *Econ Journal Watch* 2(2): 165–85.

———. Forthcoming a. "The Economics of Szasz: Preferences, Constraints, and Mental Illness." *Rationality and Society*. URL http://www.gmu.edu/ departments/economics/ bcaplan/szaszjhe.doc.

———. Forthcoming b. "How Do Voters Form Positive Economic Beliefs? Evidence from the Survey of Americans and Economists on the Economy." *Public Choice*. URL http://

www.gmu.edu/departments/economics/ bcaplan/econbelfin.doc.

———. Forthcoming c. "Terrorism: The Relevance of the Rational Model." *Public Choice*. URL http://www.gmu.edu/departments/economics/ bcaplan/relevance6.doc.

Caplan, Bryan, and Tyler Cowen. 2004. "Do We Underestimate the Benefits of Cultural Competition?" *American Economic Review* 94(2): 402–7.

Caplan, Bryan, and Stephen Miller. 2006. "Economic Beliefs, Intelligence, and Ability Bias: Evidence from the General Social Survey." URL http:// www.gmu.edu/departments/ economics/bcaplan/iqbeliefej.doc.

Caplan, Bryan, and Edward Stringham. 2005. "Mises, Bastiat, Public Opinion, and Public Choice: What's Wrong with Democracy." *Review of Political Economy* 17(1): 79–105.

Carroll, Lewis. 1999. *Alice's Adventures in Wonderland and Through the Looking-Glass*. New York: Barnes and Noble.

Cawley, John, and Tomas Philipson, 1999. "An Empirical Examination of Information Barriers to Trade in Insurance." *American Economic Review* 89(4): 827–46.

Ceaser, James, and Andrew Busch. 2001. *The Perfect Tie: The True Story of the 2000 Presidential Election*. Lanham, MD: Rowman & Littlefield.

Cerf, Christopher, and Victor Navasky. 1998. *The Experts Speak: The Definitive Compendium of Authoritative Misinformation*. New York: Villard.

Chambers, Whittaker. 1952. Witness. New York: Random House.

Chiappori, Pierre-Andre, and Bernard Salanie, 2000. "Testing for Asymmetric Information in Insurance Markets." *Journal of Political Economy* 108(1): 56–78.

Chicago Council on Foreign Relations. 2004. "Global Views 2004." URL http://www.ccfr. org/globalviews2004/sub/pdf/Global_Views_2004_US.pdf.

Chicago Council on Foreign Relations and the German Marshall Fund of the United States. 2002a. "Worldviews: Topline Data from U.S. Public Survey." URL http://www. worldviews.org/detailreports/usreport/public_topline_ report.pdf.

———. 2002b. "Worldviews: American Public Opinion & Foreign Policy." URL http://www. worldviews.org/detailreports/usreport.pdf.

———. 2002c. "Worldviews: American and European Public Opinion & Foreign Policy." URL http://www.worldviews.org/detailreports/compreport.pdf.

Chong, Dennis, Herbert McClosky, and John Zaller. 1983. "Patterns of Support for Democratic and Capitalist Values in the United States." *British Journal of Political Science* 13(4): 401–40.

Citrin, Jack, and Donald Green. 1990. "The Self-Interest Motive in American Public Opinion." *Research in Micropolitics* 3:1–28.

Citrin, Jack, Eric Schickler, and John Sides. 2003. "What If Everyone Voted? Simulating the Impact of Increased Turnout in Senate Elections." *American Journal of Political Science* 47(1): 75–90.

Coase, Ronald. 1998. "Comment on Thomas W. Hazlett: Assigning Property Rights to Radio Spectrum Users: Why Did FCC License Auctions Take 67 Years?" *Journal of Law and Economics* 41(2): 577–80.

———. 1999. "Economists and Public Policy." In Daniel Klein, ed., *What Do Economists Contribute?* New York: New York University Press: 33–52.

Coate, Stephen, and Stephen Morris. 1995. "On the Form of Transfers to Special Interests." *Journal of Political Economy* 103(6): 1210–35.

———. 1999. "Policy Persistence." *American Economic Review* 89(5): 1327–36.

Colander, David. 2005. "The Making of an Economist Redux." *Journal of Economic Perspectives* 19(1): 175–98.

Cole, Matthew. 2003. "Environmental Optimists, Environmental Pessimists and the Real State of the World—An Article Examining *the Skeptical Environmentalist: Measuring the Real State of the World by Bjorn Lomborg.*" *Economic Journal* 113(488): F362–F380.

Compte, Olivier, and Andrew Postlewait. 2004. "Confidence-Enhanced Performance." *American Economic Review* 94(5): 1536–57.

Conover, Pamela, and Stanley Feldman. 1986. "Emotional Reactions to the Economy: I'm Mad as Hell and I'm Not Going to Take It Anymore." *American Journal of Political Science* 30(1): 50–78.

Conover, Pamela, Stanley Feldman, and Kathleen Knight. 1987. "The Personal and Political Underpinnings of Economic Forecasts." *American Journal of Political Science* 31(3): 559–83.

Conquest, Robert. 1986. *Harvest of Sorrow: Soviet Collectivization and the Terror-Famine.* New York: Oxford University Press.

———. 1991. *Stalin: Breaker of Nations.* New York: Penguin.

Converse, Philip. 1964. "The Nature of Belief Systems in Mass Publics." In David Apter, ed., *Ideology and Discontent.* New York: Free Press: 206–61.

———. 1990. "Popular Representation and the Distribution of Information." In John Ferejohn and James Kuklinski, eds., *Information and Democratic Processes.* Urbana:

University of Illinois Press: 369–88.

Cooter, Robert. 2000. *The Strategic Constitution*. Princeton, NJ: Princeton University Press.

Cosmides, Leda. 1989. "The Logic of Social Exchange: Has Natural Selection Shaped How Humans Reason? Studies with the Wason Selection Task." *Cognition* 31(3): 187–276.

Cosmides, Leda, and John Tooby. 1996. "Are Humans Good Intuitive Statisticians After All? Rethinking Some Conclusions from the Literature on Judgment under Uncertainty." *Cognition* 58(1): 1–73.

Council of Economic Advisers. 2005. *Economic Report of the President*. Washington, DC: U.S. Government Printing Office.

Coursey, Don, and Russell Roberts. 1991. "Competition in Political and Economic Markets." *Public Choice* 70(1): 83–88.

Courtois, Stéphane, Nicolas Werth, Jean-Louis Panné, Andrzej Paczkowski, Karel Bartos˘ek, and Jean-Louis Margolin. 1999. *The Black Book of Communism: Crimes, Terror, Repression*. Cambridge: Harvard University Press.

Cowen, Tyler. 1998. *In Praise of Commercial Culture*. Cambridge: Harvard University Press.

——. 2001. "How Do Economists Think About Rationality?" URL http://www.gmu.edu/jbc/Tyler/rationality.pdf.

——. 2003. "Self-Deception as the Root of Political Failure." URL http://www.gmu.edu/jbc/Tyler/PrideandSelf.pdf.

Cowen, Tyler, and Robin Hanson. Forthcoming. "Are Disagreements Honest?" *Journal of Economic Methodology*. URL http://hanson.gmu.edu/deceive.pdf. Cox, W. Michael, and Richard Alm. 1999. *Myths of Rich and Poor*. New York: Basic Books.

Crain, W. Mark. 1977. "On the Structure and Stability of Political Markets." *Journal of Political Economy* 85(4): 829–42.

Crew, Michael, and Charlotte Twight. 1990. "On the Efficiency of Law: A Public Choice Perspective." *Public Choice* 66(1): 15–36.

Cronqvist, Henrik, and Richard Thaler. 2004. "Design Choices in Privatized Social-Security Systems: Learning from the Swedish Experience." *American Economic Review* 94(2): 424–28.

Crossman, Richard, ed. 1949. *The God That Failed*. New York: Harper and Brothers.

Cutler, Fred. 2002. "The Simplest Shortcut of All: Sociodemographic Characteristics and Electoral Choice." *Journal of Politics* 64(2): 466–90.

Dahl, Gordon, and Michael Ransom. 1999. "Does Where You Stand Depend on Where You Sit?" *American Economic Review* 89(4): 703–27.

Dahl, Robert. 1989. *Democracy and Its Critics*. New Haven: Yale University Press.

Dasgupta, Partha, and Joseph Stiglitz. 1988. "Potential Competition, Actual Competition, and Economic Welfare." *European Economic Review* 32(2–3): 569–77.

Dasgupta, Susmita, Benoit Laplante, Hua Wang, and David Wheeler. 2002. "Confronting the Environmental Kuznets Curve." *Journal of Economic Perspectives* 16(1): 147–68.

Davis, Steven, John Haltiwanger, and Scott Schuh. *Job Creation and Destruction*. Cambridge: MIT Press.

Dee, Thomas. 2004. "Are There Civic Returns to Education?" *Journal of Public Economics* 88(9): 1697–1720.

Delli Carpini, Michael, and Scott Keeter. 1996. *What Americans Know About Politics and Why It Matters*. New Haven: Yale University Press.

DeMarzo, Peter, Dimitri Vayanos, and Jeffrey Zwiebel. 2003. "Persuasion Bias, Social Influence, and Unidimensional Opinions." *Quarterly Journal of Economics* 68(3): 909–68.

Descartes, René. 1999. *Discourse on Method*. Indianapolis: Hackett.

Diamond, Jared. 1997. *Guns, Germs, and Steel: The Fates of Human Societies*. New York: Norton.

Donovan, Nick, and David Halpern. 2002. *Life Satisfaction: The State of Knowledge and Implications for Government*. London: Cabinet Office/ Prime Minister's Strategy Unit.

Downs, Anthony. 1957. *An Economic Theory of Democracy*. New York: Harper and Row.

Drazen, Allan. 2000. *Political Economy in Macroeconomics*. Princeton, NJ: Princeton University Press.

Drèze, Jean, and Amartya Sen, eds. 1990. *The Political Economy of Hunger*. New York: Oxford University Press.

Duch, Raymond, Harvey Palmer, and Christopher Anderson. 2000. "Heterogeneity in Perceptions of National Economic Conditions." *American Journal of Political Science* 44(4): 635–52.

Dye, Thomas, and Harmon Zeigler. 1992. *The Irony of Democracy: An Uncommon Introduction to American Politics*. 7th edition. Monterey, CA: Brooks/Cole.

——. 1996. *The Irony of Democracy: An Uncommon Introduction to American Politics*. 10th ed. New York: Wadsworth.

Easterbrook, Gregg. 2003. *The Progress Paradox: How Life Gets Better While People Feel Worse*. New York: Random House.

Easterly, William. 2001. *The Elusive Quest for Growth: Economists' Adventures and Misadventures in the Tropics*. Cambridge: MIT Press.

Economics and Statistics Administration. 2004. *Statistical Abstract of the United States, 2003*. Washington, DC: U.S. Department of Commerce.

Edgerton, Robert. 1992. *Sick Societies: Challenging the Myth of Primitive Harmony*. New York: Free Press.

Edlin, Aaron, Andrew Gelman, and Noah Kaplan. Forthcoming. "Voting as a Rational Choice: Why and How People Vote to Improve the Well-Being of Others." *Rationality and Society*. URL http://www.stat.columbia.edu/~gelman/research/published/rational_final5.pdf.

Ehrlich, Paul. 1968. *The Population Bomb*. New York: Ballantine. Eichenberger, Reiner, and Angel Serna. 1996. "Random Errors, Dirty Information, and Politics." *Public Choice* 86(1–2): 137–56.

Eigen, Lewis, and Jonathan Siegel, eds. 1993. *The Macmillan Dictionary of Political Quotations*. New York: Macmillan.

Einhorn, Hillel, and Robin Hogarth. 1987. "Decision Making Under Ambiguity." In Robin Hogarth and Melvin Reder, eds., *Rational Choice: The Contrast Between Economics and Psychology*. Chicago: University of Chicago Press: 41–66.

Emerson, Ralph. N.d. *Essays*. New York: Grosset and Dunlap. Encyclopedia Britannica. 2005. "Publishing." 26: 415–49.

Equal Employment Opportunity Commission. 2005. "Statistics." URL http://www.eeoc.gov/stats.

Erikson, Robert, Gerald Wright, and John McIver. 1989. "Political Parties, Public Opinion, and State Policy in the United States." *American Political Science Review* 83(3): 729–50.

Fedderson, Timothy. 2004. "Rational Choice Theory and the Paradox of Not Voting." *Journal of Economic Perspectives* 18(1): 99–112.

Feldman, Stanley. 1982. "Economic Self-Interest and Political Behavior." *American Journal of Political Science* 26(3): 446–66.

——. 1988. "Structure and Consistency in Public Opinion: The Role of Core Beliefs and Values." *American Journal of Political Science* 32(2): 416–40.

Fernandez, Raquel, and Rodrik, Dani. 1991. "Resistance to Reform: Status Quo Bias in the Presence of Individual-Specific Uncertainty." *American Economic Review* 81(5): 1146–55.

Filer, John, Lawrence Kenny, and Rebecca Morton. 1993. "Redistribution, Income, and Voting." *American Journal of Political Science* 37(1): 63–87.

Fiorina, Morris. 1981. *Retrospective Voting in American National Elections*. New Haven: Yale University Press.

Fiorina, Morris. 1989. *Congress: Keystone of the Washington Establishment*. New Haven: Yale University Press.

Fischhoff, Baruch. 1982. "Debiasing." In Daniel Kahneman, Paul Slovic, and Amos Tversky, eds., *Judgment under Uncertainty: Heuristics and Biases*. Cambridge: Cambridge University Press: 422–44.

Fleming, Victor, dir. 1939. *Gone with the Wind*. DVD. MGM.

Fogel, Robert. 1999. "Catching Up with the Economy." *American Economic Review* 89(1): 1–21.

Food and Drug Administration. 1997. "FDA Talk Paper." URL http://www.fda.gov/bbs/topics/ANSWERS/ANS00819.html.

Francis, Wayne, Lawrence Kenny, Rebecca Morton, and Amy Schmidt. 1994. "Retrospective Voting and Political Mobility." *American Journal of Political Science* 38(4): 999–1024.

Frank, Robert. 1988. *Passions Within Reason: The Strategic Role of the Emotions*. New York: Norton.

Frank, Thomas. 2004. *What's the Matter with Kansas? How Conservatives Won the Heart of America*. New York: Metropolitan Books.

Freeman, A. Myrick, III. 2002. "Environmental Policy since Earth Day I: What Have We Gained?" *Journal of Economic Perspectives* 16(1): 125–46.

Fremling, Gertrud, and John Lott. 1989. "Time Dependent Information Costs, Price Controls, and Successive Government Intervention." *Journal of Law, Economics and Organization* 5(2): 293–306.

——. 1996. "The Bias Towards Zero in Aggregate Perceptions: An Explanation Based on Rationally Calculating Individuals." *Economic Inquiry* 34(2): 276–95.

Frey, Bruno. 2000. "Does Economics Have an Effect? Toward an Economics of Economics." Institute for Empirical Research in Economics Working Paper No. 36.

———. 2002. "Do Economists Affect Policy Outcomes?" Working Paper Series, Institute for Empirical Research, University of Zü rich.

Frey, Bruno, and Reiner Eichenberger. 1989. "Anomalies and Institutions." *Journal of Economic Behavior and Organization* 145(3): 423–37.

———. 1991. "Anomalies in Political Economy." *Public Choice* 68(1–3): 71–89.

———. 1992. "Economics and Economists: A European Perspective." *American Economic Review* 82(2): 216–20.

———. 1993. "American and European Economics and Economists." *Journal of Economic Perspectives* 7(4): 185–93.

Frey, Bruno, Werner Pommerehne, and Beat Gygi. 1993. "Economics Indoctrination or Selection? Some Empirical Results." *Journal of Economic Education* 24(3): 271–81.

Friedman, Jeffrey, ed. 1996. *The Rational Choice Controversy: Economic Models of Politics Reconsidered.* New Haven: Yale University Press.

Friedman, Milton. 1953. "The Methodology of Positive Economics." *In Essays in Positive Economics.* Chicago: University of Chicago Press: 3–43.

———. 2002. *Capitalism and Freedom.* Chicago: University of Chicago Press.

Friedrich, Carl, and Zbigniew Brzezinski. 1965. *Totalitarian Dictatorship and Autocracy.* New York: Praeger.

Fuchs, Victor, Alan Krueger, and James Poterba. 1998. "Economists' Views about Parameters, Values, and Policies: Survey Results in Labor and Public Economics." *Journal of Economic Literature* 36(3): 1387–1425.

Fuller, Dan, and Doris Geide-Stevenson. 2003. "Consensus Among Economists: Revisited." *Journal of Economic Education* 34(4): 369–87.

Funk, Carolyn. 2000. "The Dual Influence of Self-Interest and Societal Interest in Public Opinion." *Political Research Quarterly* 53(1): 37–62.

Funk, Carolyn, and Patricia Garćia-Monet. 1997. "The Relationship between Personal and National Concerns in Public Perceptions about the Economy." *Political Research Quarterly* 50(2): 317–42.

Gallup Organization. 2005. "Create a Trend: Minimum Wage." URL http://institution.gallup. com/documents/trendQuestion.aspx?QUESTION=119914&Advanced=0&SearchC onType=1&SearchTypeAll=minimum % 20wage. Geddes, Barbara, and John Zaller. 1989. "Sources of Popular Support for Authoritarian Regimes." *American Journal of Political Science* 33(2): 319–47.

Gelman, Andrew, Jonathan Katz, and Joseph Bafumi. 2004. "Standard Voting Power Indexes Do Not Work: An Empirical Analysis." *British Journal of Political Science* 34(4): 657–74.

Gelman, Andrew, Gary King, and W. John Boscardin. 1998. "Estimating the Probability of Events That Have Never Occurred: When Is Your Vote Decisive?" *Journal of the American Statistical Association* 93(441): 1–9.

Gelman, Andrew, Boris Shor, Joseph Bafumi, and David Park. 2005. "Rich State, Poor State, Red State, Blue State: What's the Matter with Connecticut?" URL http://www.stat. columbia.edu/~gelman/research/unpublished/ redblue11.pdf.

General Social Survey. 1998. URL http://www.icpsr.umich.edu/GSS/home.htm.

Gerber, Alan, and Donald Green. 2000. "The Effect of a Nonpartisan Get-Out-the-Vote Drive: An Experimental Study of Leafleting." *Journal of Politics* 62(3): 846–57.

Gerber, Elisabeth, and Jeffrey Lewis. 2004. "Beyond the Median: Voter Preferences, Distinct Heterogeneity, and Political Representation." *Journal of Political Economy* 112(6): 1364–83.

Gigerenzer, Gerd. 2000. *Adaptive Thinking: Rationality in the Real World*. New York: Oxford University Press.

——. 2001. "The Adaptive Toolbox: Toward a Darwinian Rationality." In Jeffrey French, Alan Kamil, Daniel Leger, Richard Dienstbier, and Martin Daly, eds., *Evolutionary Psychology and Motivation*. Lincoln: University of Nebraska Press: 113–43.

Gigerenzer, Gerd, and David Murray. 1987. *Cognition as Intuitive Statistics*. Hillsdale, NJ: Lawrence Erlbaum Associates.

Gilens, Martin. 2001. "Political Ignorance and Collective Policy Preferences." *American Political Science Review* 95(2): 379–96.

Gillman, Howard. 1993. *The Constitution Besieged: The Rise and Demise of Lochner Era Police Powers Jurisprudence*. Durham, NC: Duke University Press.

Gilovich, Thomas. 1991. *How We Know What Isn't So*. New York: Macmillan.

Glaeser, Edward. 2003. "Psychology and the Market." NBER Working Paper No. 10203.

——. 2005. "The Political Economy of Hatred." *Quarterly Journal of Economics* 70(1): 45–86.

Glucksberg, Sam. 1962. "The Influence of Strength and Drive on Functional Fixedness and Perceptual Recognition." *Journal of Experimental Psychology* 63: 36–41.

Gold, Lois, Thomas Slone, Neela Manley, and Bruce Ames. 2002. *Misconceptions About the*

Causes of Cancer. Vancouver, BC: Fraser Institute.

Goldstein, Daniel, and Gerd Gigerenzer. 2002. "Models of Ecological Rationality: The Recognition Heuristic." *Psychological Review* 109(1): 75–90.

Gottschalk, Peter. 1997. "Inequality, Income Growth, and Mobility: The Basic Facts." *Journal of Economic Perspectives* 11(2): 21–40.

Green, Donald, and Ann Gerken. 1989. "Self-Interest and Public Opinion Toward Smoking Restrictions and Cigarette Taxes." *Public Opinion Quarterly* 53(1): 1–16.

Green, Donald, and Ian Shapiro. 1994. *Pathologies of Rational Choice Theory: A Critique of Applications in Political Science.* New Haven: Yale University Press.

Gregor, A. James. 1969. *The Ideology of Fascism.* New York: Free Press. Greider, William. 1992. *Who Will Tell the People?* New York: Simon and Schuster.

———. 1997. *One World, Ready or Not: The Manic Logic of Global Capitalism.* New York: Simon and Schuster.

Groseclose, Tim, and Nolan McCarty. 2001. "The Politics of Blame: Bargaining Before an Audience." *American Journal of Political Science* 45(1): 100–19.

Grossman, Gene, and Elhanan Helpman. 1994. "Protection for Sale." *American Economic Review* 84(4): 833–50.

———. 1996. "Electoral Competition and Special Interest Politics." *Review of Economic Studies* 63(2): 265–88.

———. 2001. *Special Interest Politics.* Cambridge: MIT Press.

Gruber, Jonathan. 2005. *Public Finance and Public Policy.* New York: Worth.

Hainmueller, Jens, and Michael Hiscox. 2005a. "Educated Preferences: Explaining Attitudes Toward Immigration in Europe." URL http://www.people.fas.harvard.edu/~hiscox/EducatedPreferences.pdf.

———. 2005b. "Learning to Love Globalization? Education and Individual Attitudes Toward International Trade. Supplement II: What Drives the Education Effect? Economic Literacy or Tolerance?" Unpub.

———. Forthcoming. "Learning to Love Globalization: Education and Individual Attitudes Toward International Trade." *International Organization.* URL http://www.people.fas.harvard.edu/~hiscox/HainmuellerHiscox Education.pdf.

Hanson, Robin. 1995. "Could Gambling Save Science? Encouraging an Honest Consensus." *Social Epistemology* 9(1): 3–33.

———. 2002. "Disagreement is Unpredictable." *Economics Letters* 77(3): 365–69.

——. 2005. "The Policy Analysis Market (and Future MAP) Archive." URL http://hanson. gmu.edu/policyanalysismarket.html.

——. 2006. "Decision Markets for Policy Advice." In Eric Patashnik and Alan Gerber, eds., *Promoting the General Welfare: American Democracy and the Political Economy of Government Performance*. Washington, DC: Brookings Institution Press, forthcoming.

Harberger, Arnold. 1993. "Secrets of Success: A Handful of Heroes." *American Economic Review* 83(2): 343–50.

Harrison, Glenn, and Bengt Kriströ m. 1995. "On the Interpretation of Responses in Contingent Valuation Surveys." In Per-Olav Johansson, Bengt Kriströ m, and Karl-Gö ran Mäler, eds., *Current Issues in Environmental Economics*. Manchester: Manchester University Press: 35–57.

Harrison, Glenn, and John List. 2004. "Field Experiments." *Journal of Economic Literature* 42(4): 1009–55.

Harrison, Glenn, and E. Elisabet Rutström. Forthcoming. "Experimental Evidence of Hypothetical Bias in Value Elicitation Methods." In Charles Plott and Vernon Smith, eds., *Handbook of Experimental Economics Results*.

Hauptmann, Emily. 1996. *Putting Choice Before Democracy: A Critique of Rational Choice Theory*. Albany: State University of New York Press.

Held, Virginia. 1990. "Mothering versus Contract." In Jane Mansbridge, ed., *Beyond Self-Interest*. Chicago: University of Chicago Press: 287–304.

Helliwell, John. 2003. "How's Life: Combining Individual and National Variables to Explain Subjective Well-Being." *Economic Modelling* 20(2): 331–60.

Hemenway, David. 1990. "Propitious Selection." *Quarterly Journal of Economics* 16(4): 1063–69.

Henderson, David. 1986. *Innocence and Design: The Influence of Economic Ideas on Policy*. New York: Basil Blackwell.

Herman, Arthur. 1997. *The Idea of Decline in Western History*. New York: Free Press.

Herman, Edward, and Noam Chomsky. 2002. *Manufacturing Consent: The Political Economy of the Mass Media*. New York: Pantheon.

Highton, Benjamin. 2004. "Voter Registration and Turnout in the United States." *Perspectives on Politics* 2(3): 507–15.

Hinich, Melvin, and Michael Munger. 1994. *Ideology and the Theory of Political Choice*. Ann Arbor: University of Michigan Press.

Hiscox, Michael. 2006. "Through a Glass and Darkly: Attitudes Toward International Trade and the Curious Effects of Issue Framing." *International Organization*, forthcoming.

Hitler, Adolf. 1943. *Mein Kampf*. Boston: Houghton Mifflin.

Hoelzl, Erik, and Aldo Rustichini. 2005. "Overconfident: Do You Put Your Money on It?" *Economic Journal* 115(503): 305–18.

Hoffer, Eric. 1951. *The True Believer: Thoughts on the Nature of Mass Movements*. New York: New American Library.

Hoffman, Tom. 1998. "Rationality Reconceived: The Mass Electorate and Democratic Theory." *Critical Review* 12(4): 459–80.

Hogarth, Robin, and Melvin Reder. 1987. "Introduction: Perspectives from Economics and Psychology." In Robin Hogarth and Melvin Reder, eds., *Rational Choice: The Contrast Between Economics and Psychology*. Chicago: University of Chicago Press: 1–23.

Holbrook, Thomas, and James Garand. 1996. "Homo Economus? Economic Information and Economic Voting." *Political Research Quarterly* 49(2): 351–75.

Holcombe, Randall. 1985. *An Economic Analysis of Democracy*. Carbondale: Southern Illinois University Press.

Holloway, David. 1994. *Stalin and the Bomb: The Soviet Union and Atomic Energy, 1939–1956*. New Haven: Yale University Press.

Holmes, Stephen, and Cass Sunstein. 1999. *The Cost of Rights: Why Liberty Depends on Taxes*. New York: Norton.

Houkes, John. 2004. *An Annotated Bibliography on the History of Usury and Interest from the Earliest Times Through the Eighteenth Century*. Lewiston, NY: E. Mellen Press.

Howitt, Peter, and Ronald Wintrobe. 1995. "The Political Economy of Inaction." *Journal of Public Economics* 56(2): 329–53.

Howson, Colin, and Peter Urbach. 1989. *Scientific Reasoning: The Bayesian Approach*. LaSalle, IL: Open Court.

Huddy, Leonie, Jeffrey Jones, and Richard Chard. 2001. "Compassion v. Self-Interest: Support for Old-Age Programs among the Non-Elderly." *Political Psychology* 22(3): 443–72.

Hume, David. 1987. *Essays: Moral, Political and Literary*. Indianapolis: Liberty Classics.

Iannaccone, Laurence. 1998. "Introduction to the Economics of Religion." *Journal of Economic Literature* 36(3): 1465–95. IMDB. 2005. "Memorable Quotes from 'Seinfeld.'" URL http://www.imdb.com/title/tt0098904/quotes.

Ingram, James. 1983. *International Economics*. New York: Wiley.

Irwin, Douglas. 1996. *Against the Tide: An Intellectual History of Free Trade*. Princeton, NJ: Princeton University Press.

Jacobs, Lawrence, and Robert Shapiro. 2000. *Politicians Don't Pander: Political Manipulation and the Loss of Democratic Responsiveness*. Chicago: University of Chicago Press.

Jennings, M. Kent. 1992. "Ideological Thinking Among Mass Publics and Political Elites." *Public Opinion Quarterly* 56(4): 419–41.

Johnson, D. Gale. 2000. "Population, Food, and Knowledge." *American Economic Review* 90(1): 1–14.

Johnson, Paul. 1991. *Modern Times: The World from the Twenties to the Nineties*. New York: HarperCollins.

Jost, John, Jack Glaser, Arie Kruglanski, and Frank Sulloway. 2003. "Political Conservatism as Motivated Social Cognition." *Psychological Bulletin* 129(3): 339–75.

Kahneman, Daniel, Ilana Ritov, and David Schkade. 1999. "Economic Preferences or Attitude Expressions? An Analysis of Dollar Responses to Public Issues." *Journal of Risk and Uncertainty* 19(1–3): 203–35.

Kahneman, Daniel, Paul Slovic, and Amos Tversky, eds. 1982. *Judgment under Uncertainty: Heuristics and Biases*. Cambridge: Cambridge University Press.

Kahneman, Daniel, and Amos Tversky. 1982. "On the Study of Statistical Intuitions." In Daniel Kahneman, Paul Slovic, and Amos Tversky, eds., *Judgment under Uncertainty: Heuristics and Biases*. Cambridge: Cambridge University Press: 493–508.

Kaiser Family Foundation. 2005. "Views on Prescription Drugs and The Pharmaceutical Industry." URL http://www.kff.org/healthpollreport/feb_2005/ index.cfm.

Kaiser Family Foundation and Harvard University School of Public Health. 1995. "National Survey of Public Knowledge of Welfare Reform and the Federal Budget." January 12, #1001. URL http://www.kff.org/kaiserpolls/1001-welftbl.cfm.

Kalt, Joseph, and Mark Zupan. 1984. "Capture and Ideology in the Economic Theory of Politics." *American Economic Review* 74(3): 279–300.

——. 1990. "The Apparent Ideological Behavior of Legislators: Testing for Principal-Agent Slack in Political Institutions." *Journal of Law and Economics* 33(1): 103–31.

Kamber, Victor. 1995. *Giving Up on Democracy: Why Term Limits Are Bad for America*. Washington, DC: Regency.

Kamieniecki, Sheldon. 1985. *Party Identification, Political Behavior, and the American*

Electorate. Westport, CT: Greenwood Press.

Kau, James, and Paul Rubin. 1979. "Self-Interest, Ideology, and Logrolling in Congressional Voting." *Journal of Law and Economics* 22(2): 365–84.

Kearl, J. R., Clayne Pope, Gordon Whiting, and Larry Wimmer. 1979. "A Confusion of Economists?" *American Economic Review* 69(2): 28–37.

Keeter, Scott. 1996. "The Origins of the Disjuncture of Perception and Reality: The Cases of Racial Equality and Environmental Protection." Unpub.

Kelman, Mark. 1988. "On Democracy-Bashing: A Skeptical Look at the Theoretical and 'Empirical' Practice of the Public Choice Movement." *University of Virginia Law Review* 74(2): 199–273.

Kelman, Steven. 1981. *What Price Incentives? Economists and the Environment*. Boston: Auburn House.

Keynes, John Maynard. 1963. *Essays in Persuasion*. New York: Norton.

Kinder, Donald, and Roderick Kiewiet. 1979. "Economic Discontent and Political Behavior: The Role of Personal Grievances and Collective Economic Judgments in Congressional Voting." *American Journal of Political Science* 23(3): 495–527.

——. 1981. "Sociotropic Politics: The American Case." *British Journal of Political Science* 11(2): 129–61.

Kirchgässner, Gebhard. 1992. "Towards a Theory of Low-Cost Decisions." *European Journal of Political Economy* 8(2): 305–20.

——. 2005. "(Why) Are Economists Different?" *European Journal of Political Economy* 21(3): 543–62.

Kirchgässner, Gebhard, and Werner Pommerehne. 1993. "Low-Cost Decisions as a Challenge to Public Choice." *Public Choice* 77(1): 107–15.

Klein, Daniel. 1994. "If Government is So Villainous, How Come Government Officials Don't Seem Like Villains?" *Economics and Philosophy* 10(1) 91–106.

Klein, Daniel. 1999. *What Do Economists Contribute?* New York: New York University Press.

Klein, Daniel, and Charlotta Stern. Forthcoming. "How Politically Diverse Are the Social Sciences and Humanities? Survey Evidence from Six Fields." *Academic Questions*. URL http://www.ratio.se/pdf/wp/dk_ls_diverse.pdf.

Klein, Daniel, and Alexander Tabarrok. 2001. "Theory, Evidence and Examples of FDA Harm." *FDA Review*. URL http://www.fdareview.org/harm.shtml.

Kliemt, Hartmut. 1986. "The Veil of Insignificance." *European Journal of Political Economy* 2(3): 333–44.

Kling, Arnold. 2004. *Learning Economics*. Philadelphia: Xlibris Corporation.

Knight, Frank. 1951. "The Role of Principles in Economics and Politics." *American Economic Review* 41(1): 1–29.

——. 1960. *Intelligence and Democratic Action*. Cambridge: Harvard University Press.

Knox, R. Buck. 1967. *James Ussher: Archbishop of Armagh*. Cardiff: University of Wales Press.

Koford, Kenneth. 1994. "What Can We Learn About Congressional Politics from Dimensional Studies of Roll-Call Voting?" *Economics and Politics* 6(2): 173–86.

Kramer, Gerald. 1983. "The Ecological Fallacy Revisited: Aggregate-versus Individual-level Findings on Economics and Elections, and Sociotropic Voting." *American Political Science Review* 77(1): 92–111.

Kraus, Nancy, Torbjö rn Malmfors, and Paul Slovic. 1992. "Intuitive Toxicology: Expert and Lay Judgments of Chemical Risks." *Risk Analysis* 12(2): 215–32.

Krause, George. 1997. "Voters, Information Heterogeneity, and the Dynamics of Aggregate Economic Expectations." *American Journal of Political Science* 41(4): 1170–1200.

Krause, George, and Jim Granato. 1998. "Fooling Some of the Public Some of the Time? A Test for Weak Rationality with Heterogeneous Information Levels." *Public Opinion Quarterly* 62(2): 135–51.

Kremer, Michael. 1993. "Population Growth and Technological Change: One Million B.C. to 1990." *Quarterly Journal of Economics* 108(3): 681–716.

Krueger, Alan, and Robert Solow, eds. 2001. *The Roaring Nineties: Can Full Employment Be Sustained?* New York: Russell Sage Foundation.

Kruger, Justin, and David Dunning. 1999. "Unskilled and Unaware of It: How Difficulties in Recognizing One's Own Incompetence Lead to Inflated Self-Assessments." *Journal of Personality and Social Psychology* 77(6): 1121–34.

Krugman, Paul. 1996. *Pop Internationalism*. Cambridge: MIT Press.

——. 1998. *The Accidental Theorist*. New York: Norton.

——. 2003. *The Great Unraveling*. New York: Norton.

Kuklinksi, James, Paul Quirk, Jennifer Jerit, and Robert Rich. 2001. "The Political Environment and Citizen Competence." *American Journal of Political Science* 45(2): 410–24.

Kuklinksi, James, Paul Quirk, Jennifer Jerit, David Schwieder, and Robert Rich. 2000. "Misinformation and the Currency of Democratic Citizenship." *Journal of Politics* 62(3): 790–816.

Kull, Steven. 2000. "Americans on Globalization: A Study of U.S. Public Attitudes." *Program on International Policy Attitudes*. URL http://www. pipa.org/OnlineReports/Globalization/contents.html.

Kuran, Timur. 1995. *Private Truths, Public Lies: The Social Consequences of Preference Falsification*. Cambridge: Harvard University Press.

———. 2004. *Islam and Mammon: The Economic Predicaments of Islamism*. Princeton, NJ: Princeton University Press.

Kuran, Timur, and Cass Sunstein. 1999. "Availability Cascades and Risk Regulation." *Stanford Law Review* 51(4): 683–768.

Kuttner, Robert. 1984. *The Economic Illusion: False Choices Between Prosperity and Social Justice*. Philadelphia: University of Pennsylvania Press.

———. 1991. *The End of Laissez-Faire: National Purpose and the Global Economy After the Cold War*. New York: Knopf.

———. 1997. *Everything for Sale: The Virtues and Limits of Markets*. New York: Knopf.

———. ed. 1996. *Ticking Time Bombs: The New Conservative Assault on Democracy*. New York: New Press.

Lakoff, George. 2002. *Moral Politics: How Liberals and Conservatives Think*. Chicago: University of Chicago Press.

Landsburg, Steven. 1993. *The Armchair Economist: Economics and Everyday Life*. New York: Free Press.

———. 1997. *Fair Play*. New York: Free Press.

Langer, Gary. 2002. "Trust in Government . . . To Do What?" *Public Perspective*, July–August, 7–10.

Lanoue, David. 1994. "Retrospective and Prospective Voting in Presidential-Year Elections." *Political Research Quarterly* 47(1): 193–205.

LaPiere, Richard. 1934. "Attitudes vs. Actions." *Social Forces* 13(2): 230–37.

Lau, Richard, Thad Brown, and David Sears. 1978. "Self-Interest and Civilians' Attitudes Toward the Vietnam War." *Public Opinion Quarterly* 42(4): 464–83.

Lau, Richard, and David Redlawsk. 1997. "Voting Correctly." *American Political Science Review* 91(3): 585–98.

——. 2001. "Advantages and Disadvantages of Cognitive Heuristics in Political Decision Making. *American Journal of Political Science* 45(4): 951–71.

Lazonick, William. 1991. *Business Organization and the Myth of the Market Economy.* Cambridge: Cambridge University Press.

Lebergott, Stanley. 1993. *Pursuing Happiness: American Consumers in the Twentieth Century.* Princeton, NJ: Princeton University Press.

Le Bon, Gustave. 1960. *The Crowd: A Study of the Popular Mind.* New York: Viking Press.

Lecky, William. 1981. *Liberty and Democracy.* Vol. 1. Indianapolis: Liberty Classics.

Lee, David, Enrico Moretti, and Matthew Butler. 2004. "Do Voters Affect or Elect Policies? Evidence from the U.S. House." *Quarterly Journal of Economics* 69(3): 807–59.

Lee, Dwight. 1989. "The Impossibility of a Desirable Minimal State." *Public Choice* 61(3): 277–84.

Lee, Ronald, and Timothy Miller. 2000. "Immigration, Social Security, and Broader Fiscal Impacts." *American Economic Review* 90(2): 350–54.

Leighley, Jan, and Jonathan Nagler. 1992a. "Socioeconomic Class Bias in Turnout, 1964–1988: The Voters Remain the Same." *American Political Science Review* 86(3): 725–36.

——. 1992b. "Individual and Systemic Influences on Turnout: Who Votes? 1984. *Journal of Politics* 54(3): 718–40.

Levitt, Steven. 1996. "How Do Senators Vote? Disentangling the Role of Voter Preferences, Party Affiliation, and Senator Ideology." *American Economic Review* 86(3): 425–41.

Levy, David. 1989. "The Statistical Basis of Athenian-American Constitutional Theory." *Journal of Legal Studies* 18(1): 79–103.

Lichtenstein, Sarah, Baruch Fischhoff, and Lawrence Phillips. 1982. "Calibration of Probabilities: The State of the Art to 1980." In Daniel Kahneman, Paul Slovic, and Amos Tversky, eds., *Judgment under Uncertainty: Heuristics and Biases.* Cambridge: Cambridge University Press: 306–34.

Lichter, S. Robert, and Stanley Rothman. 1999. *Environmental Cancer—A Political Disease?* New Haven: Yale University Press.

List, John. 2003. "Does Market Experience Eliminate Market Anomalies?" *Quarterly Journal of Economics* 68(1): 41–71.

Locke, John. 1977. "An Essay Concerning Human Understanding." In Steven Cahn, ed., *Classics of Western Philosophy.* Indianapolis: Hackett Publishing Company: 479–574.

Lockerbie, Brad. 1991. "The Influence of Levels of Information on the Use of Prospective Evaluations." *Political Behavior* 13(3): 223–35.

Lomborg, Bjorn. 2001. *The Skeptical Environmentalist: Measuring the Real State of the World*. Cambridge: Cambridge University Press.

Lord, Charles, Lee Ross, and Mark Lepper. 1979. "Biased Assimilation and Attitude Polarization: The Effect of Prior Theories on Subsequently Considered Evidence." *Journal of Personality and Social Psychology* 37(11): 2098–109.

Lott, John. 1997. "Donald Wittman's *The Myth of Democratic Failure*." *Public Choice* 92(1–2): 1–13.

——. 2000. *More Guns, Less Crime: Understanding Crime and Gun-Control Laws*. Chicago: University of Chicago Press.

Lott, John, and Lawrence Kenny. 1999. "Did Women's Suffrage Change the Size and Scope of Government?" *Journal of Political Economy* 107(6): 1163–98.

Lovejoy, Arthur, and George Boas. 1965. *Primitivism and Related Ideas in Antiquity*. New York: Octagon Books.

Lucas, Robert. 1973. "Some International Evidence on Output-Inflation Tradeoffs." *American Economic Review* 63(3): 326–34.

——. 1993. "Making a Miracle." *Econometrica* 61(2): 251–72.

Lupia, Arthur. 1994. "Shortcuts Versus Encyclopedias: Information and Voting Behavior in California Insurance Reform Elections." *American Political Science Review* 88(1): 63–76.

Lupia, Arthur, and Matthew McCubbins. 1998. *The Democratic Dilemma: Can Citizens Learn What They Need to Know?* Cambridge: Cambridge University Press.

Luttbeg, Norman, and Michael Martinez. 1990. "Demographic Differences in Opinion." *Research in Micropolitics* 3:83–118.

MacEwan, Arthur. 1999. *Neoliberalism or Democracy? Economic Strategy, Markets, and Alternatives for the 21st Century*. New York: St. Martin's Press.

Machiavelli, Niccolò. 1952. *The Prince*. New York: NAL Penguin.

MacKuen, Michael, Robert Erikson, and James Stimson. 1992. "Peasants or Bankers? The American Electorate and the U.S. Economy." *American Political Science Review* 86(3): 597–611.

Maddock, Rodney, and Michael Carter. 1982. "A Child's Guide to Rational Expectations." *Journal of Economic Literature* 20(1): 39–51.

Madison, James, Alexander Hamilton, and John Jay. 1966. *The Federalist Papers*. New Rochelle, NY: Arlington House.

Magee, Stephen, William Brock, and Leslie Young. 1989. *Black Hole Tariffs and Endogenous Policy Theory: Political Economy in General Equilibrium*. Cambridge: Cambridge University Press.

Mansbridge, Jane, ed. 1990. *Beyond Self-Interest*. Chicago: University of Chicago Press.

Manza, Jeff, and Clem Brooks. 1999. *Social Cleavages and Political Change: Voter Alignments and U.S. Party Coalitions*. New York: Oxford University Press.

Markus, Gregory. 1988. "The Impact of Personal and National Economic Conditions on the Presidential Vote: A Pooled Cross-Sectional Analysis." *American Journal of Political Science* 32(1): 137–54.

Marx, Karl. 1965. *Capital*. Vol. 1. Moscow: Progress Publishers.

Maskin, Eric, and Jean Tirole. 2004. "The Politician and the Judge: Account-ability in Government." *American Economic Review* 94(4): 1034–54.

Matsusaka, John. 2005. "Direct Democracy Works." *Journal of Economic Perspectives* 19(2): 185–206.

McChesney, Robert. 1999. *Rich Media, Poor Democracy: Communication Politics in Dubious Times*. Urbana: University of Illinois Press.

McCloskey, Donald. 1985. *The Rhetoric of Economics*. Madison: University of Wisconsin Press.

———. 1993. "Competitiveness and the Antieconomics of Decline." In Donald McCloskey, ed., *Second Thoughts: Myths and Morals of U.S. Economic History*. New York: Oxford University Press: 167–73.

McClosky, Herbert, and John Zaller. 1984. *The American Ethos: Public Attitudes Towards Capitalism and Democracy*. Cambridge: Harvard University Press.

McLean, Iain. 2002. "William H. Riker and the Invention of Heresthetic(s)." *British Journal of Political Science* 32(3): 535–58.

Meehl, Paul. 1977. "The Selfish Voting Paradox and the Thrown-Away Vote Argument." *American Political Science Review* 71(1): 11–30.

Mele, Alfred. 1987. *Irrationality: An Essay on Akrasia, Self-Deception, and Self-Control*. New York: Oxford University Press.

———. 2001. *Self-Deception Unmasked*. Princeton, NJ: Princeton University Press.

———. 2004. "Rational Irrationality." *Philosophers' Magazine* 26(2): 31–32.

Meltzer, Allan, and Scott Richard. 1981. "A Rational Theory of the Size of Government." *Journal of Political Economy* 89(5): 914–27.

Mencken, H. L. 1995. *A Second Mencken Chrestomathy.* New York: Knopf. *Merriam-Webster's Collegiate Dictionary.* 2003. Springfield, MA: Merriam-Webster.

Michels, Robert. 1962. *Political Parties: A Sociological Study of the Oligarchical Tendencies of Modern Democracy.* New York: Free Press.

Miller, Dale. 1999. "The Norm of Self-Interest." *American Psychologist* 54(12): 1053–60.

Miller, Warren. 1991. "Party Identification, Realignment, and Party Voting: Back to the Basics." *American Political Science Review* 85(2): 557–68.

Mises, Ludwig von. 1962. Bureaucracy. New Haven: Yale University Press.

——. 1966. *Human Action: A Treatise on Economics.* Chicago: Contemporary Books.

——. 1981a. "A New Treatise on Economics." *In New Individualist Review.* Indianapolis: Liberty Fund: 323–26.

——. 1981b. *Socialism.* Indianapolis: Liberty Classics.

——. 1996. Liberalism: *The Classical Tradition.* Irvington-on-Hudson, NY: Foundation for Economic Education.

——. 1998. Interventionism: *An Economic Analysis.* Irvington-on-Hudson, NY: Foundation for Economic Education.

Modern History Project. 2005. "Rudolph Hess." URL http://modernhistory project.org/mhp/EntityDisplay.php?Entity=HessR.

Monroe, Alan. 1983. "American Party Platforms and Public Opinion." *American Journal of Political Science* 27(1): 27–42.

——. 1998. "Public Opinion and Public Policy, 1980–1993." *Public Opinion Quarterly* 62(1): 6–28.

Mosca, Gaetano. 1939. *The Ruling Class.* New York: McGraw-Hill.

Mueller, Dennis, and Thomas Stratmann. 2003. "The Economic Effects of Democratic Participation." *Journal of Public Economics* 87(9): 2129–55.

Mueller, John. 1999. *Capitalism, Democracy, and Ralph's Pretty Good Grocery.* Princeton, NJ: Princeton University Press.

Mullainathan, Sendhil, and Andrei Shleifer. 2005. "The Market for News." *American Economic Review* 95(4): 1031–53.

Mulligan, Casey, and Charles Hunter. 2003. "The Empirical Frequency of a Pivotal Vote." *Public Choice* 116(1–2): 31–54.

Murphy, Kevin, and Andrei Shleifer. 2004. "Persuasion in Politics." NBER Working Paper No. 10248.

Murray, David, Joel Schwartz, and S. Robert Lichter. 2001. *It Ain't Necessarily So: How Media Make and Unmake the Scientific Picture of Reality*. Lanham, MD: Rowman and Littlefield.

Muth, John. 1961. "Rational Expectations and the Theory of Price Movements." *Econometrica* 29(3): 315–35.

Mutz, Diana. 1992. "Mass Media and the Depoliticization of Personal Experience." *American Journal of Political Science* 36(2): 483–508.

———. 1993. "Direct and Indirect Routes to Politicizing Personal Experience: Does Knowledge Make a Difference?" *Public Opinion Quarterly* 57(4): 483–502.

Mutz, Diana, and Jeffrey Mondak. 1997. "Dimensions of Sociotropic Behavior: Group-Based Judgements of Fairness and Well-Being." *American Journal of Political Science* 41(1): 284–308.

Nadeau, Richard, and Michael Lewis-Beck. 2001. "National Economic Voting in U.S. Presidential Elections." *Journal of Politics* 63(1): 159–81.

Nasar, Sylvia. 1998. *A Beautiful Mind*. New York: Simon and Schuster.

National Commission on Terrorist Attacks Upon the United States. 2004. *The 9/11 Commission Report*. URL http://www.9–11commission.gov/report/911Report.pdf.

Neuman, W. Russell. 1986. *The Paradox of Mass Politics: Knowledge and Opinion in the American Electorate*. Cambridge: Harvard University Press.

Newcomb, Simon. 1893. "The Problem of Economic Education." *Quarterly Journal of Economics* 7(4): 375–99.

Nietzsche, Friedrich. 1954. *The Portable Nietzsche*. Ed. Walter Kaufmann. New York: Viking Press.

Nisbett, Richard, and Lee Ross. 1980. *Human Inference: Strategies and Shortcomings of Social Judgment*. Englewood Cliffs, NJ: Prentice-Hall.

Noss, John. 1974. *Man's Religions*. New York: Macmillan.

Office of Management and Budget. 1997. "Report to Congress on the Costs and Benefits of Federal Regulation." URL http://www.whitehouse.gov/ omb/inforeg/rcongress.html.

———. 2005. *Historical Tables: Budget of the United States, F.Y. 2006*. Washington, DC: U.S. Government Printing Office.

Olson, Mancur. 1971. *The Logic of Collective Action: Public Goods and the Theory of

Groups. Cambridge: Harvard University Press.

——. 1982. *The Rise and Decline of Nations: Economic Growth, Stagflation and Social Rigidities*. New Haven: Yale University Press.

——. 1996. "Big Bills Left on the Sidewalk: Why Some Nations are Rich and Others are Poor." *Journal of Economic Perspectives* 10(2): 3–24.

Orwell, George. 1968. "Looking Back on the Spanish War." In Sonia Orwell and Ian Angus, eds., *The Collected Essays, Journalism and Letters of George Orwell*. Vol. 2. New York: Harcourt, Brace, and World: 249–67.

——. 1983. *1984*. New York: Signet Classic.

Page, Benjamin, and Robert Shapiro. 1983. "Effects of Public Opinion on Policy." *American Political Science Review* 77(1): 175–90.

——. 1992. *The Rational Public: Fifty Years of Trends in Americans' Policy Preferences*. Chicago: University of Chicago Press.

——. 1993. "The Rational Public and Democracy." In George Marcus and Russell Hanson, eds., *Reconsidering the Democratic Public*. University Park: Pennsylvania State University Press: 33–64.

Pashigian, B. Peter. 2000. "Teaching Microeconomics in Wonderland." George J. Stigler Center for the Study of Economy and the State Working Paper No. 161.

Payne, Stanley. 1995. *A History of Fascism: 1914–1945*. Madison: University of Wisconsin Press.

Peltzman, Sam. 1984. "Constituent Interest and Congressional Voting." *Journal of Law and Economics* 27(1): 181–210.

——. 1985. "An Economic Interpretation of the History of Congressional Voting in the Twentieth Century." *American Economic Review* 75(4): 656–75.

——. 1990. "How Efficient Is the Voting Market?" *Journal of Law and Economics* 33(1): 27–63.

Persson, Torsten. 2002. "Do Political Institutions Shape Economic Policy?" *Econometrica* 70(3): 883–905.

Persson, Torsten, and Guido Tabellini. 2000. *Political Economics: Explaining Economic Policy*. Cambridge: MIT Press.

——. 2004. "Constitutions and Economic Policy." *Journal of Economic Perspectives* 18(1): 75–98.

Pesaran, M. Hashem. 1987. *The Limits to Rational Expectations*. Oxford: Blackwell.

Pew Research Center. 1997. "The Optimism Gap Grows." January 17. URL http://people-press.org/reports/display.php3?ReportID=115.

Phelps, Richard. 1993. "American Public Opinion on Trade, 1950–1990." *Business Economics* 28(3): 35–40.

Pinker, Steven. 2002. *The Blank Slate: The Modern Denial of Human Nature.* New York: Viking.

PIPA–Knowledge Networks Poll. 2004. "Americans on Farm Subsidies." URL http://www.pipa.org/OnlineReports/Economics/ FarmQnnaire_01_04.pdf.

Pommerehne, Werner, Friedrich Schneider, Guy Gilbert, and Bruno Frey. 1984. "Concordia Discors: Or: What Do Economists Think?" *Theory and Decision* 16(3): 251–308.

Ponza, Michael, Greg Duncan, Mary Corcoran, and Fred Groskind. 1988. "The Guns of Autumn? Age Differences in Support for Income Transfers to the Young and Old." *Public Opinion Quarterly* 52(4): 441–66.

Poole, Keith, and Howard Rosenthal. 1991. "Patterns of Congressional Voting." *American Journal of Political Science* 35(1): 228–78.

———. 1997. *Congress: A Political-Economic History of Roll Call Voting.* New York: Oxford University Press.

Poole, William. 2004. "Free Trade: Why Are Economists and Noneconomists So Far Apart?" *Federal Reserve Bank of St. Louis Review* 6(5): 1–6.

Popkin, Samuel. 1991. *The Reasoning Voter: Communication and Persuasion in Presidential Campaigns.* Chicago: University of Chicago Press.

Posner, Richard. 1999. *An Affair of State: The Investigation, Impeachment, and Trial of President Clinton.* Cambridge: Harvard University Press.

———. 2002. *Economic Analysis of Law.* New York: Aspen Publishers.

Prisching, Manfred. 1995. "The Limited Rationality of Democracy: Schumpeter as the Founder of Irrational Choice Theory." *Critical Review* 9(3): 301–23.

Quattrone, George, and Amos Tversky. 1984. "Causal Versus Diagnostic Contingency: On Self-Deception and on the Voter's Illusion." *Journal of Personality and Social Psychology* 46(2): 237–48.

———. 1988. "Contrasting Rational and Psychological Analysis of Political Choice." *American Political Science Review* 82(3): 716–36.

Quirk, Paul. 1988. "In Defense of the Politics of Ideas." *Journal of Politics* 50(1): 31–41.

———. 1990. "Deregulation and the Politics of Ideas." In Jane Mansbridge, ed., *Beyond Self-Interest.* Chicago: University of Chicago Press: 183–99.

Rabin, Matthew. 1998. "Psychology and Economics." *Journal of Economic Literature* 36(1): 11–46.

Rae, John. 1965. *Life of Adam Smith*. New York: Augustus M. Kelley. Rand, Ayn. 1957. *Atlas Shrugged*. New York: Signet.

Reder, Melvin. 1999. *Economics: The Culture of a Controversial Science*. Chicago: University of Chicago Press.

Redlawsk, David. 2002. "Hot Cognition or Cool Consideration? Testing the Effects of Motivated Reasoning on Political Decision Making." *Journal of Politics* 64(2): 1021–44.

Reynolds, Vernon, Vincent Falger, and Ian Vine. 1987. *The Sociobiology of Ethnocentrism: Evolutionary Dimensions of Xenophobia, Discrimination, Racism and Nationalism*. Athens: University of Georgia Press.

Rhoads, Steven. 1985. *The Economist's View of the World: Government, Markets, and Public Policy*. Cambridge: Cambridge University Press.

Rhodebeck, Laurie. 1993. "The Politics of Greed? Political Preferences among the Elderly." *Journal of Politics* 55(2): 342–64.

Richmond, Ray. 1997. *The Simpsons: A Complete Guide to Our Favorite Family*. New York: HarperCollins.

Ricketts, Martin and Edward Shoesmith. 1990. *British Economic Opinion: A Survey of a Thousand Economists*. London: Institute of Economic Affairs.

Riker, William. 1988. *Liberalism Against Populism: A Confrontation between the Theory of Democracy and the Theory of Social Choice*. Prospect Heights, IL: Waveland Press.

Roberts, Russell. 2001. *The Choice: A Fable of Free Trade and Protectionism*. Upper Saddle River, NJ: Prentice Hall.

Rodrik, Dani. 1996. "Understanding Economic Policy Reform." *Journal of Economic Literature* 34(1): 9–41.

Romer, David. 2003. "Misconceptions and Political Outcomes." *Economic Journal* 113(484): 1–20.

Rothbard, Murray. 1962. *Man, Economy, and State: A Treatise on Economic Principles*. Los Angeles: Nash.

Rowley, Charles. 1997. "Donald Wittman's *The Myth of Democratic Failure*." *Public Choice* 92(1–2): 15–26.

Rowley, Charles, Robert Tollison, and Gordon Tullock, eds. 1988. *The Political Economy of*

Rent-Seeking. Boston: Kluwer Academic Publishers.

Rubin, Paul. 2003. "Folk Economics." *Southern Economic Journal* 70(1): 157–71.

Rudolph, Thomas. 2003. "Who's Responsible for the Economy? The Formation and Consequences of Responsibility Attributions." *American Journal of Political Science* 47(4): 697–712.

Sachs, Jeffrey. 1994. "Life in the Economic Emergency Room." In John Williamson, ed., *The Political Economy of Policy Reform*. Washington, DC: Institute for International Economics: 503–23.

Sachs, Jeffrey, and Andrew Warner. 1995. "Economic Reform and the Process of Global Integration." *Brookings Papers on Economic Activity* 1:1–118.

Saint-Paul, Gilles. 2000. "The 'New Political Economy': Recent Books by Allen Drazen and by Torsten Persson and Guido Tabellini." *Journal of Economic Literature* 38(4): 915–25.

Samuelson, Paul. 1946. "Lord Keynes and the General Theory." *Econometrica* 14(3): 187–200.

——. 1966. "What Economists Know." *In the Collected Scientific Papers of Paul A. Samuelson*. Vol. 1. Cambridge: MIT Press: 1619–49.

Samuelson, Robert. 1995. *The Good Life and Its Discontents: The American Dream in the Age of Entitlement*. New York: Random House.

Sappington, David. 1991. "Incentives in Principal-Agent Relationships." *Journal of Economic Perspectives* 5(2): 45–66.

Schelling, Thomas. 1980. *The Strategy of Conflict*. Cambridge: Harvard University Press.

Scherer, F. M., and David Ross. 1990. *Industrial Market Structure and Economic Performance*. Boston: Houghton Mifflin.

Scheve, Kenneth, and Matthew Slaughter. 2001a. *Globalization and the Perceptions of American Workers*. Washington, DC: Institute for International Economics.

——. 2001b. "What Determines Individual Trade Policy Preferences?" *Journal of International Economics* 54(2): 267–92.

Schlesinger, Arthur. 1957. *The Crisis of the Old Order, 1919–1933*. Boston: Houghton Mifflin.

Schuessler, Alexander. 2000a. "Expressive Voting." *Rationality and Society* 12(1): 87–119.

——. 2000b. *A Logic of Expressive Choice*. Princeton, NJ: Princeton University Press.

Schultze, Charles. 1977. *The Public Use of Private Interest*. Washington, DC: Brookings

Institution.

Schumpeter, Joseph. 1950. *Capitalism, Socialism, and Democracy*. New York: Harper and Brothers.

Schumpeter, Joseph. 1954. *History of Economic Analysis*. New York: Oxford University Press.

Searle, John. 1983. *Intentionality: An Essay in the Philosophy of Mind*. Cambridge: Cambridge University Press.

Sears, David, and Jack Citrin. 1985. *Tax Revolt: Something for Nothing in California*. Cambridge: Cambridge University Press.

Sears, David, and Carolyn Funk. 1990. "Self-Interest in Americans' Political Opinions." In Jane Mansbridge, ed., *Beyond Self-Interest*. Chicago: University of Chicago Press: 147–70.

Sears, David, Carl Hensler, and Leslie Speer. 1979. "Whites' Opposition to 'Busing': Self-Interest or Symbolic Politics?" *American Political Science Review* 73(2): 369–84.

Sears, David, and Leonie Huddy. 1990. "On the Origins of the Political Disunity of Women." In Patricia Gurin and Louise Tilly, eds., *Women, Politics, and Change*. New York: Russell Sage Foundation: 249–77.

Sears, David, and Richard Lau. 1983. "Inducing Apparently Self-Interested Political Preferences." *American Journal of Political Science* 27(2): 223–52.

Sears, David, Richard Lau, Tom Tyler, and Harris Allen. 1980. "Self-Interest vs. Symbolic Politics in Policy Attitudes and Presidential Voting." *American Political Science Review* 74(3): 670–84.

Sears, David, Tom Tyler, Jack Citrin, and Donald Kinder. 1978. "Political System Support and Public Response to the Energy Crisis." *American Journal of Political Science* 22(1): 56–82.

Shapiro, Ian. 1996. *Democracy's Place*. Ithaca, NY: Cornell University Press.

——. 1999. *Democratic Justice*. New Haven: Yale University Press.

Shapiro, Ian, and Casiano Hacker-Cordón. 1999. "Reconsidering Democracy's Value." In Ian Shapiro and Casiano Hacker-Cordó n, eds., *Democracy's Value*. Cambridge: Cambridge University Press: 1–19.

Shapiro, Robert, and Harpreet Mahajan. 1986. "Gender Differences in Policy Preferences: A Summary of Trends From the 1960s to the 1980s." *Public Opinion Quarterly* 50(1): 42–61.

Sheffrin, Steven. 1996. *Rational Expectations*. Cambridge: Cambridge University Press.

Shepsle, Kenneth, and Barry Weingast. 1981. "Political Preferences for the Pork Barrel: A Generalization." *American Journal of Political Science* 25(1): 96–111.

Shermer, Michael. 2002. *Why People Believe Weird Things: Pseudoscience, Superstition, and Other Confusions of Our Time*. New York: Henry Holt.

Shiller, Robert. 1997. "Public Resistance to Indexation: A Puzzle." *Brookings Papers on Economic Activity* 1: 159–228.

Shleifer, Andrei. 1998. "State versus Private Ownership." *Journal of Economic Perspectives* 12(4): 133–50.

Siebert, Horst. 1997. "Labor Market Rigidities: At the Root of Unemployment in Europe." *Journal of Economic Perspectives* 11(3): 37–54.

Simon, Herbert. 1985. "Human Nature in Politics: The Dialogue of Psychology with Political Science." *American Political Science Review* 79(2): 293–304.

Simon, Julian. 1995a. "What Does the Future Hold? The Forecast in a Nutshell." In Julian Simon, ed., *The State of Humanity*. Cambridge: Blackwell: 642–60.

Simon, Julian, ed. 1995b. *The State of Humanity*. Cambridge: Blackwell.

———. 1996. *The Ultimate Resource 2*. Princeton, NJ: Princeton University Press.

———. 1999. *The Economic Consequences of Immigration*. Ann Arbor: University of Michigan Press.

Simon, Scott. 2000. "Music Cues: Adlai Stevenson." National Public Radio. URL http://www.npr.org/programs/wesat/000205.stevenson.html.

Siprut, Joseph. 2004. "Rational Irrationality: Why Playing the World Trade Organization as a Scapegoat Reduces the Social Costs of Armchair Economics." *Brooklyn Journal of International Law* 29(2): 709–45.

Skousen, Mark. 1997. "The Perseverance of Paul Samuelson's Economics." *Journal of Economic Perspectives* 11(2): 137–52.

Slovic, Paul, Baruch Fischhoff, and Sarah Lichtenstein. 1980. "Facts and Fears: Understanding Perceived Risk." In Richard Schwing and Walter Albers, eds., *Societal Risk Assessment: How Safe is Safe Enough?* New York: Plenum Press: 181–216.

Smith, Adam. 1981. *An Inquiry into the Nature and Causes of the Wealth of Nations*. Indianapolis: Liberty Classics.

Smith, Eric. 1989. *The Unchanging American Voter*. Berkeley and Los Angeles: University of California Press.

Smith, Vernon. 1991. "Rational Choice: The Contrast Between Economics and Psychology." *Journal of Political Economy* 99(4): 877–97.

——. 2003. "Constructivist and Ecological Rationality in Economics." *American Economic Review* 93(3): 465–508.

Smith, Vernon, and James Walker. 1993. "Monetary Rewards and Decision Cost in Experimental Economics." *Economic Inquiry* 31(2): 245–61.

Somin, Ilya. 1998. "Voter Ignorance and the Democratic Ideal." *Critical Review* 12(4): 99–111.

——. 1999. "*Resolving the Democratic Dilemma?*" *Yale Journal on Regulation* 16(2): 401–14.

——. 2000. "Do Politicians Pander?" *Critical Review* 14(2–3): 147–55.

——. 2004. "Political Ignorance and The Countermajoritarian Difficulty: A New Perspective on the 'Central Obsession' of Constitutional Theory." *Iowa Law Review* 89(4): 1287–1372.

Soros, George. 1998. *The Crisis of Global Capitalism: Open Society Endangered*. New York: Public Affairs.

Sowell, Thomas. 2004a. *Applied Economics: Thinking Beyond Stage One*. New York: Basic Books.

——. 2004b. *Basic Economics: A Citizen's Guide to the Economy*. New York: Basic Books.

Speck, W. A. 1993. *A Concise History of Britain, 1707–1975*. Cambridge: Cambridge University Press.

Spence, Michael. 1977. "Consumer Misperceptions, Product Failure, and Producer Liability." *Review of Economic Studies* 44(3): 561–72.

Spencer, Herbert. 1981. "From Freedom to Bondage." In Thomas Mackay, ed., *A Plea for Liberty: An Argument Against Socialism and Socialistic Legislation*. Indianapolis: Liberty Fund: 3–34.

Starke, Linda, ed. 2004. *State of the World, 2004*. New York: Norton.

Stigler, George. 1959. "The Politics of Political Economists." *Quarterly Journal of Economics* 73(4): 522–32.

——. 1961. "The Economics of Information." *Journal of Political Economy* 69(3): 213–25.

——. 1986. "Economics or Ethics?" In Kurt Leube and Thomas Gale Moore, eds., *The Essence of Stigler*. Stanford, CA: Hoover Institution Press: 303–36.

Stigler, George, and Gary Becker. 1977. "De Gustibus Non Est Disputandum." *American*

Economic Review 67(2): 76–90.

Stiglitz, Joseph. 2002a. *Globalization and Its Discontents*. New York: Norton.

——. 2002b. "Information." In David Henderson, ed., *The Concise Encyclopedia of Economics*. URL http://www.econlib.org/library/Enc/Information.html.

——. 2003. *The Roaring Nineties. A New History of the World's Most Prosperous Decade*. New York: Norton.

Stratmann, Thomas. 2005. "Some Talk: Money in Politics. A (Partial) Review of the Literature." *Public Choice* 124(1/2): 135–56.

Sunstein, Cass, ed. 2000. *Behavioral Law and Economics*. New York: Cambridge University Press.

Surowiecki, James. 2004. *The Wisdom of Crowds*. New York: Doubleday.

Sutter, Daniel. 2006. Political Bias in the News: A Critical Examination. Unpub.

Tabarrok, Alexander. 2000. "Assessing the FDA Via the Anomaly of Off-Label Drug Prescribing." *Independent Review* 5(1): 25–53.

Taussig, Frank. 1905. "The Present Position of the Doctrine of Free Trade." *Publications of the American Economic Association* 6(1): 29–65.

Taylor, Shelley. 1989. *Positive Illusions: Creative Self-Deception and the Healthy Mind*. New York: Basic Books.

Tetlock, Philip. 2003. "Thinking the Unthinkable: Sacred Values and Taboo Cognitions." *Trends in Cognitive Science* 7(7): 320–24.

Thaler, Richard. 1992. *The Winner's Curse: Paradoxes and Anomalies of Economic Life*. Princeton, NJ: Princeton University Press.

Tirole, Jean. 2002. "Rational Irrationality: Some Economics of Self-Management." *European Economic Review* 46(4–5): 633–55.

Tocqueville, Alexis de. 1969. *Democracy in America*. New York: Harper-Perennial.

Tollison, Robert, and Richard Wagner. 1991. "Romance, Realism, and Policy Reform." *Kyklos* 44(1): 57–70.

Tucker, Robert. 1973. *Stalin as Revolutionary: 1879–1929*. New York: Norton.

——. 1990. *Stalin in Power: The Revolution from Above 1928–1941*. New York: Norton.

——. ed. 1978. *The Marx-Engels Reader*. New York: Norton.

Tullock, Gordon. 1965. "Entry Barriers in Politics." *American Economic Review* 55(1/2): 458–66.

———. 1967. *Toward a Mathematics of Politics*. Ann Arbor: University of Michigan Press.

———. 1971. "Charity of the Uncharitable." *Western Economic Journal* 9(4): 379–92.

———. 1981a. "The Rhetoric and Reality of Redistribution." *Southern Economic Journal* 47(4): 895–907.

———. 1981b. "Why So Much Stability?" *Public Choice* 37(2): 189–202.

———. 1987. *The Politics of Bureaucracy*. Lanham, MD: University Press of America.

———. 1988. "Further Directions for Rent-Seeking Research." In Charles Rowley, Robert Tollison, and Gordon Tullock, eds., *The Political Economy of Rent-Seeking*. Boston: Kluwer Academic Publishers: 465–80.

———. 1999. "How to Do Well While Doing Good!" In Daniel Klein, ed., *What Do Economists Contribute?* New York: New York University Press: 87–103.

Tversky, Amos, and Daniel Kahneman. 1982a. "Judgment under Uncertainty: Heuristics and Biases." In Daniel Kahneman, Paul Slovic, and Amos Tversky, eds., *Judgment under Uncertainty: Heuristics and Biases*. Cambridge: Cambridge University Press: 3–20.

———. 1982b. "Availability: A Heuristic for Judging Frequency and Probability." In Daniel Kahneman, Paul Slovic, and Amos Tversky, eds., *Judgment under Uncertainty: Heuristics and Biases*. Cambridge: Cambridge University Press: 163–78.

Tyler, Tom, and Renee Weber. 1982. "Support for the Death Penalty: Instrumental Response to Crime, or Symbolic Attitude?" *Law and Society Review* 17(1): 21–46.

Tyran, Jean-Robert. 2004. "Voting When Money and Morals Conflict: An Experimental Test of Expressive Voting." *Journal of Public Economics* 88(7–8): 1645–64. U.S. Census Bureau. 2005a. "U.S. Trade Balance with Canada." URL http://www.census.gov/foreign-trade/balance/c1220.html.

———. 2005b. "U.S. Trade Balance with Mexico." URL http://www.census.gov/foreign-trade/balance/c2010.html.

Van Den Steen, Eric. 2004. "Rational Overoptimism (and Other Biases)." *American Economic Review* 94(4): 1141–51.

Verba, Sidney, Kay Schlozman, Henry Brady, and Norman Nie. 1993. "Citizen Activity: Who Participates? What Do They Say?" *American Political Science Review* 87(2): 303–18.

Viscusi, W. Kip. 1996. *Rational Risk Policy*. New York: New York University Press.

Vrij, Aldert. 2000. *Detecting Lies and Deceit: The Psychology of Lying and the Implications for Professional Practice*. New York: John Wiley and Sons.

Walstad, William. 1992. "Economics Instruction in High Schools." *Journal of Economic Literature* 30(4): 2019–51.

———. 1997. "The Effect of Economic Knowledge on Public Opinion of Economic Issues." *Journal of Economic Education* 28(3): 195–205.

Walstad, William, and Max Larsen. 1992. *A National Survey of American Economic Literacy*. Lincoln, NE: Gallup Organization.

Walstad, William, and Ken Rebeck. 2002. "Assessing the Economic Knowledge and Economic Opinions of Adults." *Quarterly Review of Economics and Finance* 42(5): 921–34.

Washington Post, Kaiser Family Foundation, and Harvard University Survey Project. 1996. "Survey of Americans and Economists on the Economy." October 16, #1199. URL http://www.kff.org/kaiserpolls/1199-econgen.cfm.

———. 1997. "Survey of Americans' Knowledge and Attitudes about Entitlements." URL http://www.kff.org/medicare/loader.cfm?url=/commonspot/ security/getfile. cfm&PageID=14513.

Waters, Mary-Alice, ed. 1970. *Rosa Luxemburg Speaks*. New York: Pathfinder Press.

Weingast, Barry, Kenneth Shepsle, and Christopher Johnsen. 1981. "The Political Economy of Benefits and Costs: A Neoclassical Approach to Distributive Politics." *Journal of Political Economy* 89(4): 642–64.

Weiss, Andrew. 1995. "Human Capital vs. Signalling Explanations of Wages." *Journal of Economic Perspectives* 9(4): 133–54.

Weiss, Leonard, and Michael Klass. 1986. *Regulatory Reform: What Actually Happened*. Boston: Little, Brown.

Weissberg, Robert. 2002. *Polling, Policy, and Public Opinion: The Case Against Heeding the "Voice of the People."* NY: Palgrave.

Whitman, David. 1998. *The Optimism Gap*. New York: Walker.

William J. Clinton Foundation. 2005. "Facts Sheet on NAFTA Notes." URL http://www. clintonfoundation.org/legacy/101293-fact-sheet-on-nafta-notes.htm.

Wintrobe, Ronald. 1987. "The Market for Corporate Control and the Market for Political Control." *Journal of Law, Economics, and Organization* 3(2): 435–48.

———. 1998. *The Political Economy of Dictatorship*. Cambridge: Cambridge University Press.

Wittman, Donald. 1989. "Why Democracies Produce Efficient Results." *Journal of Political Economy* 97(6): 1395–1424.

——. 1995. *The Myth of Democratic Failure: Why Political Institutions Are Efficient.* Chicago: University of Chicago Press.

——. 2005a. "Voting on Income Redistribution: How a Little Bit of Altruism Creates Transitivity." URL http://repositories.cdlib.org/ucscecon/586/

——. 2005b. "Pressure Groups and Political Advertising: How Uninformed Voters Can Use Strategic Rules of Thumb." URL http://people.ucsc.edu/~wittman/working.papers/ruleofthumb.2005.pdf.

——. 2005c. "Reply to Caplan: On the Methodology of Testing for Voter Irrationality." *Econ Journal Watch* 2(1): 22–31.

——. 2005d. "Second Reply to Caplan: The Power and Glory of the Median Voter." *Econ Journal Watch* 2(2): 186–95.

Wolfers, Justin. 2001. "Are Voters Rational? Evidence from Gubernatorial Elections." Stanford University Graduate School of Business Working Paper No. 1730.

Wolfers, Justin, and Eric Zitzewitz. 2004. "Prediction Markets." *Journal of Economic Perspectives* 18(2): 107–26.

Wolpert, Robin, and James Gimpel. 1998. "Self-Interest, Symbolic Politics, and Public Attitudes toward Gun Control." *Political Behavior* 20(3): 241–62.

Wright, Gerald, Robert Erikson, and John McIver. 1987. "Public Opinion and Policy Liberalism in the American States." *American Journal of Political Science* 31(4): 980–1001.

Wyden, Ron. 2003. "Wyden, Dorgan Call for Immediate Halt to Tax-Funded 'Terror Market' Scheme." URL http://wyden.senate.gov/media/2003/07282003_terrormarket.html.

Zaller, John. 1992. *The Nature and Origins of Mass Opinion.* Cambridge: Cambridge University Press.

——. 2003. "Coming to Grips with V.O. Key's Concept of Latent Opinion." In MacKuen, Michael, and George Rabinowitz, eds. *Electoral Democracy.* Ann Arbor: University of Michigan Press: 311–36.

理性選民的神話

我們為什麼選出笨蛋？民主的悖論與瘋狂

The Myth of the Rational Voter:
Why Democracies Choose Bad Policies

作　　者	布萊恩・卡普蘭（Bryan Caplan）
譯　　者	陳鴻旻（前言、序章、第一、二章）
	潘　勛（第三、八章、結語）
	劉道捷（第四、六、七章）
	鄭佩嵐（第五章）
副總編輯	李映慧
編　　輯	鍾涵瀞
總 編 輯	陳旭華
電　　郵	ymal@ms14.hinet.net
社　　長	郭重興
發行人兼出版總監	曾大福
出　　版	大牌出版／遠足文化事業股份有限公司
發　　行	遠足文化事業股份有限公司
地　　址	23141 新北市新店區民權路108-2號9樓
電　　話	+886- 2- 2218 1417
傳　　真	+886- 2- 8667 1851
印務主任	黃禮賢
封面設計	許晉維
排　　版	極翔企業有限公司
印　　製	成陽印刷股份有限公司
法律顧問	華洋法律事務所　蘇文生律師
定　　價	420 元
初版一刷	2016年11月

有著作權 侵害必究（缺頁或破損請寄回更換）

THE MYTH OF THE RATIONAL VOTER by Bryan Caplan
Copyright © 2007 by Princeton University Press
Complex Chinese translation copyright © 2016 by Streamer Publishing,
an imprint of Walkers Cultural Co., Ltd.
Published by arrangement with Princeton University Press
Through Bardon-Chinese Media Agency
博達著作權代理有限公司
All rights reserved.

國家圖書館出版品預行編目資料

理性選民的神話 / 布萊恩・卡普蘭（Bryan Caplan）著；陳鴻旻、潘勛、劉道捷、鄭佩嵐譯. -- 初版. -- 新北市：大牌出版：遠足文化發行, 2016.11
　面；14.8×21公分
　譯自：The Myth of the Rational Voter: Why Democracies Choose Bad Policies
　ISBN 978-986-5797-90-4（平裝）

1.民主政治 2.政治社會學 3.理性主義

571.6　　　　　　　　　　　　　　　105019282